Claro, interesante y bien concebido. Y [...]
la verdad. Este libro va a cambiar la vida de muchos hombres. ¡Espero que seas uno de ellos!

Bob Lepine
Copresentador de FamilyLife Today

Los griegos fueron quienes afirmaron que los grandes comunicadores encarnaron *logos* (contenido), *ethos* (ética o integridad) y *pathos* (pasión). Bueno, si ese es el caso, Robert Wolgemuth ha marcado cada una de las tres casillas en este volumen tan necesario, *Mentiras que los hombres creen*. Mi corazón se conmovió en gran manera al leer estas inspiradoras palabras de parte de un hombre que ha edificado toda una vida caminando con Jesús y viviendo en auténtica hombría. Serás mejor hombre después de empaparte de estas palabras.

Bryan Loritts
Pastor principal de Abundant Life, Autor de *Insider, Outsider*

Se necesitó mucho tiempo y algunas circunstancias inesperadas para que hubiera un tomo complementario a *Mentiras que las mujeres creen*, pero en la bondadosa y misteriosa providencia de Dios, por fin está aquí. Agradezco mucho los esfuerzos de Robert por escribir un libro que complementa en forma tan maravillosa al de Nancy. Esta obra demostrará ser un reto y una bendición para ti.

Tim Challies
Bloguero

Cuando se me presentó la oportunidad, no leí de inmediato el manuscrito de Robert. Al no verme como alguien que «cree mentiras», no sentí urgencia. Ahora reconozco mi error, ¡y estoy agradecido! Quienes conocemos a Robert lo consideramos competente, dotado y sabio. Está listo para todo y es compasivo en todo. Como descubrirás en esta obra, también es sincero al explorar los retos que los hombres enfrentamos. Aprender de él fue como un entrenamiento para el alma, dejándome convencido e inspirado. Hubo momentos en que me emocioné, y otros que me estimularon con resolución. *Mentiras que los hombres creen* es aplicable personalmente a cada hombre y te incitará a tratar con Dios... igual que yo lo hice. Lo recomiendo encarecidamente.

Paul Santhouse
Editor de Moody Publishers

Las mentiras más peligrosas siempre son las más seductoras. Nos vienen disfrazadas de lo bueno, lo encantador y lo sabio (Gn. 3:6). Gracias a Dios, en este libro esclarecedor y práctico, Robert Wolgemuth no solo desenmascara tales mentiras, sino que nos enseña a reconocerlas por lo que son. ¡Ojalá hubiera tenido esta obra hace cuarenta años!

George Grant
Pastor de Parish Presbyterian Church

Aunque la palabra que más se destaca en la portada de este libro es «Mentiras», por experiencia sé que la más importante se encuentra en el subtítulo: «Verdad». Esta es una obra acerca de la verdad... del poder de la verdad. La verdad que hace libre al hombre. Y esta verdad puede encontrarse en la absoluta confiabilidad de la Palabra de Dios, la Biblia.

Patrick Morley
Autor y fundador de *El hombre frente al espejo*

Durante muchos años he tenido el privilegio de predicar el evangelio... las buenas nuevas de Jesucristo, quien es la Verdad. Este libro, *Mentiras que los hombres creen*, identifica algunas de las cosas horribles que Satanás nos susurra al oído... mentiras que se hacen añicos debido a la libertad que proporcionan la gracia de Dios y su verdad. Agradezco a Robert Wolgemuth por escribirlo y con entusiasmo te recomiendo esta obra.

Jack Graham
Presentador de PowerPoint, autor y pastor de la Prestonwood Baptist Church

Descubrirás que leer *Mentiras que los hombres creen*, con su estilo cálido y creíble, es como tener una conversación con un buen amigo. Prepárate en el proceso para lidiar con algunos asuntos difíciles y experimentar el poder liberador de la Verdad en tu propia vida y en las vidas de aquellos en quienes influyes.

Nancy DeMoss Wolgemuth
Maestra y presentadora de *Revive Our Hearts [Aviva Nuestros Corazones]*
Editora de la serie *Mentiras*

MENTIRAS
QUE LOS
HOMBRES
CREEN

Y LA VERDAD QUE LOS HACE LIBRES

**Libros de Robert Wolgemuth
publicados por Portavoz:**

Como el Buen Pastor: Lidera tu matrimonio con amor y gracia

El lugar más importante de la tierra: Cómo es y cómo se edifica un hogar cristiano

Mentiras que los hombres creen y la verdad que los hace libres

Mi hija me llama «papi»: Siete cosas que debes saber sobre la crianza de una hija

MENTIRAS
QUE LOS
HOMBRES
CREEN

Y LA VERDAD QUE LOS HACE LIBRES

ROBERT
WOLGEMUTH

EDITORIAL
PORTAVOZ

La misión de *Editorial Portavoz* consiste en proporcionar productos de calidad —con integridad y excelencia—, desde una perspectiva bíblica y confiable, que animen a las personas a conocer y servir a Jesucristo.

Título del original: *Lies Men Believe,* © 2018 por Robert D. Wolgemuth y publicado en los Estados Unidos por Moody Publishers, 820 N. LaSalle Blvd., Chicago, IL 60610. Traducido con permiso. Todos los derechos reservados. *Lies Men Believe Discussion Guide* por Bill Elliff, © 2018 por Moody Publishers. Traducido con permiso. Todos los derechos reservados.

Edición en castellano: *Mentiras que los hombres creen y la verdad que los hace libres* © 2019 por Editorial Portavoz, filial de Kregel Inc., Grand Rapids, Michigan 49505. Todos los derechos reservados.

Traducción: Ricardo Acosta

A menos que se indique lo contrario, todas las citas bíblicas han sido tomadas de la versión Reina-Valera © 1960 Sociedades Bíblicas en América Latina; © renovado 1988 Sociedades Bíblicas Unidas. Utilizado con permiso. Reina-Valera 1960™ es una marca registrada de American Bible Society, y puede ser usada solamente bajo licencia.

El texto bíblico indicado con «RVC» ha sido tomado de la Reina Valera Contemporánea® © Sociedades Bíblicas Unidas, 2009, 2011. Usado con permiso. Todos los derechos reservados.

El texto bíblico indicado con «RVA-2015» ha sido tomado de la Reina Valera Actualizada © 2015 por Editorial Mundo Hispano. Usado con permiso. Todos los derechos reservados.

El texto bíblico indicado con «NVI» ha sido tomado de *La Santa Biblia, Nueva Versión Internacional®*, copyright © 1999 por Biblica, Inc.® Todos los derechos reservados.

El texto bíblico indicado con «NBV» ha sido tomado de la Nueva Biblia Viva, © 2006, 2008 por Biblica, Inc.® Reservados todos los derechos en todo el mundo.

El texto bíblico indicado con «NTV» ha sido tomado de la *Santa Biblia,* Nueva Traducción Viviente, © Tyndale House Foundation, 2010. Usado con permiso de Tyndale House Publishers, Inc., 351 Executive Dr., Carol Stream, IL 60188, Estados Unidos de América. Todos los derechos reservados.

El texto bíblico indicado con «NBLH» ha sido tomado de la Nueva Biblia Latinoamericana de Hoy, © 2005 por The Lockman Foundation. Todos los derechos reservados.

El texto bíblico indicado con «PDT» ha sido tomado de la versión Palabra de Dios para Todos © 2005, 2008, 2012 Centro Mundial de Traducción de La Biblia © 2005, 2008, 2012 World Bible Translation Center.

El texto bíblico indicado con «DHH» ha sido tomado de la versión *Dios Habla Hoy,* © 1966, 1970, 1979, 1983, 1996 por Sociedades Bíblicas Unidas. Todos los derechos reservados.

Las cursivas añadidas en el texto bíblico son énfasis del autor.

Imagen de la manzana mordida copyright © 2014 por eli_asenova/iStock (475190475). Todos los derechos reservados.

EDITORIAL PORTAVOZ
2450 Oak Industrial Drive NE
Grand Rapids, Michigan 49505 USA
Visítenos en: www.portavoz.com

ISBN 978-0-8254-5892-7 (rústica)
ISBN 978-0-8254-6791-2 (Kindle)
ISBN 978-0-8254-7613-6 (epub)

4 5 edición / año 28 27 26 25 24 23 22

Impreso en los Estados Unidos de América
Printed in the United States of America

A DAVID SWANSON

El doctor David Swanson fue mi pastor por más de doce años. En el 2003 tuve la alegría de presidir el comité de nominación que invitó a David, junto con su esposa Leigh y sus tres hijos, J. D., Alex y Kaylee, a venir a nuestra iglesia en Orlando. Dijeron que sí.

En el 2015 me casé con Nancy Leigh DeMoss y me mudé de Florida a Michigan. Sin duda, enfrenté muchos cambios, pero el más difícil fue despedirme de David. Sí, él era mi pastor y un expositor brillante y apasionado de la Palabra de Dios. Además, dirigía con fidelidad y valor el rebaño conformado por la congregación de esa iglesia.

Sin embargo, lo que más valoré en David fue su disposición de ser mi amigo, de acompañarme (él mismo solía llamarse mi «copiloto») durante la valiente lucha de mi esposa con cáncer de ovario en etapa IV. David estuvo literalmente disponible cada minuto de cada día cuando lidié con las dificultades de enfrentar la inminente muerte de Bobbie, el agotamiento de ser su cuidador principal (tarea que tuve el privilegio de asumir), y luego despedirla para que fuera al cielo después de casi cuarenta y cinco años de matrimonio y treinta meses de batalla valiente.

Este es un libro sobre la verdad, de la que David es un paradigma. Una y otra vez lo demostró de pie en el púlpito o frente a humeantes tazas de café. Lo demostró cuando era necesario decir la verdad, fuera conveniente o no. Me encanta esto respecto a él.

Por eso, mi más profundo agradecimiento es para David Swanson... pastor, precioso hermano, confidente y, sí, copiloto.

Este libro está dedicado a él.

CONTENIDO

PRÓLOGO

Cuando Robert Wolgemuth me pidió que escribiera el prólogo para *Mentiras que los hombres creen,* mi respuesta fue un rotundo «sí».

Hace algunas décadas, la editorial de Robert (en ese entonces) me echó una mano cuando yo nunca había escrito un libro. Se aventuraron a publicar *El hombre frente al espejo,* que hasta la fecha ha vendido cuatro millones de ejemplares. Estaré eternamente agradecido por la confianza que Robert depositó en mí. De no ser por él, yo estaría aún desarrollando proyectos de bienes raíces y construyendo edificios para lo cual, siendo sincero, ¡nadie quiere pagar el valor justo del mercado!

Así que, desde finales de la década de los ochenta, Robert y yo hemos sido amigos. Hemos tenido el gozo de vernos crecer y madurar en nuestro amor por Cristo. Él es un hombre de total integridad, completa humildad, y tanta inteligencia emocional y social como ningún hombre que he conocido. Es auténtico. Si yo fuera tú, el lector de este libro, querría saber esto sobre el autor.

Pero después de revisar el manuscrito, hay otra razón mucho más importante y relevante para ti. Se trata de una lectura realmente buena.

Si alguna vez hubo algo así como un «atajo» hacia la sabiduría de las edades, es este libro. Aquí se encuentra la clase de sabiduría que solo puede obtenerse durante una vida de prueba y error, prueba y error, y finalmente prueba y éxito. Dudo que haya diez hombres en el planeta que puedan haber escrito un libro así.

Por tanto, no solo tengo el honor de respaldar con entusiasmo este libro, sino también de responder por Robert. Se necesitaría más espacio del que aquí se me permite, pero basta con decir que tengo un enorme respeto por este hombre. Él ha sido para mí, consejero, animador, compañero de oración, colega y mentor durante más de treinta años.

Segundo, este libro trata un tema al que he entregado mi vida y ministerio. Aunque la palabra que *más se destaca* en la portada es «Mentiras», por experiencia sé que *la más importante* se encuentra en el subtítulo: «Verdad». Esta es una obra acerca de la verdad... del poder de la verdad. La verdad que hace libre al hombre, y esta verdad puede encontrarse en la absoluta confiabilidad de la Palabra de Dios, la Biblia.

Como mencioné, durante muchos años negocié con bienes raíces comerciales. Muchas veces me encontré regateando detalles que tenían que ver con una propiedad que yo estaba comprando o vendiendo. A menudo, estas negociaciones terminaban en un apretón de manos y luego se consumaban por medio de un contrato: un acuerdo escrito que especificaba todos los detalles. Ese pedazo de papel, incluida la ejecución de firmas, sellaba el trato.

La Biblia es el acuerdo escrito y sellado entre un Dios soberano y yo. Y tú. Es eminentemente fiable y fidedigna. *Mentiras que los hombres creen* es un libro que ensalza la veracidad de la Palabra de Dios.

Hace años, en las primeras páginas de *El hombre frente al espejo*, escribí:

> *La dicotomía entre el orden de Dios y el de este mundo crea tensión en el cristiano que está tratando de poner en claro sus propias ideas. ¿Son órdenes absolutas? ¿Realmente se pueden aplicar los principios bíblicos a la realidad del siglo [XXI] y a los problemas cotidianos que tenemos los hombres? ¿Es posible que saquemos algo en limpio en medio de nuestros problemas, y construyamos un modelo factible por el cual podamos guiar nuestra vida?*

En respuesta a la pregunta que planteé cuando escribí estas palabras: «Sí, los principios bíblicos que se encuentran en la Palabra de Dios *realmente* abordan nuestros problemas». Y sé esto, no solo como un autor cristiano o graduado de seminario que esperarías que hablara de este modo, sino también por experiencia personal como hombre de negocios, esposo y padre que ha enfrentado la vida en el crisol de la angustia y el dolor, y que emergió totalmente convencido de que la Palabra de Dios es verdadera.

De nuevo, en mi primer libro escribí:

Los cristianos bíblicos no viven según sus propias ideas sino explorando, comprendiendo y usando la Palabra de Dios.

El libro que ahora tienes en la mano revela esa clara comprensión de lo que significa absorber y aplicar la verdad de la Biblia en la incesante declaración del susurro de Satanás: sus mentiras.

Año y medio antes de su publicación, cuando Robert identificó por primera vez las cuarenta mentiras que abordaría en *Mentiras que los hombres creen*, me las envió para que las revisara. Así es como respondí: «Estás listo para despegar sobre cualquier pista que elijas. En serio, como sospechaba, sin duda alguna no necesitas ayuda. Esto se ve increíble. Te aprecio, amigo, Pat».

Entonces finalizó la lista de «mentiras», las «verdades» de la Palabra de Dios fueron elaboradas y completadas, y ahora el libro está concluido: este libro. Las mentiras y sus explicaciones complementarias se han desarrollado.

Y con este prólogo he tenido la oportunidad de dar un giro a la hélice y poner en marcha esta maravillosa noticia. Estoy muy contento de que hayas decidido subir a bordo. No te arrepentirás.

Que Dios te bendiga en este viaje.

Doctor Patrick Morley
Orlando, Florida
Septiembre, 2018

INTRODUCCIÓN

«Mentira, mentirón, ¡se te quema el pantalón!».

Durante mi niñez escuché a veces esta rima incendiaria en el vecindario o en la escuela. Los niños se burlaban mutuamente en el patio de recreo, tratando de provocar lágrimas en el adversario.

Por supuesto, la imagen de alguien con los pantalones envueltos en llamas es algo humorístico. (A menos, desde luego, que ese alguien seas tú).

Parece que un muchachito campesino estaba fascinado por la caja de puros de su padre. Aunque se le había ordenado que no se acercara a ese estuche, un día, mientras el padre estaba en otra parte de la casa, el chico abrió el cerrojo y se apropió de un cigarro de la colección del viejo.

Había un cobertizo de herramientas en el borde de la propiedad, y el muchacho se dirigió a la pequeña estructura para dedicarse a lo que había visto hacer tantas veces a su padre. Tras encender un fósforo de madera, empezó a inhalar, sin atreverse afortunadamente a aspirar el humo azul dentro de sus pulmones. O él aún estaría tosiendo.

Preguntándose, como suelen hacer los padres, lo que su hijo podría estar tramando, el papá llamó al muchacho. Al no recibir respuesta, el padre se acercó al cobertizo y siguió llamando a su joven hijo. Al escuchar los pasos de su papá, el muchacho rápidamente trató de apagar el cigarro metiéndolo en el bolsillo trasero de sus pantalones.

Por supuesto, el humo se filtró a través de los pantalones y captó la atención del padre. O tal vez fue el terror en el rostro del chico lo que el papá observó cuando el cigarro encendido comenzó a hacer una candente impresión en el trasero del hijo.

De todas formas, el muchacho fue descubierto. Su engaño se convirtió en cenizas. Literalmente.

NO HAY MENTIRAS INOFENSIVAS

En su exitoso libro *Mentiras que las mujeres creen*, mi esposa Nancy escribió:

«No existen mentiras inofensivas».[1]

Aunque su libro fue pensado para mujeres, esta afirmación no es específica de género. Es cierta para todos y es la razón por la que acepté escribir este libro como secuela del de Nancy. Este es para hombres. Para mí. Para ti.

¿De veras? ¿En serio? ¿No es interesante la frecuencia con que oímos o pronunciamos estas palabras? Quizá después que alguien dice algo estrambótico o dudoso.

Pero estas palabras serían completamente innecesarias si todos dijéramos solamente la verdad. Cada vez. Todo el tiempo.

> *Mentir en toda forma, condición y magnitud trae consecuencias. Y este concepto no es nuevo. Ha existido por mucho tiempo.*

Las mentiras vienen en muchas formas y dimensiones. Las «mentiritas» incluirían la manera en que contestamos al policía que acaba de pararnos por *supuesto* exceso de velocidad. «No, señor, no tenía idea de que iba más rápido que el límite de velocidad».

O podrían ser embustes como mentir respecto a una aventura.

Pero mentir en toda forma, condición y magnitud trae consecuencias. Y este concepto no es nuevo. Ha existido por mucho tiempo.

Tal vez no te sorprenda que la columna vertebral y el fundamento de este libro sea la Biblia. Encontrarás aspectos y relatos bíblicos incluidos de principio a fin. La Biblia nos habla de mentiras que los hombres creyeron hace mucho tiempo... y que aún creen hoy día. Haremos nuestro mejor esfuerzo por identificar algunas de esas mentiras, enfrentarlas y eliminarlas.

¿CUÁLES SON ALGUNAS DE LAS PRIMERAS MENTIRAS ENCONTRADAS EN LA BIBLIA?

De las mentiras que hablan las Santas Escrituras, ¿cuáles son las más atroces? ¿Las más dañinas para quienes las creen?

He aquí una para empezar:

**No moriréis; sino que sabe Dios que el día que comáis de él,
serán abiertos vuestros ojos, y seréis como Dios (Gn. 3:4-5).**

Esta fue la mentira que empezó la espiral descendente de pecado y muerte. Estas palabras fueron pronunciadas por Satanás, apareciéndose a Adán y Eva, disfrazado de serpiente.

La primera pareja de la historia estaba situada en un entorno libre de pecado: el huerto del Edén. Y este lugar de perfección incluía un «no» dirigido al hombre.

**Mandó Jehová Dios al hombre, diciendo: De todo árbol del
huerto podrás comer; mas del árbol de la ciencia del bien y del
mal no comerás; porque el día que de él comieres, ciertamente
morirás (Gn. 2:16-17).**

Fue como si el Señor estuviera diciéndole a Adán: «Este lugar es tuyo. Disfruta de todo... menos de ese árbol allí. Es agradable a la vista y su fruto es delicioso, pero mantente lejos de él. Si me desobedeces, será tu fin».

La primera mentira atroz es que tenemos la capacidad de ser como Dios.

Y he aquí otra:

**Dijeron: Vamos, edifiquémonos una ciudad y una torre, cuya
cúspide llegue al cielo; y hagámonos un nombre (Gn. 11:4).**

Desde la primera vez que vertí hormigón en un cimiento me fasciné con la construcción. La pequeña empresa en que empecé a trabajar a los diecisiete años acababa de iniciar el proceso de construir una casa en Glen Ellyn, Illinois. Recuerdo la alegría que experimenté ese verano al ver cómo la vivienda tomaba forma. Puesto que era el único empleado de tiempo completo, además del fundador, aprendí cada oficio y me entusiasmé con la mayoría de ellos.[2]

Es más, durante el verano llevaba a mis padres al sitio los fines de semana solo para mostrarles el avance... y lo que su hijo había logrado personalmente. Yo estaba orgulloso.

No es extraño que algunos hombres se reúnan para construir algo. Pero el propósito de los que se reunieron para levantar la torre de Babel fue realmente único. Y horrible.

La primera mentira es que tú y yo podemos tomar con atrevimiento el lugar de Dios y vivir por nuestra cuenta... sin Él. La segunda mentira es que nuestro principal objetivo (la fuente final de nuestra mayor satisfacción) es glorificarnos; engrandecernos debido a nuestros notables logros. Parece como la segunda estrofa de la misma canción, ¿verdad?

¿CUÁL ES LA VERDAD?

¿Cuál es entonces la verdad que contrarresta estas mentiras? Me alegra que hayas preguntado.

El profeta Isaías tuvo algo que decir sobre la primera mentira de Satanás acerca de ser como Dios si Adán y Eva saboreaban el fruto prohibido: «Yo soy Jehová, y ninguno más hay; no hay Dios fuera de mí» (Is. 45:5).

Y Jesús resumió su respuesta a la segunda mentira sobre ganar nuestro camino a la gloria y perfección: «El ladrón no viene sino para hurtar y matar y destruir; yo he venido para que tengan vida, y para que la tengan en abundancia» (Jn. 10:10).

Entonces, aunque la palabra «mentiras» es la que más se destaca en la portada de este libro, no es la más importante. Esta sería una palabra en el subtítulo: «Verdad».

¿Estás tan contento como yo de que haya verdad completamente fiable? ¿Un antídoto poderoso contra las falacias que nos rodean? Apuesto que lo estás.

Algo más. Si aún no lo has hecho, te animo a encontrar uno o dos amigos (o más) que lean el libro contigo. Esto los animará, les hará rendir cuentas a lo largo del viaje, y les permitirá ser bendición para otros.

Y a fin de ayudar a poner en marcha esta experiencia, solo por el gusto de hacerlo, he añadido algunos comentarios y preguntas simples después de las «declaraciones de verdad» resumidas. Como papá solía decir, esto puede ayudar a medida que «compruebas» tu idea sobre la mentira y la aplicación personal de esa verdad.

¿De acuerdo? Bien.

Mi oración es que este libro sea retador y redentor, convincente y lleno de gracia. ¡Qué bueno tenerte a mi lado! ¡Bienvenido!

ROBERT WOLGEMUTH
Septiembre, 2018

PRIMERA PARTE

FUNDAMENTOS

CAPÍTULO UNO

CRUZA EL PUENTE CUANDO LLEGUES A ÉL

C uando Satanás susurra al oído de un hombre, animándolo a hacer algo insensato (en el mejor de los casos) o pecaminoso (en el peor), a veces el hombre va contra su buen juicio, creyendo que podrá arreglar las cosas.

Cuando Nancy y yo nos enamoramos e iniciamos nuestro viaje hacia el matrimonio, había muchas preguntas por responder. La mayoría venían de parte de ella.

Aquí estaba una mujer de cincuenta y siete años que nunca se había casado. No es que ella no fuera «material matrimonial». Nancy era hermosa, sumamente relacional, inteligente y dotada. Pero al inicio de su vida sintió el llamado de Dios a entregarse al ministerio vocacional, lo cual había realizado con alegría todos esos años como mujer soltera.

«Y entonces —si me perdonas por tomar prestada la letra de una antigua canción de rock popularizada en los sesenta por un grupo llamado The Association— llegó Robert».

Volvamos entonces a esas preguntas que Nancy hizo. Muchas de ellas eran consideraciones prácticas, como ¿dónde viviremos? ¿Y cómo reconfiguraríamos una de nuestras casas para acomodar a los dos? Hubo más: Nancy es una persona nocturna, y yo me levanto antes del amanecer;

¿cómo funcionaría eso si nos casábamos? ¿En dónde nos congregaríamos? ¿Y qué le sucedería al ministerio que ella fundó y dirige?

La mayoría de veces mi respuesta era un simple: «Ya lo resolveremos», porque creía de veras que lo haríamos. Y por lo general hemos hecho exactamente eso: hemos resuelto esos asuntos. Pero muchas veces parecía que «lo resolveremos» no era una respuesta totalmente satisfactoria para Nancy. Ahora sé por qué.

Puede que nunca hayas pensado así, pero a menudo cuando un hombre enfrenta un problema que no tiene solución inmediata u obvia, su corazón y sus palabras podrían no concordar. Su situación podría estar en un punto muerto; en su corazón realmente no está seguro de qué hacer, pero sus labios expresan confianza en el resultado. Su desvergonzada *brillantez* lo envalentona. Por eso sale y actúa con la información que tiene.

MENTIRAS QUE LOS HOMBRES CREEN

En el 2001, Nancy escribió su exitoso libro *Mentiras que las mujeres creen*.[1] Ahora, a petición suya y mi «sí» entusiasta, estoy asumiendo la responsabilidad de crear un libro similar, explorando algunas de las mentiras que los hombres tendemos a creer. Ya que tanto hombres como mujeres somos humanos, hay varias coincidencias en las mentiras. Sin embargo, debido a que los hombres y las mujeres *no son* iguales, hay algunas diferencias en las mentiras que nos atraen. Más importante aún es que hay una diferencia en *cómo y por qué* creemos tales mentiras. Como hombres, parece que somos menos propensos a ser engañados ciegamente y más proclives a aceptar mentiras con nuestros ojos bien abiertos.

> *Adán no fue engañado.*
> *No tuvo tal excusa.*
> *Él sabía lo que hacía.*
> *Cuando comió del*
> *fruto, tenía los ojos*
> *bien abiertos.*

Tal como hice cuando enfrenté las preguntas de Nancy sobre cómo sería la vida matrimonial para nosotros, algunas veces, frente a la incertidumbre, tú y yo simplemente avanzamos confiadamente, como si supiéramos lo que estamos haciendo. ¿Y las consecuencias? «Cruzaré ese puente cuando llegue allí».

Al tomar una página del libro de Génesis del Antiguo Testamento, la idea de «ya lo resolveremos» hace su primera aparición en el huerto del Edén. Eva fue engañada, pero Adán no. Él sabía exactamente lo que estaba haciendo. ¿Cómo lo sabemos? El apóstol Pablo nos brinda una idea rápida de la experiencia del hombre:

> **Adán fue formado primero, después Eva; y Adán no fue**
> **engañado, sino que la mujer, siendo engañada, incurrió en**
> **transgresión (1 Ti. 2:13-14).**

Hay dos nociones desconcertantes en este texto de la carta de Pablo a Timoteo. Primera, ¿qué significa que Eva fue engañada? Segunda, ¿qué significa que Adán no fue engañado? ¿Y qué importancia tiene todo esto?

La serpiente no atacó de frente a Eva. Su propuesta fue sutil y matizada. Usó artimañas. Engaño. Truco puro. «¿Conque Dios os ha dicho...?» (Gn. 3:1). Eva fue culpable, sin duda, pero su culpa fue mitigada por el engaño.

Adán no fue engañado. No tuvo tal excusa. Él sabía lo que hacía. Cuando comió del fruto, tenía los ojos bien abiertos.

LA VERDAD CON QUE PODEMOS CONTAR

La Biblia contiene una historia precisa de la antigüedad; pero también es enigmática a veces, ya que describe varias escenas que están fuera de nuestra experiencia: hachas que flotan, carros de fuego, una serpiente que habla. Por tanto, es fácil para algunos leer la historia bíblica como si leyeran *Mamá Gansa* o a los Hermanos Grimm. Pero la Biblia nos dice lo que pasó realmente en espacio y tiempo. En el principio hubo de veras un hombre, formado del polvo por la propia mano de Dios. Y hubo realmente una mujer, también formada por la propia mano de Dios, aunque de una costilla del hombre. Y estos dos vivían en medio de la perfección.

En el Edén no había conflicto entre el león y el cordero; no había picadura de mosquitos; no había discordia entre Adán y Eva. Eva no tenía que pedirle a Adán que recogiera los calcetines (ah, espera... aún estaban desnudos). No había vergüenza, enfermedad, muerte o malestar, porque no había pecado. Sí, hubo un tiempo en la historia humana en que no existía miseria, no se conocía la culpa, no moría nada ni nadie, y reinaba la paz.

Sí, en el mundo todo era perfecto.

Entonces vino Satanás.

Muchos eruditos bíblicos creen que Adán estuvo presente durante toda la conversación entre su esposa y la serpiente. Si ese fuera el caso, como parece ser, Adán no hizo frente a Satanás ni se adhirió al llamado de proteger a su esposa. Permaneció allí sin hacer nada hasta que ella le ofreció el fruto. Y, tal como había hecho Eva, Adán comió. A lo largo de los siglos los teólogos han especulado sobre los motivos de Adán. Al mirar este encuentro desde mi punto de vista en cierto modo romántico, me pregunto si Adán decidió que preferiría vivir con la aprobación de su esposa bajo la maldición de Dios, que estar sin la afirmación de ella bajo la bendición de Dios.

> *Me pregunto si Adán decidió que preferiría vivir con la aprobación de su esposa bajo la maldición de Dios, que estar sin la afirmación de ella bajo la bendición de Dios.*

Desde luego, no podemos estar seguros de qué motivó a Adán, pero sí sabemos que dio paso al fatídico suceso con los ojos abiertos. No hubo ningún truco de magia. Ni engaño. Él no fue embaucado. Adán tomó el fruto con la conciencia plena de que eso era algo malo.

La diferencia entre Adán y Eva en ese momento crucial de la historia humana puede darnos algunas ideas de las diferencias entre hombres y mujeres: cómo pensamos y cómo tomamos decisiones. Y qué tipos de mentiras estamos inclinados a creer.

Haré algunas generalizaciones en este libro mientras identifico algunas de las mentiras que solemos creer. Al hacerlo no estoy sugiriendo que todos los hombres, o todas las mujeres, sean iguales. Simplemente hablo de tendencias y tentaciones peculiares que los hombres tienden a enfrentar, en comparación con las que las mujeres suelen encontrar.

PENSAR Y SENTIR

Todos los seres humanos, al igual que el Creador cuya imagen poseemos, pensamos y sentimos.

> *Vio* la mujer que el árbol era bueno para comer, y que era *agradable* a los ojos, y árbol *codiciable* para alcanzar la sabiduría; y tomó de su fruto, y comió (Gn. 3:6).

Vio. Agradable. Codiciable. Estas palabras explican mucho sobre la disposición de Eva para tomar una decisión enorme y desobediente.

En general, los hombres somos más propensos a separar nuestras creencias y nuestros sentimientos. Tú y yo tratamos de mantener el dominio de nuestras mentes sobre nuestros corazones. Esa es una razón por la que a veces tendamos a ser menos compasivos.

> *Y aunque sepamos lo que debe hacerse, con frecuencia optamos de todos modos por hacer lo incorrecto. Lo que sigue es la locura de la racionalización.*

Mientras escribía este libro tuve una conversación con una pareja que había estado casada por un año solamente. Puesto que yo era un veterano casado y ella creía que podía ayudarla, esta joven esposa me dijo: «Cuando estoy luchando con algo, mi esposo está ansioso por averiguar cómo puede solucionar el problema. Le he explicado que en ese momento solo quiero que le importe lo que me sucede, que me abrace, que simpatice con lo que estoy experimentando».

Tú y yo entendemos esto, ¿verdad?

Para nosotros puede haber otro peligro que elevó primero su horrible cabeza en el Edén. Cuando un hombre actúa con la cabeza y el corazón (pensamiento y sentimiento) en ámbitos separados, a menudo avanza con una confianza inflada porque su mente está tomando las decisiones.

Supone que proceder según lo que *piensa* resultará en actuar en una forma correcta.

Y, aunque *sepamos* lo que debe hacerse, con frecuencia optamos de todos modos por hacer lo incorrecto, ya sea por interés, conveniencia o simplemente pereza. Lo que sigue es la locura de la racionalización. Comprometemos nuestras mentes a inventar excusas de por qué hicimos lo incorrecto.

Al luchar con este mismo problema, el apóstol Pablo describió su frustración con saber lo que era correcto, pero hacer lo incorrecto.

> **Quiero hacer lo que es bueno, pero no lo hago. No quiero hacer lo que está mal, pero igual lo hago** (Ro. 7:19, NTV).

Aunque *sabía* lo que debía hacer y *quería* hacerlo, Pablo se veía impotente para *hacer* lo correcto. Se encontraba indefenso, aparte del poder del evangelio y del Espíritu habilitante de Cristo. Igual estamos tú y yo.

PAGAR EL PRECIO (LITERALMENTE)

Cuando era estudiante universitario me presentaron «la oportunidad de mi vida... una posibilidad de ganancia demasiado buena para ser cierta».

Como era de esperar.

Durante las cortas vacaciones de Acción de Gracias me topé en mi iglesia local con «Jenny», una compañera del liceo. Su padre era líder de una iglesia y contador público certificado muy respetado en la ciudad. Cerca de la entrada de la iglesia, después de adorar, Jenny me informó.

La «oportunidad» implicaba comprar y vender bonos de ahorro de los Estados Unidos y hacer circular una carta en «cadena». «¿Es legal esto?», pregunté. «Sí —me aseguró ella—, ya que la carta real no usa el Servicio Postal Estadounidense. Papá dice que es totalmente legítimo».

Recuerdo haber pensado: *Parece sospechoso, pero si el papá de Jenny dice que está bien, debe estar bien.*

Tras pasar por alto mi buen juicio (mi mente ansiosa le hizo caso omiso a mi corazón vacilante) invertí $37.50 en comprar la carta, fui al banco y compré dos bonos estadounidenses de ahorro a $18.75 cada uno (a nombre del individuo en la parte superior de la lista en la carta)... otros $37.50. Ahora estaba metido en esto con un importe de $75. No mucho dinero hoy día, pero para un estudiante universitario a finales de la década de los sesenta... una gran fortuna.

> *Al ingresar al dormitorio le conté a mi compañero de cuarto lo que había hecho. Su rostro era una mezcla de escepticismo y asombro.*

A la tarde siguiente volví a mi universidad. Al ingresar al dormitorio le conté a mi compañero de cuarto lo que había hecho. Su rostro era una mezcla de escepticismo y asombro.

«¿Es legal esto?», preguntó Steve. «Claro», respondí, tomando prestada la confianza de Jenny.

Unos días más tarde vendí mi carta en cadena y bonos de ahorro a dos compañeros de clase igualmente crédulos.

El proyecto se extendió por nuestro campus como un maremoto. En menos de una semana, más de un centenar de varones universitarios inocentes, ansiosos (e igualmente con poco dinero) se habían sumado. En unos días más, hombres de otras universidades a poca distancia de la mía se enteraron de la oportunidad (artimaña) y se incluyeron.

Una semana más tarde, después de dos severas advertencias de nuestro decano de estudiantes, incluida la amenaza de expulsarme, fui de puerta en puerta en cada pasillo de la residencia de varones y les supliqué a los muchachos que detuvieran la carta en cadena. Algunos, incluso mi cauto compañero de cuarto, habían quedado atrapados con una pérdida financiera.

«¿Cuánto perdiste? —le preguntaba a cada varón que se había tragado la treta—. El decano me ha pedido, me ha ordenado, que les diga que no traten de vender sus cartas».

Estos hombres no estaban contentos. Así que, registrando cada una de estas pérdidas en una libretita en espiral, prometí reembolsarles su dinero. Trabajando en construcción el verano siguiente envié a estos sujetos miles de dólares duramente ganados para ayudarles a recuperarse de mi estupidez.

Al igual que Adán, yo sabía (al menos sospechaba fuertemente) en mi corazón que lo que estaba haciendo era malo. Nadie me había engañado. Mis ojos estaban bien abiertos. *Más tarde solucionaré esto,* pensé ingenuamente.

Por supuesto.

PENSAR CONSCIENTEMENTE, PLANEAR DESCUIDADAMENTE, ACTUAR INSENSATAMENTE

El marido de Eva sabía que no debía comer del árbol. Si pudiéramos haberlo llevado aparte en ese momento dramático, y le hubiéramos entregado un examen sobre la ética de comer el fruto, habría superado la prueba. Pero cuando Eva le ofreció ese primer mordisco, el hombre falló.

Tú y yo nos enorgullecemos a menudo de la claridad de nuestro pensamiento. Parece que hacemos análisis desapasionados, que con cuidado construimos elaborados escenarios como piezas de rompecabezas. Esta afirmación lleva a esa afirmación, lo cual nos lleva a la siguiente afirmación. Y a la próxima.

A primera vista, esto parece algo bueno. El problema viene cuando las decisiones deben tomarse en el momento, y nuestra imprudencia nos empuja a hacer caso omiso a lo que en nuestros corazones sabemos que es correcto. Y verdadero.

ACTUAR AHORA MISMO, ESCUCHAR DESPUÉS

Cuando David vio a Betsabé bañándose, no olvidó la prohibición de Dios contra el adulterio (más sobre David y Betsabé después). Creyendo que su posición como rey le proporcionaría lo que iba a necesitar para «solucionar esto después», hizo caso omiso a la ley de Dios y al pinchazo de su conciencia, y se acostó con la mujer.

¿Te preguntas si el rey pudo olvidar esta horrible farsa en las semanas siguientes? En realidad, dada la disposición de David de usar su poder para abusar de la esposa de su prójimo, y luego para cubrir el hecho haciendo asesinar al esposo, pareciera que hizo bien las cosas. El orgulloso y fácilmente distraído rey se ocupó de sus deberes reales. Estuvo ocupado, atareado, ajetreado. Entonces, un día, el profeta Natán le arruinó la fiesta al enfrentarlo con la verdad.

Una vez que David supo que lo habían descubierto, lo abrumaron emociones (que en primera instancia debieron haberle gritado). Una lectura de Salmos 51 muestra un mural de tamaño natural del profundo arrepentimiento de David por haber tomado una mala decisión (en realidad, dos malas decisiones).

Cuando tú y yo somos víctimas de mentiras, es más probable que la razón sea orgullo y menos probable

> *Cuando tú y yo somos víctimas de mentiras, es más probable que la razón sea orgullo y menos probable que sea ingenuidad. En el momento creemos saber más que Dios. Sabemos en nuestro corazón y nuestra conciencia lo que es correcto, pero preferimos lo que es incorrecto.*

que sea ingenuidad. En el momento creemos saber más que Dios. Sabemos en nuestro corazón y nuestra conciencia lo que es correcto, pero preferimos lo que es incorrecto.

A veces creemos la mentira de que Dios no se enterará de lo que hacemos. En ocasiones creemos la mentira de que a Dios no le importará. Invariablemente creemos la mentira de que de algún modo el asunto se solucionará, por lo que seguimos adelante y hacemos lo que queremos hacer.

De regreso al huerto, Adán sabía que a Dios no le agradarían sus acciones, y que él y Dios no estaban de acuerdo; tal vez en ese momento Adán fue tan necio como para creer que su comportamiento era correcto y que el de Dios era incorrecto... o al menos que podía seguir adelante con esa decisión desobediente, que podía salir del lío, y que Dios comprendería y lo perdonaría.

En los capítulos que siguen reflexionaremos en las clases de mentiras que los hombres creen. A medida que leas, por favor, no pierdas de vista la razón de por qué somos susceptibles a creerlas. El origen del problema es el orgullo. Nos consideramos serios y en control. Nos creemos más sabios que el Dios que planeó todas las cosas desde el principio hasta el final.

> *Jesús, quien es la Verdad, ha prometido no solo revelarnos la verdad a ti y a mí, sino darnos las fuerzas para obedecer.*

Pensamos que podemos ver el futuro, desobedeciendo a Dios y creyéndonos a nosotros mismos.

Sin embargo, estamos llamados a ser soldados obedientes del reino de Dios. Estamos llamados a caminar con Él como pastores y esposos amorosos que tratamos de reflejar a nuestro Buen Pastor, como padres que intentamos irradiar el carácter de nuestro gran Padre, o tan solo como hombres que simplemente queremos vivir una vida santa. Debemos llevar cautivo todo pensamiento y toda emoción a la obediencia a Cristo (2 Co. 10:5).

UNA VIDA DE ORTOPRAXIA

Deberían obligarnos a desechar las mentiras de nuestro padre natural, el diablo, y aceptar la verdad vivificadora y el corazón de nuestro Padre adoptivo, Dios mismo. Para hacerlo debemos aprender a *pensar* y *sentir* de acuerdo con la Palabra y los caminos de Dios.

> Enséñame, oh Jehová, tu camino; caminaré yo en tu verdad;
> afirma mi corazón para que tema tu nombre (Sal. 86:11).

Ahí está: «Caminaré yo en tu verdad; afirma mi corazón», combinando correctamente nuestras mentes y nuestros corazones.

A veces los teólogos tienen una forma ingeniosa de poner conceptos en palabras sueltas. Dirían que no basta con adoptar solamente *ortodoxia* (creencias correctas) sino que también debemos cultivar *orthopathos* (sentimientos correctos). Esto nos lleva exactamente a lo que buscamos: *ortopraxia* (comportamiento correcto). Por tanto, Adán *sabía* lo que Dios le había dicho (ortodoxia). En el momento en que Eva le pasó el fruto al que ella ya le había dado un mordisco, probablemente se sintió en conflicto. Ahí es cuando una gran dosis de *orthopathos* (sentimientos correctos integrados con pensamiento correcto) le habría permitido frenar, impedir que su esposa modificara lo que Dios le había dicho a él, y decirle a la serpiente a dónde ir. Literalmente. *¡Ortopraxia!*

Se acabó la clase.

Jesús, quien es la Verdad, ha prometido no solo revelarnos la verdad a ti y a mí, sino darnos las fuerzas para obedecer, liberándonos al hacer eso (Jn. 8:32). Ser esta clase de individuo es ser un hombre libre, ser conducido por la verdad, edificar nuestras vidas en la Roca sólida. Esta es una lucha de por vida; el diablo es implacable. Persistente. Pero por medio de la guía divina nosotros nos movemos de gracia en gracia, de fe en fe, de verdad en verdad... de gloria en gloria (2 Co. 3:18).

A medida que sigas leyendo, mi oración es que el Espíritu de Dios te llene de sabiduría, ideas sólidas, emociones claras, y la fortaleza para derribar las fortalezas del diablo. Para ser un hombre de verdad. De fortaleza. De ortopraxia.

Aquí están entonces las cuarenta mentiras. Mi esperanza es que, una vez identificadas, estas mentiras puedan ser desterradas al abismo donde pertenecen y sean reemplazadas por la verdad sólida y la libertad pura que esta te promete.

SEGUNDA PARTE

MENTIRAS QUE LOS HOMBRES CREEN

CAPÍTULO DOS

MENTIRAS QUE LOS HOMBRES CREEN ACERCA DE
DIOS

«Lo que nos viene a la mente cuando pensamos en Dios es lo más importante para nosotros». —A. W. Tozer

Roy acababa de terminar dos días completos de trabajo en nuestro sistema de riego. Esto incluía aspectos sencillos como reemplazar algunos rociadores rotos, y aspectos más complicados como cavar dos agujeros grandes en nuestro patio para reemplazar válvulas solenoides rotas. Trabajó a solas.

Lo saludé cuando empezó a trabajar y le pregunté su nombre. Algunas veces, durante los dos días de trabajo, me acerqué a él para darle una botella de agua o preguntarle cómo le iba. Constantemente en su teléfono celular sonaba música country y en sus labios colgaba un cigarrillo. En realidad, no hablamos nada hasta que Roy estuvo a punto de irse.

Estábamos de pie en la entrada mientras él revisaba todo el trabajo que había realizado. Yo le agradecía.

Tal como a veces hago en situaciones como esta, le pregunté a Roy sobre su familia. Al principio pareció no querer hablar, pero pronto estaba hablándome de su divorcio, de los retos de su segundo matrimonio y su familia mixta. Reconoció algunas luchas que estaba teniendo con un hijastro. Por la mirada en su rostro me di cuenta de que a Roy le preocupaba esa situación.

Luego hubo silencio. Supe que él estaba dispuesto a irse.

Alargué la mano para estrechar la suya, y por su apretón supe que valoraba mi interés en su vida.

—¿Cómo puedo orar por ti, Roy? —pregunté.

Titubeó. Me miró directamente y dejó escapar una leve sonrisa.

—No he estado en la iglesia por mucho tiempo —reveló—. Mi primera esposa era una cristiana fiel, pero desde que la dejé y nuestro divorcio se acabó...

Una oleada de reflexión le recorrió el rostro. Entonces los ojos comenzaron a humedecérsele.

—Siempre he creído en Dios... pero tengo que volver a tomarlo en serio —confesó.

—Esa es una buena idea —comenté—. ¿Puedo orar por ti?

Asintió.

Me acerqué y le puse una mano en el hombro. Roy se quitó su gorra de béisbol.

«Amado Señor —comencé—. Te pido por Roy. Gracias por su buen trabajo aquí en nuestra casa. Gracias por estos pocos momentos de conocernos. Oro por el corazón de Roy. Oro por su familia. Y por su hijo. Oro porque atraigas a Roy hacia ti... nada es más importante que esto».

Cuando terminé la breve oración, Roy volvió a ponerse la gorra y estiró ambos brazos hacia mí para abrazarme. Tenía los ojos inundados de lágrimas.

Qué escena impresionante... dos hombres adultos en un cálido día de verano abrazándose espontáneamente después de un breve culto de adoración en la entrada de la casa.

TOMAR EN SERIO A DIOS

Este libro empieza con un capítulo que enfoca las mentiras que los hombres creen acerca de Dios, porque pienso que las luchas que enfrentamos con todo el resto de mentiras en las páginas que siguen fluyen de estas mentiras. La mayoría de hombres afirma «creer *en* Dios». Es decir, están dispuestos a reconocer su existencia. Pueden creer que eso es suficientemente bueno.

No lo es. Hay más.

Lo que tú y yo creemos *acerca* de Dios determinará en última instancia lo que creemos, o no, respecto a todo lo demás.

Si pensamos que las mentiras que creemos acerca de Dios son menos importantes que las mentiras que creemos acerca del sexo, el dinero, el matrimonio o nuestras profesiones, estamos creyendo la mentira más atroz de todas. En resumen, estamos diciendo que lo que creemos acerca del Dios que nos creó puede ocupar un segundo plano ante otras cosas más urgentes e inmediatas. Estamos diciendo que podemos separar nuestras convicciones sobre cosas temporales y nuestras convicciones sobre Él, pero no podemos hacerlo.

> *Lo que tú y yo creemos acerca de Dios determinará en última instancia lo que creemos, o no, respecto a todo lo demás.*

¿SEGUIR A DIOS? SEGURO, ¿POR QUÉ NO?

Esto me recuerda una historia que escuché por primera vez cuando era joven. Se trata de un individuo que quería incluir a Dios en su vida. Sin embargo, ¿ponerlo en primer lugar? No tanto.

Un hombre se acercó a Jesús con una pregunta. No se nos dice su nombre; lo conocemos simplemente como «el joven rico».

El sujeto hizo una pregunta seria a la persona indicada. Hasta aquí todo bien, pero esta historia no acaba bien.

Entonces vino uno y le dijo: Maestro bueno, ¿qué bien haré para tener la vida eterna? (Mt. 19:16).

Al menos este joven estaba pensando en eternidad. Esto es admirable. Había acumulado gran cantidad de riquezas, pero también se había dado cuenta de lo que muchos olvidan: las carrozas fúnebres no están equipadas con enganches para remolques.

Al menos este joven estaba pensando en eternidad. Esto es admirable.

Sin embargo, Jesús detectó rápidamente que, con toda la sabiduría en la pregunta, había algo malo en ella. En realidad, el interlocutor ni siquiera entendía lo que significaba «bueno». Jesús comenzó su respuesta: «¿Por qué me llamas bueno? Ninguno hay bueno sino uno» (19:17). Desde el principio, el Señor recordó al hombre algo de extrema importancia: no somos suficientemente buenos y nunca lo seremos. Lo único que tú y yo aportamos es nuestro pecado. Nos quedamos cortos; fallamos. Siempre.

Entonces Jesús dirigió al joven a las propias normas de Dios. «Si quieres entrar en la vida, guarda los mandamientos» (v. 17). Por supuesto, los Diez Mandamientos son una marca elevada a la que muchos aspiran, pero que nadie puede alcanzar (Ro. 5:20). Podríamos creer que esto habría hecho ruborizar al orgulloso individuo, que rápidamente entendería que de ninguna manera podría ser tan obediente como para ganarse la vida eterna.

No obstante, en lugar de arrepentirse o suplicar misericordia, se empecinó. Buscó primero un tecnicismo. «¿Cuáles?», preguntó, como si incumplir algunos mandamientos de Dios no lo descalificara para entrar al cielo. Cuando Jesús comenzó a recitar los mandamientos, el joven afirmó que había guardado la ley de Dios desde su juventud. Vaya, ¡qué presunción afirmar que no había incumplido una sola ley! Tenía vía libre.

Tú y yo podemos reírnos ante esto. ¿Ni una sola ley? Qué tontería. Desde luego, si un hombre ha incumplido solo una ley, correctamente puede ser considerado «infractor de la ley».

Por ejemplo, supongamos que me meto en tu casa, robo tus aparatos electrónicos, destrozo todo lo demás con un bate de béisbol, y luego me arrestan. Mi abogado con buena paga apela al juez: «Seguro, su Señoría. Wolgemuth hizo todo aquello de lo que lo acusan, pero no quemó la casa, ni robó el auto, ni perjudicó a los niños».

Es verdad. No hice esas otras cosas horribles. Sin embargo, ¿iría aún a la cárcel por lo que hice? Por supuesto.

Si preguntaras a la persona promedio por qué debería permitírsele ir al cielo, la mayoría de veces obtendrías alguna variación de esta respuesta: «Lo bueno que he hecho supera lo malo». Pero Dios no ve las cosas de ese modo.

> *Si preguntaras a la persona promedio por qué debería permitírsele ir al cielo, la mayoría de veces obtendrías alguna variación de esta respuesta: «Lo bueno que he hecho supera lo malo». Pero Dios no ve las cosas de ese modo.*

A menudo se malinterpreta lo que Jesús hizo a continuación con el entusiasta buscador. Le dijo al joven rico que vendiera todo lo que poseía, se lo diera a los pobres, y lo siguiera.

Es como si Jesús estuviera diciéndole: «Dices que has guardado los mandamientos de Dios. Revisemos y veamos. Empecemos con el primero. ¿Tienes algún otro dios? ¿Hay algo que valoras más que al mismo Dios? ¿Tal vez tu riqueza?».

El rico no pasó la prueba. Mateo nos declara: «Oyendo el joven esta palabra, se fue triste, porque tenía muchas posesiones» (19:22). ¿Una conciencia culpable? Probablemente.

DEBEMOS AMAR SUPREMAMENTE A DIOS

Esta historia debería ayudarnos a vernos a nosotros mismos. Sin la gracia de Dios, nosotros también tendríamos un final triste, incapaces de apartarnos de lo que amamos y separados del Dios que nos ama.

Debido a que tú y yo adoramos lo que más amamos, hay una buena razón para que el primer mandamiento esté primero: «No tendrás dioses ajenos delante de mí». Pero, antes de llegar a eso, revisemos la palabra «delante».

¿Has leído alguna vez esta expresión en la forma en que yo solía leerla, pensando que Dios en realidad está concediéndonos permiso para tener otros dioses además de Él con la condición de que no fueran tan importantes para nosotros como Dios mismo? Podrías haber tomado «delante» con el significado de «adelante en la fila».

Ten mucho cuidado. A Dios no le alegra que tengamos otros rivales, siempre y cuando lo amemos más a Él. «Delante» significa en su presencia, como en «absolutamente nada de otros dioses (cosas o personas a quienes adoramos)».

La verdad absoluta, el antídoto a las mentiras que podríamos creer, es que Dios merece el lugar sin igual en nuestros corazones. Cualquier otra cosa lo envía a un lugar en las sombras. Un lugar al que no pertenece.

> *Esta historia debería ayudarnos a vernos a nosotros mismos. Sin la gracia de Dios, nosotros también tendríamos un final triste, incapaces de apartarnos de lo que amamos y separados del Dios que nos ama.*

La primera lección que todo hombre debe aprender es simple: Dios es Dios, y nosotros no lo somos. Él es el fin, no un medio. Nuestro propósito no es utilizarlo para asegurar nuestros deseos. Nuestro objetivo no es adquirir posesiones, poder o prestigio. Nuestra meta no es añadirlo a nuestra lista de «amores», sino amarlo por encima de todo.

Varios meses después que Nancy y yo comenzáramos a salir me encontré perdidamente enamorado de ella. Es más, a decir verdad, de modo insensato llegué a ponerla en lo alto de mi lista de afectos. Esto fue algo que yo sabía que estaba mal y, en una larga videollamada con ella y con lágrimas en los ojos, le confesé lo que había hecho. Nancy recibió mi arrepentimiento con comprensión y mucha gracia.

En realidad, con la inteligencia y el discernimiento que tiene, Nancy quedó aliviada. Nadie más que Dios puede estar a la altura de esta clase de adoración.

Al parecer, Simón Pedro tenía esta tendencia de dejar que sus amores se torcieran. Uno de los momentos más importantes en el ministerio terrenal de Jesús sucedió poco después de su resurrección. Él y Pedro, quien había negado rotundamente tres veces que conocía a Jesús, estaban desayunado en la playa. Según parece, a fin de equilibrar la balanza, Jesús le hizo a Pedro básicamente la misma pregunta... tres veces seguidas.

Simón, hijo de Jonás, ¿me amas más que éstos? (Jn. 21:15).

Así que ahí lo tienes. Una pregunta de importancia grandiosa y definitiva. Si hemos de amar absolutamente a Dios, debemos amarlo en forma exclusiva, más que a cualquier otra persona o cosa.

Dios es un Dios celoso y, para nuestro bien, no compartirá con un rival el trono de nuestro corazón. Ese lugar debe estar reservado para Él.

1 *«Dios no es muy diferente a mí».*

Según la mitología griega, un apuesto joven llamado Narciso viajaba un día por el bosque, sintiendo una extraña mezcla de sed e inseguridad. Acababa de rechazar el amor de una ninfa llamada Eco, una criatura infiel, ansiosa por atrapar sexualmente al hombre. Él no estaba interesado en compadecerse de una serpiente lujuriosa. ¡Vaya!, ese tema suena conocido.

> *La primera lección que todo hombre debe aprender es simple: Dios es Dios, y nosotros no lo somos. Él es el fin, no un medio.*

Entonces Narciso se topó con un pequeño estanque de agua. «Ah, aquí está la respuesta a mi anhelo de algo para beber», susurró para sí.

Se agachó al lado del estanque e, inclinado, ahuecó la mano y se preparó para llevar a sus labios algo de esa frialdad cristalina. Sin embargo, antes de tocar el agua, sus indecisos ojos vieron allí su imagen reflejada.

Narciso se quedó inmóvil, estudiando cada detalle de su propio rostro deslumbrante. Al no haber estado dispuesto a recibir las insinuaciones de la ninfa, Narciso descubrió un galán más irresistible. Un amante más elegante y gallardo. Alguien más encantador que cualquier otro que había visto. En ese momento, el joven entró en un leve trance. Un aire de adoración lo rodeó. El corazón se le aceleró, enamorándose sin poder hacer nada. De sí mismo.

¡Qué asco!

Sin embargo, antes de juzgar a este afeminado, inclinémonos y miremos en el mismo estanque.

Podríamos estar buscando satisfacción de nuestros más profundos deseos, nuestra sed que ansía ser aplacada. Respuestas a preguntas difíciles que nos acosan. Alguien o algo que nos traiga plenitud y alegría. Y, cuando vemos nuestro propio reflejo (tratando de satisfacer nuestros anhelos con lo que somos capaces de juntar por nuestra cuenta), nos percatamos de que, por más que intentemos, nuestra propia imagen débil no satisface. Es más, la incesante autocontemplación nos produce náuseas.

> *El profeta, aunque dotado de dones naturales y a cargo de una responsabilidad poco común, quedó embelesado y sin habla en presencia de la prístina santidad.*

Hace muchos siglos, un profeta de Israel entró al templo de Jerusalén. Con anterioridad se le había encargado declarar juicio sobre los hijos escogidos y pecadores de Dios. Sin duda alguna, un gran encargo, que incluso en el más sobrio de los hombres podría despertar una sensación de autoestima inflada. Pero no en este hombre. No esta vez.

En lugar de eso, cuando el profeta se acercaba al altar, de la nave del templo surgió un sonido, un sonido tal que nunca antes se había escuchado. La emocionante entrada del hombre llegó a su fin. En ese momento, el profeta Isaías vio al Señor Dios, alto y erguido. El cuerpo de Isaías quedó paralizado, y sintió el temblor del templo. Fuertes voces de criaturas no terrenales penetraron el aire apacible.

Santo, santo, santo, Jehová de los ejércitos; toda la tierra está llena de su gloria (Is. 6:3).

El profeta, aunque dotado de dones naturales y a cargo de una responsabilidad poco común, quedó embelesado y sin habla en presencia de la prístina santidad. En ese momento, las primeras palabras de la boca de Isaías resumieron quién era realmente él frente a la perfección.

«¡Ay de mí!», exclamó Isaías.

¿En serio?

Lo que le pasó a Isaías ese día lo marcaría para siempre. Ya no estaría enamorado de su propia valía, aclamación, influencia, habilidades, semblante o ropero. Nunca más. Isaías se había asomado al tranquilo estanque, pero se había encontrado de frente con la santidad de Dios. Y durante el resto de su vida, esa experiencia sería suficiente.

EN LA PRESENCIA DIVINA

Cuando mis hijas eran pequeñas, mi finada esposa Bobbie y yo analizamos la mejor manera de moldearles la conducta. ¿Qué podíamos hacer para estimularlas a obedecer, y capacitarlas a reconocer su propia pecaminosidad, y que esto las quebrantara? ¿Cómo podíamos enseñarles los caminos de Dios a fin de que pudieran adoptarlos como propios? ¿Y cómo generarles una sensación de respeto por nosotros, sus padres?

Las respuestas a estas apremiantes preguntas vinieron con el poder de la historia de Isaías en el templo.

Preguntamos en voz alta: «¿Cómo sería estar en la presencia de un Dios santo y totalmente justo? ¿Y cómo sería llevar a nuestras hijas con nosotros? ¿Cómo moldearía esta experiencia su modo de pensar y su comportamiento? ¿Y cómo nos moldearía esto a nosotros como adultos, llamados a amar a Dios y seguirlo, y guiar a estas chiquillas?».

He aquí un ejemplo: Algo que para Bobbie y yo era importante es que nuestras niñas aprendieran buenos modales en la mesa. Pero no queríamos que pensaran en esto como algún tipo de disciplina desagradable en régimen de internado. Así que lo convertimos en un juego. De vez en cuando anunciábamos: «Esta noche vamos a utilizar modales de la Casa Blanca».

Aunque comiéramos en la mesa de la cocina, todos ayudábamos a ponerle un mantel, junto con nuestra mejor vajilla, nuestros mejores cristales y nuestros cubiertos de plata. Incluso hermosas servilletas de lino dobladas cuidadosamente junto a los platos.

Luego fingíamos que esa era una cena de estado. Desde luego, dignatarios mundiales estaban presentes. Nuestros modales eran impecables. Incluso nuestra conversación era formal... de una manera divertida. A veces hasta usábamos nuestros mejores acentos británicos. A través del portal de nuestra imaginación, estábamos en la presencia de la belleza y grandeza, y esto influía en el modo en que actuábamos.

El encuentro personal de Isaías con el Dios vivo le cambió la vida. Y esta no fue una experiencia común de cena de estado en la Casa Blanca, sino algo mucho más grandioso. Aunque el profeta sabía acerca de Dios (después de todo, era experto de profesión en hablar con Dios), de ahora en adelante sería consciente de Aquel en cuya presencia vivía… día y noche. ¿Te imaginas?

La primera mentira acerca de Dios (que Él es más o menos como tú y yo) podría ser la más peligrosa de todas. No se le puede comparar con nosotros. Él es… Dios. El Creador sublime y exaltado. Definamos claramente esto, y estaremos en el camino correcto.

LA VERDAD	**Dios es santo. Su brillante «otredad» no puede describirse adecuadamente. Una vez que hemos aceptado esto por completo, nada vuelve a ser igual.**

REFLEXIONA: *¿Quién es tu héroe vivo más grandioso? ¿Cómo actuarías en su presencia? ¿Cuáles son algunas de las cosas que apartan a Dios de todo y de todos los demás?*

 ## «*Dios no participa en los detalles de mi vida, ni le preocupan*».

Hace varios veranos visité por primera vez el parque nacional Grand Teton. Nada me había preparado para la grandiosidad, esplendor y belleza de lo que vi.

A la semana siguiente, de vuelta en Michigan, vi una pequeña ardilla listada corriendo por nuestra terraza, con la cola recta en el aire. Se detuvo. Corrió otra vez. Entonces se detuvo, se sentó sobre su trasero, y se mordisqueó las patitas delanteras. Puede que no te gusten las ardillas. Podrías considerarlas ratas con rayas. Yo opino que son hermosas.

Pregunta: ¿Cuáles de estas cosas, la grandeza de las montañas o los movimientos vivaces de una ardilla, caracterizan mejor a nuestro Dios creador?

Así es. Ambas cosas.

Si sabemos algo acerca de Dios, nos damos cuenta de que *Él es grande*. Tendemos a ver su papel como el de un general de cuatro estrellas. Evalúa los campos de batalla, cuenta sus batallones, considera sus líneas de abas-

> **Si sabemos algo acerca de Dios, nos damos cuenta de que Él es grande.**

tecimiento y planea cómo ganar. Es la guerra lo que le preocupa, el cuadro completo, no toda pequeña escaramuza o pequeño detalle de la batalla.

Con todo un universo por crear, defender y gobernar, podríamos suponer que Dios seguramente no tiene el tiempo o la inclinación para atender los pequeños detalles que conforman nuestros días. Eso está en piloto automático, como un reloj de cuerda moviéndose según su propio diseño.

Y ÉL ES PEQUEÑO

La Biblia se mueve rápidamente a través de los poderosos relatos de los patriarcas: Adán y la creación, Noé y el diluvio, Abraham hasta la aplastante victoria del éxodo y la conquista de la tierra prometida. Pero luego la Biblia nos cuenta tiernamente la historia de una sencilla mujer piadosa, Rut, y del hombre que la redimió y la convirtió en su esposa.

Rut había sido una viuda golpeada por la pobreza, que sobrevivió por la caridad de un hombre rico llamado Booz. El relato bíblico de la historia de Rut empieza con estas palabras:

Aconteció... (1:1)

Al aplicar esta palabra a cada escena del drama, *aconteció* la muerte del primer marido de Rut. *Aconteció* que Booz se fijó en Rut. *Aconteció* que, cuando despertó, Booz encontró a sus pies a Rut. Y de esto, finalmente *aconteció* el nacimiento del rey David y en última instancia el nacimiento del mismo Jesús.

Hay mucho que aprender de la historia de Rut y Booz, pero algo que no debemos pasar por alto es el principio que se encuentra en el dicho que expresa:

Por falta de un clavo se perdió una herradura,
Por falta de una herradura, se perdió un caballo,
Por falta de un caballo, se perdió una batalla,
Por falta de una batalla, se perdió un reino,
Y todo por falta de un clavo de herradura.[1]

La pérdida de un solo clavo influyó al final en el resultado de la guerra. En otras palabras, no hay pequeños detalles independientes en la vida, sino solo acontecimientos y circunstancias entrelazados cuidadosamente que crean un gran tapiz llamado historia.

Dios es grande; Dios es pequeño.

A veces dividimos nuestras vidas en grandes momentos de mucha importancia y pequeños momentos de lo común y corriente. Sin embargo, cuando Dios nos ofrece el Gran Mandamiento (que debemos amarlo de todo corazón, mente, alma y fuerza) estaba diciéndonos que quiere todo de nosotros, y eso significa todos nuestros momentos, tanto los grandes como los pequeños.

> No hay pequeños detalles independientes en la vida, sino solo acontecimientos y circunstancias entrelazados cuidadosamente que crean un gran tapiz llamado historia.

La «grandeza» de Dios no es la clase de grandeza que pasa por alto lo pequeño. Más bien es una grandeza que abarca lo pequeño. Él no deja subordinada la administración de los detalles mientras se dedica a las grandes cosas. Dios es omnisciente, su poder es inagotable, y su control es absoluto.

En ocasiones esta verdad parece aterradora, y otras veces es consoladora. Saber que Dios ve todo puede ser aterrador cuando queremos la libertad de pecar fuera de su mirada. Pero es consolador saber que no hay lugar oculto que Él no vea. Cuando nos sentimos solos e insignificantes, cuando nos vemos consumidos con nuestras preocupaciones, ayuda recordar que Él ha contado los cabellos de nuestra cabeza (Lc. 12:7).[2]

Dios nos recuerda que, ya que provee para los lirios del campo, podemos tener la seguridad de que suplirá nuestras necesidades (Mt. 6:28). Nos promete que, ya que sabe incluso cuándo un pajarillo cae a tierra, podemos saber que Él se preocupa por nosotros (Mt. 10:29).

> La «grandeza» de Dios no es la clase de grandeza que pasa por alto lo pequeño. Más bien es una grandeza que abarca lo pequeño.

Con razón deberíamos tener miedo cuando seamos tentados a creer que podemos desobedecer en forma segura, siempre que nuestra infracción sea pequeña. Y debemos sentirnos consolados al saber que todo momento de nuestras vidas importa. Todo lo que hacemos tiene significado e importancia; nuestro Padre fiel nos dirige en cada paso.

Coram Deo es una frase latina que significa «en la presencia de Dios» o «delante del rostro de Dios». Así es como estamos llamados a vivir. Cada momento, cada palabra, cada decisión, cada acción, cada pensamiento cuenta. Por insignificantes que puedan parecer, se realizan delante del rostro y la presencia del Dios vivo.

Y no solo debemos vivir en comunión con el Señor, sino que en realidad debemos estar conectados con Él. Al relatar la historia de la Última Cena que el Salvador tuvo con sus discípulos antes de su simulacro de juicio y su crucifixión, el apóstol Juan, uno de los amigos más cercanos de Jesús, cita:

> Permaneced en mí, y yo en vosotros. Como el pámpano no puede llevar fruto por sí mismo, si no permanece en la vid, así tampoco vosotros, si no permanecéis en mí (Jn. 15:4).

Cuando la rama de un árbol está conectada al tronco, extrae vida de la sabia que fluye de este. Nunca hay un momento en que la rama no necesite esa sustancia vivificante. Si está desconectada, la rama muere. Si ese miembro portador de fruto decidiera alguna vez que ya no necesita estar conectado, se convierte en leña. En un palo común y corriente.

Otra manera de decir esto es que *no* dejo de ser el esposo de Nancy. Ninguna actividad, ninguna palabra que pronuncio, ni siquiera cualquier pensamiento aleatorio que yo abrigue puede darse el lujo de estar aislado. Ella y yo nos pertenecemos. Todo el día. Todos los días.

Mi vida debería reflejar esta verdad. Las personas deberían poder decir rápidamente que soy un hombre maravillosamente casado.

Cuando tú y yo moramos en Dios, esto debería ser evidente. Una vez más, todo lo que hacemos, decimos o pensamos debería hacer obvio esto para todo el mundo.

LA VERDAD	**Nada es demasiado grande o demasiado insignificante para el cuidado de Dios. Él nos hizo y participa en cada detalle de nuestra vida, grande y pequeño.**

REFLEXIONA: *La palabra «amor» se lanza a veces como dulces baratos. ¿A qué se parece el amor de Dios?*

 ## «*Puedo ganarme el favor de Dios*».

¿Has notado alguna vez lo «real» que es la Biblia? No encontrarás muchos héroes que parezcan personajes de reparto central. En su lugar encontrarás que hasta los «mejores» hombres, aparte de Jesús, tuvieron muchos defectos.

Si alguna vez hubo una brigada de lo moral, habrían sido los fariseos. Para los judíos de su época, ellos eran ciudadanos modelos. Ya que eran conocidos por su irreprochable prestigio, también eran estirados y prepotentes. Destilaban altivez. Arrogancia sin complejos. Y al final se convirtieron en enemigos declarados del Mesías.

Pero aguarda un segundo. Estos eran individuos profundamente inmersos en la ley de Dios. Su compromiso sin igual fue usado por el mismo Jesús al dar una advertencia en su Sermón del Monte: «Os digo que si vuestra justicia no fuere mayor que la de los escribas y fariseos, no entraréis en el reino de los cielos» (Mt. 5:20). Luego el Evangelio de Juan nos habla de un fariseo llamado Nicodemo, quien vino a ver a Jesús, cara a cara. La conversación comenzó bastante bien: «Rabí, sabemos que has venido de Dios como maestro; porque nadie puede hacer estas señales que tú haces, si no está Dios con él» (Jn. 3:2). Sin embargo, Jesús no simplemente recibió el cumplido y le pagó con la misma moneda a Nicodemo; más bien, como hacía muy a menudo, se enfocó directamente en el corazón del asunto.

> Respondió Jesús y le dijo: De cierto, de cierto te digo, que el que no naciere de nuevo, no puede ver el reino de Dios (v. 3).

Justo después de confesar que Jesús era un maestro enviado de Dios, Nicodemo comenzó a contender. Nada inteligente. El fariseo preguntó: «¿Cómo puede un hombre nacer siendo viejo? ¿Puede acaso entrar por segunda vez en el vientre de su madre, y nacer?» (v. 4).

El Jesús «tierno, manso y benigno» reprendió a Nicodemo por no conocer ya esta verdad misteriosa. ¿Cómo podía Nicodemo ser un maestro, uno de los eruditos más inteligentes en Israel, y no comprender esta verdad de lo más fundamental?

No obstante, tú y yo podemos identificarnos. *Deberíamos* saber la verdad sobre nuestra naturaleza pecadora innata y nuestra necesidad de volver a nacer, y muy a menudo no lo hacemos. Nuestro orgullo nos presiona a creer, al menos de modo subconsciente, que de alguna forma podemos ganarnos el favor de Dios, que Él estará complacido y nos aceptará si somos suficientemente buenos. Este es el núcleo de toda religión falsa, y todo lo contrario a la verdad.

Dios es santo; no puede soportar el pecado. Esta es la razón precisa de por qué no podemos ganarnos su favor.

Toda la escrupulosidad de Nicodemo, todos sus estudios, todo esfuerzo que hizo para ganarse el favor de Dios llevaba consigo la mancha del pecado. Por «bueno» que intentara ser, nunca sería «suficientemente bueno».

La única manera de ver el reino de Dios es naciendo de nuevo. Tal como nuestro primer nacimiento, esto no es algo que hacemos sino algo que se *nos* hace. Algo hecho *para* nosotros. Necesitamos la justicia de Dios, pues la nuestra para nada es justicia. Y solo Él excede la piedad de los fariseos.

> *Esto no es algo que hacemos sino algo que se nos hace.*

El problema es que aunque confesemos nuestra indignidad, nazcamos de nuevo y nos aferremos a la cruz, muy a menudo volvemos a esta necedad. Razonamos: «Sí, soy salvo por la sangre de Cristo. Pero lo que Dios sienta realmente acerca de mí en cualquier momento dado depende de cuán bien yo esté obedeciéndole».

No, nuestra posición delante del Padre no está determinada por nuestro desempeño, sino por lo que el Hijo ha hecho. El orgullo y el desaliento por nuestro pecado son aspectos con los que lidiaremos hasta que entremos a la eternidad.

Sin embargo, ahora mismo, hoy, mañana y siempre, si permanecemos en Cristo, descansamos en lo que Él ha hecho. Cuando nuestro Padre nos mira, ve a Jesús. Y se complace. Su perdón es real y completo. La adopción que nos ha hecho es irrevocable. Su amor por nosotros es infinito, no aumenta ni disminuye.

Por tanto, debemos celebrar y agradecer, dejando a un lado nuestro orgullo, abandonando cualquier confianza en nuestras buenas obras, porque Jesucristo es lo único que necesitaremos siempre.

LA VERDAD

No podemos ganarnos la aprobación de Dios. Solo podemos recibir su favor inmerecido.

REFLEXIONA: *¿Qué significa la expresión «con condiciones»? ¿Cuáles son las condiciones unidas al amor de Dios por ti? ¿Hay algunas?*

«*Hay muchos caminos que llevan a Dios*».

Se llamaba Ed, pero no lo supe hasta que el avión aterrizó en su destino. Es más, aunque estuvo sentado a mi lado en el largo vuelo, creo que ni siquiera nos miramos ni hicimos contacto visual hasta el mismo final de nuestro viaje.

Cuando encontré mi fila asignada, guardé mi equipaje de mano en el compartimiento superior y me acomodé en el asiento del pasillo, Ed estaba dedicado a leer un libro y no levantó la mirada de su asiento en la ventanilla. Pude haber saludado, pero no recuerdo haberlo hecho.

Pero ahora nuestro avión había aterrizado con seguridad y rodaba hacia nuestra puerta de desembarque. Ed había cerrado el libro, y mi computadora portátil estaba guardada. Me volví hacia él.

—Hola —saludé sonriendo—. Me llamo Robert.

—Yo soy Ed —contestó (sin sonreír).

Parece que durante nuestro vuelo, Ed había mirado en mi dirección, espiando visualmente algo de mi correspondencia electrónica. O quizá yo estaba revisando la propuesta de un libro de un cliente escritor, y él había captado algo de ello. En cualquier caso y sin que yo lo supiera, Ed me había estado observando.

Solo nos quedaban unos minutos antes de desembarcar, por lo que Ed no perdió el tiempo, y fue directo a lo que estaba pensando.

—Apuesto que eres uno de esos cristianos que afirma que Jesús es el único camino a Dios —declaró molesto, sin tratar de ocultar su desprecio por quien sin duda había sido un fanático religioso sentado en su misma fila.

—En realidad no —respondí, tratando intencionalmente de no equipararle el tono combativo; Ed palideció al creer que pudo haberme juzgado mal.

Hubo un largo momento de silencio, y luego hablé de nuevo, esta vez volviéndome en dirección a Ed y aun sonriendo.

—No necesito decir eso —repliqué—. El Señor Jesús es quien lo dijo, y yo le creo.

Sorprendentemente, fue como si la corteza de hielo que rodeaba el

> *Solo nos quedaban unos minutos antes de desembarcar, por lo que Ed no perdió el tiempo, y fue directo a lo que estaba pensando.*

rostro de mi compañero de vuelo comenzara a suavizarse.

—En realidad —comenzó, tratando de esbozar una sonrisa—, soy anciano en lo que tal vez llamarías una iglesia «liberal». Mis compañeros ancianos, incluso mi pastor, se burlan de individuos como tú diciéndoles fanáticos de mente cerrada. Ya sabes, fundamentalistas.

Nuestro avión llegó a la puerta asignada, los motores se apagaron, así como la luz de los cinturones de seguridad, y Ed y yo comenzamos a recoger nuestras pertenencias. Pero él tenía algo más que decir. De alguna manera me di cuenta.

—¿Sabes? —concluyó Ed—. Yo quisiera creer eso.

La conversación me recuerda a Tomás, conocido como el discípulo dubitativo. Tal como Ed pudo haber hecho, sin duda Tomás reconocía que Jesús era un buen hombre, un profeta ejemplar y un maestro capaz. Quizá incluso *un* camino para llegar a Dios.

Sin embargo, el Salvador rápidamente descartó este enfoque «global».

Jesús le dijo [a Tomás]: Yo soy el camino, y la verdad, y la vida; nadie viene al Padre, sino por mí (Jn. 14:6).

UNA MENTIRA QUE PUEDE HACER DESDICHADO A UN HOMBRE

Si intentas hablar de tu fe a otras personas, sin duda te toparás con esta manera de pensar: que hay muchos caminos hacia Dios. O encontrarás la afirmación de que Jesús solo fue un buen hombre.

En su clásico libro *Cristianismo... y nada más*, C. S. Lewis escribió brillantemente:

El hombre que sin ser más que hombre haya dicho la clase de cosas que Jesús dijo, no es un gran moralista. Bien es un lunático que está al mismo nivel del que dice que es un huevo o el diablo

del infierno. Puedes hacer tu elección. O bien este hombre era,
y es el Hijo de Dios; o era un loco o algo peor. Escarnécele como
a un insensato, escúpelo y mátalo como a un demonio; o cae a
sus pies y proclámalo como Señor y Dios. Pero no asumamos la
actitud condescendiente de decir que fue un gran maestro de la
humanidad. Él no nos proporciona campo para tal actitud.[3]

El evangelio que tú y yo aceptamos es verdad. La realidad histórica de la vida, muerte y resurrección de Jesús trae esperanza a todo ser humano. Incluso las afirmaciones exclusivas de Jesús con relación a sí mismo (que hacen retorcer a algunos) son «buenas nuevas». Es más, nuestra inequívoca creencia de que a una persona pecadora pero contrita solo Él otorga perdón, redención y acceso directo a la presencia de un Dios santo mediante la justicia de Cristo imputada libremente a nosotros, trae consigo una sensación verdadera de esperanza, seguridad y realización.

En los minutos que siguieron a mi breve intercambio con Ed, sentí tristeza. Lo seguí por la pasarela hacia el terminal. Al saber que yo estaba justo detrás de él, una vez adentro se detuvo, dejó la maleta, se volvió, y me dio la mano.

Se la estreché, agradeciéndole por la oportunidad de relacionarnos. Aunque intentaba sonreír, la expresión en su rostro también era triste. Incluso desdichada, la palabra que el apóstol Pablo usó para describir al individuo que no acepta todo el evangelio (1 Co. 15:17-19, RVC).

Al despedirme de Ed le aseguré que oraría para que algún día pudiera ver a Jesús mediante los ojos de la fe. Sin dar una respuesta aparente, bajó la mano, agarró la manija de su maleta, la levantó con un clic, se volvió, y desapareció entre la multitud que recorría el vestíbulo.

Bueno, a decir verdad, soy un diplomático. Un vendedor. Pregúntales a mis hijas. Y a mi esposa. Concordarán en que prefiero siempre tratar de dar una oportunidad a ambas partes. Sin embargo, en este caso no hago favores a extraños y amigos modificando los hechos.

Jesucristo es Dios y no tiene rival.

Por su propia declaración, Jesús es el gran Reconciliador. El único.

Toma a hombres pecadores como tú y yo, y por su gracia los recibe como sus hijos. Sus hermanos. Perdonados. Nuevos. Íntegros.

| **LA VERDAD** | **Jesucristo es nuestro único camino hacia Dios.** |

REFLEXIONA: *¿Cuándo la palabra «exclusivo» es una expresión desagradable? ¿Por qué hay aquí buenas nuevas «exclusivas»?*

«¿Iglesia? Puedo tomarla o dejarla».

A veces canciones populares adquieren un significado que el compositor no pensó. En 1984, Bruce Springsteen compuso «Nacido en los Estados Unidos» como una crítica sobre nuestra nación, solo para ver que se usara como un himno patriótico. El año antes que Springsteen escribiera su poesía lírica, *The Police* cantó «Cada aliento que tomas» como una advertencia acerca de los hostigadores. Pero la canción extrañamente se convirtió en un cántico favorito de amor.

Así ocurrió con la letra clásica de Paul Simon «Soy una roca».

Algunos han tomado esta canción con su breve e inolvidable estribillo como una celebración, una repetición de la audaz declaración de «A mi manera» de Frank Sinatra. No obstante, el resto de la letra cuenta una historia diferente. La canción no es una celebración sino un lamento.

En el huerto del Edén, incluso antes de la caída, aun antes que la serpiente entrara,[4] Dios vio que algo no estaba bien, y declaró: «No es bueno que el hombre esté solo» (Gn. 2:18). El contexto de esta declaración es la creación de Eva, pero está claro que el principio tiene una aplicación más amplia. También se trata de comunidad.

Así como las tres personas de la santísima Trinidad (Dios el Padre, Dios el Hijo y Dios el Espíritu Santo) son uno, quienes estamos hechos a su imagen no fuimos creados para estar solos. El propósito de Dios para ti y para mí es convivir con otros. Y la hermandad en que nacemos al nacer de nuevo es la Iglesia, la novia de Cristo.

La Iglesia es el pueblo de Dios, con todas sus arrugas y verrugas, su soberbia e hipocresía, su altanería y pecado. La Iglesia la conforman personas, que Cristo ha declarado justas, pero que aún luchan con la presencia y el poder del pecado que mora en ellas.

Lo sorprendente es que la Iglesia es realmente un club «exclusivo», ¡la única institución a la que no puedes unirte a menos que confieses que no eres bueno! Ese es nuestro requisito. Somos un grupo de fracasados, una congregación de rebeldes.

Por supuesto, un elemento constante es que la Iglesia debe evitarse porque está llena de hipócritas. Pero las buenas nuevas para ti y para mí es que siempre hay espacio para uno más. Es precisamente porque somos pecadores que a veces vemos el pecado como algo de «allá afuera» en vez de algo de «aquí dentro». Nuestro orgullo nos lleva a vernos como superiores, como víctimas maltratados en lugar de perpetradores que maltratamos.

La Iglesia es ese lugar donde nos recuerdan dolorosamente nuestros defectos. Y es ese lugar donde estamos seguros de la gracia de Dios.

Sin embargo, lo que une a la Iglesia es la asombrosa verdad de que nuestros pecados han sido cubiertos por la sangre de Cristo. No se trata solo de una congregación de pecadores, sino de una congregación de pecadores que conocemos la gracia de Dios, una congregación a la que se le ordena perdonar como hemos sido perdonados.

La Iglesia es ese lugar donde nos recuerdan dolorosamente nuestros defectos. Y es ese lugar donde estamos seguros de la gracia de Dios, un regalo inmerecido que mitiga nuestro dolor y nos mueve hacia la alegría. Tratar de funcionar aparte de la iglesia local es perder la ocasión de escuchar la Palabra de Dios y la enseñanza del evangelio, las buenas nuevas. Es separarnos nosotros mismos de lo que más necesitamos: la oportunidad de caminar juntos en busca de Cristo y celebrar la victoria sobre el pecado.

Y asistir a la iglesia debe ser más que mirar vidrieras. Una simple y casual visita semanal no sirve más que ir a un restaurante para no sentarse a disfrutar el lujo de una gran cena.

Casi todas las semanas escucharás de oportunidades de servir y participar. Se te dará una oportunidad de invertir en la obra del reino de Dios. No hacer estas cosas te mantiene en las gradas como un espectador, y no en el campo como un actor hecho y derecho.

> *Abandonar la Iglesia es renunciar a Él. Aferrarse a la Iglesia es aferrarse a Él.*

Esto me recuerda mi primera visita al canódromo en algún lugar de Florida cuando tenía poco más de veinte años. Vi los galgos correr a velocidades vertiginosas persiguiendo un palo con un trapo llamado «Rusty». Eso fue interesante. Y luego fui a la ventanilla y aposté veinte dólares a uno de los perros. Decir que ver la carrera siguiente con «dinero invertido» fue una experiencia totalmente distinta sería la subestimación del día.

Cuando inviertes tu tiempo y tesoro en una iglesia local, te acabas de alistar, has puesto tu dinero donde te importa y estás en el juego. Esto es algo bueno.

Algo más: tú y yo hemos oído decir a personas: «¿Quién necesita la Iglesia? Solo necesito a Cristo». Parece muy piadoso, ¿verdad? Pero es como decir: «Amo a Cristo, pero no me importa su novia». La iglesia es un lugar para aquellos por quienes Jesús dio su vida. Es para los que son amados por el Padre. La iglesia está formada por quienes están llenos del Espíritu Santo. No es solamente la novia de Cristo, sino el cuerpo de Cristo. Es aquel lugar donde podemos ver a Jesús formándose y reflejándose en las vidas de su gente. Abandonar la Iglesia es renunciar a Él. Aferrarse a la Iglesia es aferrarse a Él.

Hace muchos años, mi finada esposa Bobbie y yo conocimos una nueva familia que se había mudado a nuestro vecindario en Florida... mamá, papá, hija pequeña y bebé. Bobbie y Judy se apartaron para hablar. Hubo química encantadora. Me di cuenta inmediatamente. Me acerqué a Rick y alargué la mano para estrechar la suya. Me cayó bien de inmediato. Confiado, pero no escandaloso. Cálido, pero no enclenque.

Pronto nuestra conversación giró hacia la fe. «Rick» me contó una extraordinaria historia de haber hecho campaña para el gobierno estatal varios años antes, yendo de puerta en puerta para solicitar votos.

—Mi nombre es Rick Davis y estoy postulándome por Florida al Congreso —informó de pie en la puerta de un extraño—. Me gustaría que votaras por mí.

—Por supuesto —contestó sonriendo el hombre—. Votaré por ti si me dejas hablarte de Jesús.

El Espíritu Santo se movió ese momento, convenciendo a Rick de su pecado y necesidad de un Salvador, y el extraño lo guio en «la oración del pecador».

Recuerdo que me sorprendió la audacia del hombre y la ternura de Rick al relatar la historia.

Pronto nuestra conversación giró hacia la iglesia.

—¿Dónde se congregan ustedes? —inquirí.

El comportamiento de Rick cambió.

—No vamos a la iglesia —contestó orgullosamente—. Soy un hombre ocupado. Tengo un negocio y trabajo duro seis días a la semana. El domingo es mi única oportunidad de dormir, jugar con los niños, y leer el periódico. No voy a la iglesia.

No presioné. Sin embargo, en los meses siguientes, cada vez que veía a Rick en el vecindario lo animaba a reconsiderar su decisión. Esto no era como una visita a la oficina del director. Hice todo lo posible por ser directo, pero animando y siendo comprensivo. Rick escuchaba y no era hostil a mi amable exhortación.

Avanzaron rápidamente quince años. Rick es líder en una iglesia local. Un defensor declarado del poder transformador de la comunidad, que adora cada semana con el pueblo de Dios. Sus hijos asisten allí al colegio cristiano.

Dormir más y leer periódicos en la mañana pueden reemplazarse por algo mucho más valioso. Tan solo pregúntale a Rick.

Ningún hombre es una roca. Ningún hombre es una isla. Tú y yo necesitamos el cuerpo, aunque duela estar allí. Ama al Señor, y ama a su novia con todos sus defectos. Lleva tus defectos contigo. Cristo los lavará todos, porque Él ama a su novia.

A medida que tú y yo tengamos comunión con otros encontraremos tristeza y dolor. Y encontraremos risas y amor. Cuando adoptamos la iglesia, descubrimos que vale la pena.

LA VERDAD	**La iglesia no es opcional para el creyente. Es equipo normal.**

REFLEXIONA: *¿Por qué es importante para nosotros experimentar comunión cristiana intencional en el contexto de la iglesia local?*

CAPÍTULO TRES

MENTIRAS QUE LOS HOMBRES CREEN ACERCA DE
SÍ MISMOS

«Conociste a Rebecca y Stephen, nuestros dos hijos mayores. Son buenos chicos —dijo la madre sonriendo, luego titubeó mientras asentía hacia otro hijo parado frente a nosotros—. Este es Jonathan, nuestro chico malo».

Me volví hacia el jovencito de catorce años a quien las palabras de su madre acababan de dirigirse. Tenía los ojos enfocados en sus zapatillas. No dijo nada.

Este inolvidable intercambio se llevó a cabo décadas atrás cuando yo vivía en la costa norte de Chicago y participaba a tiempo completo en el ministerio de jóvenes. A primera vista, esta era una buena familia que iba a la iglesia. Papá y mamá casados durante muchos años, tres hijos sanos y vivían en una hermosa casa suburbana al final de una calle arbolada.

Como novato en trabajar con jóvenes, yo no tenía estudios de posgrado en psicología o comportamiento humano. Pero sabía, como sabrías tú, que Jonathan acababa de ser sentenciado. No participaron un juez ni un jurado, pero el adolescente había sido calificado por una de las personas más importantes en su vida.

Jonathan era un chico malo.

A medida que pasaban los años hice todo lo posible por ser su amigo. Ocasionales visitas a una cafetería local y vasos de Coca-Cola en la mesa entre nosotros me dieron una oportunidad de desentrañar el corazón de este adolescente atribulado.

«¿A cuántos de ustedes sus papás les dijeron que algún día vendrían a parar a un lugar como este?».

Perdí el rastro de Jonathan desde que se graduó del liceo. Pero en los años en que lo vi, lo describiría repitiendo las palabras de su madre: Jonathan era un chico malo.

Sin duda estás haciendo una mueca por lo que acabo de decir. Estoy haciendo lo mismo mientras escribo estas palabras.

Este capítulo trata con las mentiras que creemos acerca de nosotros mismos. Es un recordatorio de que lo que llamamos «autoimagen» no es algo que normalmente creamos por cuenta propia. La autoimagen es un regalo que por lo general recibimos de otras personas... Y, a menudo, siendo jóvenes, de personas en posiciones de autoridad.

El gran Bill Glass, ala profesional defensiva número 80 de los Brown de Cleveland en la NFL en la década de los cincuenta y sesenta, fundó un ministerio de prisiones llamado «Tras los muros». Desde 1972, Glass ha hablado a decenas de miles de presos, mostrándoles su amor por Cristo e invitándolos a recibirlo como su Salvador y Señor.

Una de las preguntas que Bill hace frecuentemente a hombres encarcelados cuando se dirige a ellos es: «¿A cuántos de ustedes sus papás les dijeron que algún día vendrían a parar a un lugar como este?».

Según su propio relato, Bill Glass afirma que la gran mayoría de hombres levantaba la mano. Tal como la madre de Jonathan me expresó acerca de su hijo, estos hombres son «chicos malos». Lo saben y crecieron demostrando que estas afirmaciones verbales eran ciertas.

¿QUÉ DEBEMOS SABER SOBRE ESTO DE LA IMAGEN?

Si es verdad que nuestra «autoimagen» es un «regalo» que nos obsequian personas en posiciones de autoridad sobre nosotros, entonces tengo buenas noticias. Se trata de nuestra «imagen» del relato que el Génesis hace de la creación del cielo y la tierra.

> Creó Dios al hombre a su imagen, a imagen de Dios lo creó;
> varón y hembra los creó (Gn. 1:27).

Imago Dei es un término teológico en latín que significa que la humanidad está creada a imagen y semejanza de Dios. Dos aspectos importantes son ciertos en cuanto a esta imagen. Primero, somos diferentes de los animales. Es más, como portadores de imagen se nos ha dado dominio sobre todas las demás criaturas que Dios creó. Nuestro dominio debería incluir compasión y buena mayordomía de su creación.

Segundo, ser hechos a imagen de Dios significa que reflejamos algo de la gloria del Señor. Así como la luna refleja el brillo del sol, nuestras vidas deben reflejar la grandeza de nuestro Creador soberano.

Entonces, ¿cómo es esto?

Me alegra que lo hayas preguntado.

EL MUCHACHO QUE SERÍA REY

¿Conoces chicos de ocho años? ¿Qué hace el muchacho promedio a esa edad? ¿Cómo eras cuando tenías ocho años?

Seis siglos y medio antes del nacimiento de Jesucristo había un niño de ocho años llamado Josías, que vivía en la tierra de Judá y tuvo un padre y un abuelo malvados. Estos dos hombres habían sido los reyes de su nación y abandonaron por completo al Dios de sus padres. Buenas excusas para que Josías también fuera un «chico malo».

Sin embargo, según muchos eruditos, Josías tenía dos armas secretas: su madre y su abuela. Jedida era la madre del chico, y su nombre significa «amada del Señor». Y la madre de Jedida, Adaía, también fue bendecida con un gran nombre que significa «honrada del Señor».

No sabemos por qué estas dos mujeres estaban casadas con tales granujas, pero los epitafios de Amón y Manasés describen a déspotas malvados.

[Amón] hizo lo malo ante los ojos de Jehová, como había hecho Manasés su padre. Y anduvo en todos los caminos en que su padre anduvo, y sirvió a los ídolos a los cuales había servido su padre, y los adoró; y dejó a Jehová el Dios de sus padres, y no anduvo en el camino de Jehová (2 R. 21:20-22).

Volvamos entonces al niño de ocho años. Tal vez no sea exagerado creer que la madre y la abuela de Josías le hablaran la verdad al muchacho. Estas mujeres amaban y honraban al Señor. Es probable que hubieran conocido la piadosa herencia judía y las palabras del Génesis de que fueron creadas a imagen de Dios. Entonces, en lugar de ser criado como un bribón, a Josías le pudieron haber recordado que tenía todas las características de un rey. Y así fue que...

[El rey Josías] hizo lo recto ante los ojos de Jehová, y anduvo en todo el camino de David su padre, sin apartarse a derecha ni a izquierda (2 R. 22:2).

PIEDRAS VIVAS

Otro ejemplo de que esta «autoimagen es un regalo» viene del relato del Nuevo Testamento del discípulo llamado Simón, un pescador impetuoso a quien Jesús invitó a unirse a su grupo. Como a mitad de su ministerio de tres años, Jesús llevó a sus discípulos a una región llamada Cesarea de Filipo en el norte de Palestina. Fue en esta pequeña reunión que Jesús le dio a Simón un nuevo nombre, una nueva identidad.

[Jesús] les dijo [a los discípulos]: Y vosotros, ¿quién decís que soy yo? Respondiendo Simón Pedro, dijo: Tú eres el Cristo, el Hijo del Dios viviente. Entonces le respondió Jesús: Bienaventurado eres, Simón, hijo de Jonás, porque no te lo reveló carne ni sangre, sino mi Padre que está en los cielos. Y yo también te digo, que tú eres Pedro, y sobre esta roca edificaré mi iglesia; y las puertas del Hades no prevalecerán contra ella (Mt. 16:15-18).

Esa mañana Simón despertó siendo un hombre común y corriente. Pero esa noche se acostó como un hombre nuevo. Una roca. ¿Te sorprendería que este mismo hombre, el apóstol Pedro, escribiera más adelante estas palabras a la Iglesia, a hombres como tú y yo?

> Acérquense a [Jesús], a la piedra viva que los hombres desecharon, pero que para Dios es una piedra escogida y preciosa. Y ustedes también, como piedras vivas, sean edificados como casa espiritual y sacerdocio santo, para ofrecer sacrificios espirituales que Dios acepte por medio de Jesucristo (1 P. 2:4-5, RVC).

Es posible que tú y yo no hayamos tenido una madre o abuela piadosas como las de Josías, que declararan la imagen de un buen rey a nuestros corazones jóvenes. Pero sí tenemos un Buen Pastor que nos conoce, un Padre celestial que envió a su Hijo perfecto a reconciliar a hombres pecadores con un Dios santo. Nos escoge como sus hijos. Él es un Salvador que nos llama a ser reyes y sacerdotes.

No hay necesidad de vivir a la sombra de lo que te dijeron de niño. No hay razón para sumergirnos en autocompasión y temor. Al igual que David, el abuelo de Josías (diecisiete generaciones antes), y José su nieto (doce generaciones después), el padre terrenal de Jesucristo, se te ha otorgado posición real.

Eres un hombre creado a la misma imagen del Dios todopoderoso. Esto no es apariencia. No es bazofia motivacional vacía. Es verdad.

6   *«No soy responsable por mis acciones».*

Podrías ser demasiado joven para recordar al comediante Flip Wilson, quien presentaba su propio programa de televisión a principio de la década de los setenta. Una de las frases más famosas de Wilson, una vez que lo sorprendieron haciendo algo malo, fue: «El diablo me hizo hacerlo».

Esta frase siempre provocaba risas en la audiencia. Puede que sea cómica para algunos, pero no es verdad.

El viejo Flip estaba diciendo lo que muchos hombres creen acerca de su comportamiento. No soy responsable. Cuando peco, es culpa de alguien o algo más.

NUESTRA NATURALEZA

Imagina que la ciencia progresara hasta el punto en que pudiera identificar en ciertas personas un «gen roba bancos». Supongamos que tienes tal gen. Para empeorar las cosas, lo heredaste de tu padre y del padre de él, ambos fueron ladrones profesionales de bancos. Te educaron en robo a bancos; la comida en tu mesa durante tu crecimiento venía del robo.

> *De este modo excusamos nuestra desobediencia, declarándonos «inocentes» debido a nuestro ADN rebelde.*

Supongamos ahora que seguiste los pasos de tu padre al llegar a la edad adulta y realizaste un enorme robo a un banco. Entonces te capturan. ¿Le dirías al juez que debería dejarte libre porque tienes el gen roba bancos, ya que tus padres fueron ladrones de banco antes que tú? Por supuesto que no.

Adquirimos de forma natural nuestras habilidades de escurrir el bulto. Fue Adán, nuestro primer padre, quien inició esto. Gracias papá.

En nuestra época sofisticada tanto dentro como fuera de la Iglesia muchos se muestran reacios a declarar un Adán real e histórico. Así que suplimos excusas que parecen más científicas, culpando a nuestra genética o a nuestra crianza. A nuestra naturaleza interior. De este modo excusamos nuestra desobediencia, declarándonos «inocentes» debido a nuestro ADN rebelde.

NUESTRO ENTORNO

Por tanto, también debemos culpar a nuestro entorno.

Considera a Adán. Solo momentos antes de su caída había sido perfecto, limpio de todo pecado. Agarró el fruto de manos de su esposa, lo mordió, y de repente todo cambió. Dios entró al huerto del Edén y preguntó a Adán si había comido del fruto prohibido. Al menos Adán admitió que lo había hecho.

Pero entonces los pecados aumentaron en forma exponencial. «Fue la mujer», aseveró, echándole la culpa a su amada. Pero para empeorar aún más las cosas, continuó: «Fue la mujer *que me diste*».

Adán estaba tan ansioso por evadir la responsabilidad de su pecado que comenzó con su esposa y terminó culpando al Dios que la creó. Es como si Adán estuviera diciéndole al Todopoderoso: «Yo simplemente estaba tomando una siesta, pensando en mis propios asuntos, cuando tuviste que meterte y hacer esta criatura de mi costilla, y ahora mira lo que ocurrió».

Es verdad. El entorno influye en nosotros, pero es una realidad que también aportamos algo a la fiesta: nuestro ADN.

SOY YO, SEÑOR

El hombre moderno no fue el primero en descubrir el poder influyente de nuestro entorno. Recuerda la respuesta de Isaías al ser llevado a la misma sala del trono de Dios. «Soy un hombre de labios impuros y vivo en medio de un pueblo de labios impuros» (Is. 6:5, DHH). No obstante, Isaías estaba confesando su pecado, no tratando de echarlo sobre algo o alguien más. Afirmó que era un hombre pecador. Esa era su naturaleza: quien él era. Afirmó también que vivía entre personas pecadoras (es decir, su entorno).

> *«No somos pecadores porque pecamos. Más bien pecamos porque somos pecadores».*

Ni la naturaleza ni el entorno de Isaías lo excusó de sus pecados. Lo mismo se aplica a ti y a mí. Como los teólogos indican a menudo: «No somos pecadores porque pecamos. Más bien pecamos porque somos pecadores».

En su carta a la iglesia en Roma, el apóstol Pablo se hizo eco de la sabiduría de Isaías cuando respondió a la objeción a nuestra culpa de que en última instancia no somos responsables por nuestro pecado, de que no podemos evitarlo porque así es como fuimos creados o de que estamos rodeados por malas influencias.

> Oh hombre, ¿quién eres tú, para que alterques con Dios? ¿Dirá el vaso de barro al que lo formó: ¿Por qué me has hecho así? (Ro. 9:20).

La verdad es esta: tú y yo, precisamente porque somos hombres de labios impuros que moramos en una tierra de labios impuros, somos culpables ante el Dios vivo. Desear que no sea así no hará desaparecer el problema. Actuar mejor no cambiará nada. Nuestra situación es grave; somos vasijas rotas de barro en dirección a un montón de chatarra.

> Dios, que es rico en misericordia, por su gran amor con que nos amó, aun estando nosotros muertos en pecados, nos dio vida juntamente con Cristo (por gracia sois salvos) (Ef. 2:4-5).

La respuesta a la mentira de que no somos responsables de nuestra desobediencia ante un Dios santo y perfecto es que envió a su Hijo a ser responsable, a fin de recibir el castigo que merecemos. Nuestro llamado no es a señalar con nuestros dedos a nuestro Hacedor, sino a ser humildes ante un Dios santo y clamar como el publicano: «Dios, sé propicio a mí, pecador» (Lc. 18:13).

Así, y solo así, es como podemos ser justificados. La respuesta a la mentira es Aquel que es la verdad.

LA VERDAD

Independientemente de la clase de crianza que hayamos tenido, de lo que nos puedan haber hecho, o de las circunstancias difíciles o disfuncionales en que nos encontremos, somos responsables de nuestras acciones.

REFLEXIONA: *Inventar excusas no requiere ningún esfuerzo. ¿Qué valor hay en encargarnos de nuestros propios asuntos?*

7 ## *«El placer y la diversión pueden satisfacerme».*

¿Recuerdas la historia del enano en el cuento de «Las tres cabritas»?

Se trata de un antiguo relato de una carretera de peaje... en este caso un puente de peaje. O llamémoslo «puente del enano».

En la historia, tres cabritas intentaban ir del punto A al punto B, pero debían atravesar el puente para llegar allá. Sin embargo, el desagradable enano afirmaba que el puente le pertenecía y amenazó a las cabras con matarlas si intentaban atravesar la estructura.

¿Te has preguntado alguna vez cuán divertido sería tener una carretera o un puente de peaje? Cada vez que alguien, motociclista o chofer de camión, quisiera conducir sobre nuestra carretera o nuestro puente, tendría que pagar una cuota. ¡Qué suerte ganar dinero mientras duermes!

Desde luego, antes que todo tendrías que pagar por la construcción de tu carretera o puente, y también ser responsable de todo el mantenimiento (incluso quitar la nieve en el invierno).

No importa.

Lamentablemente, las carreteras y los puentes de peaje son realidades de la vida. Detenerse a pagar puede ocasionar grandes congestiones de tráfico. Afortunadamente, en muchos estados puedes conducir bajo lectores electrónicos que se comunican con un transmisor en tu parabrisas. Pagas el peaje sin siquiera disminuir la velocidad. Excelente, sin mayores dificultades, pero aún costoso. Ese sonido de succión es el efectivo extraído quirúrgicamente de tu billetera.

SALOMÓN: EL «ENANO» ORIGINAL (Y MUY RICO)

Jerusalén, la ciudad fortificada de Salomón, estaba ubicada en la cima de una de las rutas comerciales más concurridas y rentables del mundo. Los prósperos hititas, babilonios, sumerios, asirios, persas y medos que viajaban de o hacia Libia, Egipto, Etiopía o Turquía continuamente se desplazaban y comerciaban. Ser una ciudad amurallada en una ruta estrecha significaba que cada comerciante, y a menudo cada viajero, tenía que pagar una cuota simplemente por pasar. Esto proporcionaba una generosa fuente de ingresos al gobierno local, y al rey que presidía allí.

Por la historia sabemos que Salomón reclamó algunas de estas rutas populares y aplicó un recargo cada vez que se accedía a ellas. Dinero mientras dormía.

> *Sabemos que Salomón reclamó algunas de estas rutas populares y aplicó un recargo cada vez que se accedía a ellas. Dinero mientras dormía.*

En el libro del Antiguo Testamento, 1 Reyes, capítulo 10, se nos habla de la riqueza y sabiduría del rey Salomón. Pudo haber sido el hombre más rico que ha vivido. En dólares de hoy, ¡probablemente tenía más de dos billones![1]

¿Y cosas? ¿Tenía Salomón muchas cosas? Sí. En realidad, durante los cuarenta años de su reinado fue visitado quizá por las mujeres más ricas de su época. La reina de Sabá. Uno de los propósitos de su visita fue ver por sí misma las posesiones de Salomón. Al igual que un hombre revisa el garaje de su nuevo vecino para ver su colección de herramientas eléctricas, la reina quería ver si eran exagerados los rumores de la extravagante riqueza de Salomón.

¿Qué tal la inteligencia? ¿Era Salomón también sabio? De nuevo, la respuesta es un definitivo «sí». ¡El libro de Proverbios era el diario personal de este hombre!

Salomón no conoció ninguna restricción en cuanto a juergas. Escribió: «No negué a mis ojos ninguna cosa que desearan, ni aparté mi corazón de placer alguno, porque mi corazón gozó de todo mi trabajo; y esta fue mi parte de toda mi faena» (Ec. 2:10).

Así que creerías que al acercarse el final de su vida y mirar por sobre el hombro, Salomón habría sentido una enorme satisfacción por todo lo que había coleccionado y logrado. Creerías que el constante dinero en efectivo, la diversión, y las lujosas posesiones le dejarían una sonrisa permanente en el rostro.

¡Nada de eso!

En realidad, el de Salomón es uno de los epitafios más desgarradores de la historia. En Eclesiastés, un libro que él escribió, resume todo de este modo:

Vanidad de vanidades, todo es vanidad (Ec. 1:2).

O como otras traducciones afirman:

Nada en absoluto tiene sentido (PDT).

Lo más absurdo de lo absurdo, ¡todo es un absurdo! (NVI).

Escudriña tú mismo Eclesiastés y verás. Salomón encarna una silueta patética en la historia humana.

Hace años tuve la oportunidad de conocer a un hombre con una reputación mundial de tener buenos pensamientos. Sus finos rasgos mostraban una sonrisa permanente. Sus palabras escritas y habladas eran consumidas por millones de personas que pagaban altos precios por leerlas y escucharlas. Su lujosa casa y sus propiedades estaban rodeadas por un muro de piedra de cuatro metros, con complejas cámaras de seguridad ubicadas en todos los ángulos posibles. Pero en un momento inusitadamente sensible, yendo a un evento conmigo en mi auto, este hombre externamente próspero me confesó: «Soy la persona más solitaria que conozco». Su débil sonrisa contradecía la realidad interna que nadie habría imaginado que fuera así.

> *Este hombre externamente próspero me confesó: «Soy la persona más solitaria que conozco».*

Al igual que tú, todos los días soy bombardeado con la ilusión de que las posesiones y el placer pueden satisfacerme realmente. «Personas hermosas» que caminan sobre alfombras rojas con grandes sonrisas, y a veces poco más, pueden ser atractivas. Quizá un poco de eso condimentaría los rincones mundanos de mi vida, puedo fantasear. O si tan solo pudiera tener una casa en ese prestigioso vecindario o comprar ese auto nuevo maravilloso. Pero cuando recuerdo la vida vacía de alguien tan fabuloso como Salomón, mi envidia se detiene abruptamente.

En contraste con las verdaderas riquezas (oro, plata, piedras costosas), la Biblia llama «madera, heno, hojarasca» a esas cosas vacías (1 Co. 3:12). Captamos esta metáfora, ¿verdad?

Tú y yo podemos tener la tentación de invertir nuestras vidas como hedonistas tras la próxima actividad urgente. O como coleccionistas esperando la satisfacción de tenerlo todo. Tómalo de Salomón o de este otro individuo sentado en el asiento del pasajero. Es una pérdida de tiempo, como perseguir el viento.

| **LA VERDAD** | «No es necio aquel que da lo que no puede guardar, para obtener lo que nunca podrá perder». —Jim Elliot, martirizado a sangre fría en el campo misionero a los veintinueve años de edad. |

REFLEXIONA: *¿Por qué crees que literalmente valdría la pena morir?*

 ## *«Soy el amo de mi propio destino».*

Sea que alguna vez hayamos jugado o no a la lotería, muchos hemos soñado al menos con cómo sería ganar el premio gordo. Es difícil no imaginar lo que podríamos hacer con tan inesperado dinero ganado: la casa en que viviríamos, el auto que conduciríamos, y si somos un poco piadosos, las causas que apoyaríamos. Sin embargo, dinero es solo una cosa que la mayoría de los hombres ansía. Otra es poder. El poder protege al dinero.

El rey Nabucodonosor tenía ambas cosas. Era sumamente rico y el líder innegable del imperio más grande del mundo.

El libro de Daniel en el Antiguo Testamento revela el relato de este rey paseando por el balcón de su palacio real en Babilonia. Con gran alboroto levantó la cabeza y la voz.

> ¿No es ésta la gran Babilonia que yo edifiqué para casa real con la fuerza de mi poder, y para gloria de mi majestad? (Dn. 4:30).

Tú y yo tal vez no hablemos así porque no somos reyes de un gran imperio. No obstante, podemos enfrentar el mismo tipo de tentación. Miramos el trabajo que hacemos, la riqueza que hemos acumulado, las casas en que vivimos, y vemos todo esto simplemente como el fruto de nuestra labor, un monumento a nuestra propia grandeza.

El problema es que toda la riqueza y el poder pueden subírsenos fácilmente a la cabeza, que es exactamente lo que le sucedió a Nabucodonosor.

Sin embargo, Dios nos ha asegurado que no compartirá su gloria con nadie. En este caso, Dios se apresuró a hacérselo saber al rey. Son preocupantes, trágicas y poderosas estas palabras para un rey arrogante de parte del Rey Creador que lo formó.

> Aún estaba la palabra en la boca del rey, cuando vino una voz del cielo: A ti se te dice, rey Nabucodonosor: El reino ha sido quitado de ti; y de entre los hombres te arrojarán, y con las bestias del campo será tu habitación, y como a los bueyes te apacentarán; y siete tiempos pasarán sobre ti, hasta que reconozcas que el Altísimo tiene el dominio en el reino de los hombres, y lo da a quien él quiere. En la misma hora se cumplió la palabra sobre Nabucodonosor, y fue echado de entre los hombres; y comía hierba como los bueyes, y su cuerpo se mojaba con el rocío del cielo, hasta que su pelo creció como plumas de águila, y sus uñas como las de las aves (Dn. 4:31-33).

¿Puedes imaginarlo? Esta no es una caída común de la gracia. Nabucodonosor cayó del pináculo de la posición humana al estado de un animal común. Y por raro que parezca, esta no fue solo una caída de la gracia, sino compasivamente una caída en la gracia. Dios no compartirá su gloria, pero es su gloria la que nos lleva al arrepentimiento, que es justo donde fue a parar el rey.

> Mas al fin del tiempo yo Nabucodonosor alcé mis ojos al cielo, y mi razón me fue devuelta; y bendije al Altísimo, y alabé y glorifiqué al que vive para siempre, cuyo dominio es sempiterno, y su reino por todas las edades. Todos los habitantes de la tierra

son considerados como nada; y él hace según su voluntad en el ejército del cielo, y en los habitantes de la tierra, y no hay quien detenga su mano, y le diga: ¿Qué haces? (Dn. 4:34-35).

Tú y yo no nos creamos a nosotros mismos. Tampoco nos hacemos lo que somos. La verdad es esta: no tenemos nada que primeramente no se nos haya dado. Por esto es que decimos «gracias» cuando nos sentamos a comer. Estamos reconociendo que es Dios mismo quien pone la mesa, quien nos provee nuestro pan diario. Es nuestro Padre celestial quien convierte en nutrición las cosas muertas que consumimos. Nuestros tiempos están en sus manos. Él es el Alfarero y nosotros el barro.

> *Abrimos nuestras manos en una postura de generosidad y asombro.*

¿Qué hacemos entonces con esta verdad? En realidad, es fácil. Tomamos una posición de gratitud y humildad. Tratamos todo lo que poseemos como regalos de nuestro Padre celestial. Abrimos nuestras manos en una postura de generosidad y asombro. Guardamos nuestros pensamientos y nuestras bocas, vaciándolas de palabras pecaminosas, cínicas y críticas y llenándolas con alabanza y acción de gracias a Dios.

No cometamos la equivocación del gran rey Nabucodonosor. No nos hemos hecho a nosotros mismos. Alabemos a Dios por todo lo que nos ha dado. Reconozcamos su poder, su gloria y su misericordia, recordando que Él da gracia al humilde y a veces humilla al altivo.

Y eso es bueno.

LA VERDAD

El Maestro es el amo de nuestro destino. Someternos diariamente a Él nos traerá gozo, propósito y verdaderas riquezas.

REFLEXIONA: *¿Cómo definirías la palabra «sumisión»? ¿En qué clase de situaciones es buena idea la sumisión? ¿Cuándo te es difícil someterte?*

9 «*Los verdaderos hombres no lloran*».

El Antiguo Testamento relata dos momentos decisivos en la juventud del rey David. El primero ocurrió cuando el profeta Samuel visitó la casa del chico en busca del hombre que un día iba a ser el rey de Israel. El hijo menor, y candidato menos probable, David, llegó de cuidar ovejas para recibir la unción y luego volvió al trabajo.

El segundo momento fue cuando David enfrentó a Goliat en una contienda que determinaría el resultado de una batalla.

Es de lo que está hecha la cinematografía épica: colinas llenas con miles de soldados alborotados, repiqueteo de armas y todo lo que está en juego.

Precursores de los antiguos griegos, los filisteos estaban acostumbrados a decidir batallas en un coliseo, al estilo gladiadores, en lugar de en un combate mano a mano entre ejércitos. Sin duda, el ejército filisteo se sentía confiado ese día con un enorme guerrero como Goliat en sus filas. Pero no consideraron al muchacho que creía que su Dios era capaz de cualquier cosa. Abriéndose paso a través de la compañía de los soldados de Israel, las inocentes preguntas de David fueron recibidas con sorpresa y burla. El joven, a su vez, estaba asombrado por la falta de fe en Israel.

Hasta el rey tenía miedo. «¿No sabes por quién estás peleando? —pudo haber preguntado David a Saúl—. ¿Dónde está tu confianza en Él?».

El valor que David había exhibido de niño, defendiendo de animales salvajes a las ovejas de su padre, defendería ahora de un matón impío al pueblo de Dios. Y la misma confianza en el Dios de sus padres caracterizó su vida en los años que siguieron.[2] David era un pastor, un guerrero, un héroe y un rey conquistador, un testimonio andante de vigor y fe.

Y también era poeta.

EL LADO TIERNO DE UN HOMBRE DURO

Muchos de los salmos fueron escritos por David durante varias épocas de su vida. Hay salmos en que él alaba a Dios por haberlo liberado, en que exalta la majestad divina, en que celebra la fidelidad del Señor y confiesa el pecado contra Él. También hay varios salmos davídicos que expresan lamento y dolor. Con pasión y ternura, David vertía sus temores, sus angustias y sus lágrimas.

En Salmos 42 vemos su dependencia en la misericordiosa presencia de Dios.

> Como el ciervo brama por las corrientes de las aguas, así clama por ti, oh Dios, el alma mía. Mi alma tiene sed de Dios, del Dios vivo; ¿cuándo vendré, y me presentaré delante de Dios? Fueron mis lágrimas mi pan de día y de noche (vv. 1-3).

Este no fue un hombre que controlaba sus emociones. No era tímido, reticente ni reservado, sino abierto delante de Dios, expresando la profundidad de sus tristezas.

Y no fue solo por un breve momento que se le nublaron los ojos a David. No fue solo una lágrima solitaria la que escapó de sus sonrojadas mejillas. No, sus lágrimas fueron su «pan de día y de noche». Lloró, gimió y derramó su corazón delante de Dios, y al componer su salmo permitió que innumerables generaciones de peregrinos se le unieran en su viaje.

La realidad es que a menudo es una demostración de nuestra debilidad la que ahoga nuestras lágrimas.

Como hombres, en ocasiones tú y yo creemos que se supone que debemos suprimir nuestras emociones, disculparnos por ellas, u ocultarlas de aquellos en nuestros propios hogares a quienes estamos llamados a proteger. Pensamos que tal sensibilidad deja ver debilidad. No es así. La realidad es que a menudo es una demostración de nuestra debilidad la que ahoga nuestras lágrimas. David, un verdadero hombre, no tenía ese problema.

¿QUÉ HIZO JESÚS?

Si eso no es suficiente para ti y para mí, pensemos en otro Hombre: el más grande descendiente de David, Jesús. El versículo más corto de toda la Biblia aún tiene gran efecto. Jesús había regresado ante sus queridas amigas

María y Marta, quienes lloraban la pérdida de su hermano Lázaro. Y en su Evangelio, Juan nos dice simple y elegantemente: «Jesús lloró» (Jn. 11:35).

Y esta no sería la última vez que Jesús mostró abiertamente sentimientos profundos.

Lucas nos cuenta que la noche en que Jesús fue traicionado:

> **Y estando en agonía, oraba más intensamente; y era su sudor como grandes gotas de sangre que caían hasta la tierra (Lc. 22:44).**

Entonces, si Jesús, un verdadero hombre, expresó sin duda sus emociones en medio de circunstancias insoportables, ¿significa eso que somos mejores que Él cuando encubrimos las nuestras? No es así.

No debemos permitir que nuestras emociones nos dominen. Pero tampoco debemos suprimirlas ni alejarlas. Eso no es fortaleza sino deshonestidad. Debemos recordar las palabras del primer cántico que pudimos haber aprendido en la iglesia: «Débiles somos, pero Él es fuerte».

| **LA VERDAD** | **Los verdaderos hombres son libres para sentir y expresar emociones profundas. Si procedemos así, eso es prueba real de que somos hombres con un corazón como el de Dios.** |

REFLEXIONA: *¿Te disculpas a veces por tus lágrimas? ¿En qué situaciones son una mala idea las lágrimas de un hombre? ¿Cuándo son buenas y apropiadas?*

 10 *«No necesito amigos varones».*

¿Recuerdas esa antigua respuesta? *Siempre que me señalas con un dedo, hay cuatro dedos más que te señalan.* Al igual que muchos dichos, hay sabiduría en este.

También he oído decir: «No estás atascado en el tráfico; *eres* el tráfico. ¡Eres el otro auto que molesta a quienes van en los suyos!».

A veces vamos por la vida usando anteojeras, olvidando cómo debe ser para otra persona hacer frente a la vida con nosotros. Por eso es tan importante obtener la perspectiva de otros. Sin saberlo, nuestros antecedentes y prejuicios colorean la forma en que vemos la realidad. Como un espejo, los verdaderos amigos pueden ayudarse mutuamente a ver de modo objetivo lo que tal vez no puedan ver por sí mismos.

LOS PELIGROS DEL AISLAMIENTO

A principios de mi carrera comercial, después de haber pasado un año frente a una empresa próspera, un amigo me visitó. Lo habían alertado de un problema en mi negocio y me vino a ver. Su frase inicial fue esta: «Hay algo que debes saber».

Aunque me hallaba sentado en la silla de mi oficina, fingí abrochar el cinturón de seguridad. Qué bueno que lo hice. La noticia fue brutal... y verdadera. Lo que él debía decir respecto a mi negocio, mis colegas (y yo) era difícil de aceptar. Pero era exactamente lo que yo debía escuchar. Este hombre demostró ser un verdadero amigo, y esa conversación constituyó un momento decisivo para mí.

El libro de Proverbios, manual de sabiduría, nos habla de un hombre sin amigos.

> **El que vive aislado busca *su propio* deseo, contra todo consejo se encoleriza (18:1, NBLH).**

Al final de este mismo capítulo en Proverbios, separando los conocidos casuales de los verdaderos amigos, Salomón escribe:

> **El hombre que tiene amigos ha de mostrarse amigo; y amigo hay más unido que un hermano (18:24).**

¿Qué tan bueno es esto?

El primer versículo nos habla del peligro de aislarnos. El último nos enseña algo sobre cómo detectar un verdadero amigo. Juntos nos dan una imagen más clara de por qué necesitamos amigos, qué buscar en una amistad y cómo ser un buen amigo para otros hombres.

Sin duda, por experiencia personal (¿y cómo más aprendemos lecciones tan importantes?), Salomón nos anima a no sucumbir a la tentación de retirarnos y vivir aislados. Nos advierte, además, que la solución no es simplemente salir a un bar deportivo con un montón de compañeros, que puede ser una buena idea, sino asegurarnos de tener un camarada cercano y confiable... un amigo que esté más unido que un hermano.

HERIDAS Y BESOS

¿Por qué, entonces, estamos tentados a veces a preferir aislarnos, a vivir separados del verdadero compañerismo? ¿Se trata de orgullo, creyendo que podemos cuidarnos solos? ¿Es miedo a rendir cuentas?

Un amigo es alguien que está dispuesto a decirnos la verdad, aunque duela. Otro proverbio explica esto con una poderosa descripción gráfica:

Fieles son las heridas del que ama;
pero importunos los besos del que
aborrece (27:6).

> *Un amigo es alguien que está dispuesto a decirnos la verdad, aunque duela.*

Salomón dirige brillantemente sus frases. No solemos pensar en amigos que nos hieran y enemigos que nos besan. Nos desagradan las heridas y nos gustan los besos, detestamos a los enemigos y amamos a los amigos. Sin embargo, los enemigos pueden buscar nuestro favor por medio de adulación. Los amigos son los que están dispuestos a arriesgar nuestra amistad hiriéndonos temporalmente al decirnos la verdad para nuestro bien.

Imagínate un médico que siempre está sonriendo. Que todo informe que nos da es positivo. Que alienta nuestros hábitos malsanos. Cuando estamos enfermos, nos prescribe helado. Cuando tenemos miedo de hacernos una cirugía nos dice que está bien que no queramos realizar el procedimiento. Ese es un compinche, no un amigo; un propiciador, no un médico confiable.

El médico al que le interesamos de veras nos habla de nuestra presión arterial alta. Nos advierte respecto a nuestros malos hábitos. Y nos inyecta, y si es necesario nos opera, para que estemos bien.

Así sucede con un verdadero amigo. Sus heridas producen sanidad. Un verdadero amigo es como un hermano, alguien que nos ama lo suficiente como para hablarnos con precisión quirúrgica y verdad. Un hombre de quien incluso estamos dispuestos a escuchar sus preocupaciones por nosotros. El proverbio no es simplemente decir: «Rodéate de personas que te menosprecian. Te hará bien». Al contrario, es decirnos que alguien que nos ama expresa verdades duras y brinda sabiduría. En respuesta, escuchamos y agradecemos a nuestro amigo por amarnos tan bien.

Los hombres no solo necesitamos amigos casuales, sino amigos fieles, hombres que están más unidos que un hermano... un buen hermano. Los amigos varones tienen mejor comprensión de las debilidades de otros hombres, de nuestros patrones de justificación. Y pueden expresar la clase de palabras que nos animarán más. Los hombres necesitamos amigos varones que vengan equipados con valor y sabiduría, y un compromiso común de seguir obedientemente en la senda de nuestro amigo más grande, Jesús.

UN AMIGO QUE ENTIENDE

Hablando de nuestro amigo, el Señor Jesús, el escritor de Hebreos nos recuerda: «No tenemos un sumo sacerdote que no pueda compadecerse de nuestras debilidades, sino uno que fue tentado en todo según nuestra semejanza, pero sin pecado» (He. 4:15).

Jesús es nuestro hermano mayor, el primogénito de la familia de Dios. Siempre nos dice la verdad mediante su Palabra. Y su propósito para nosotros, si le pertenecemos, es que seamos felices. Bendecidos.

Él es Dios en la carne. Pero también es hombre, igual que nosotros, excepto que sin pecado. Y Él nos llama no solo a *tener* amigos como hermanos, sino a *ser* amigos como hermanos. La vida es difícil. Vivir con integridad y pureza son batallas interminables. Y como ambos sabemos muy bien, hay una guerra allá afuera.

Tú necesitas amigos. Yo necesito amigos... amigos que no solo nos digan la verdad, sino amigos que nos reten con la integridad y el ejemplo de sus propias vidas. Debemos amarnos bien, tanto como para atrevernos a escuchar y expresar verdad.

Hace poco Nancy y yo tuvimos una «cita triple» con mis dos hijas y sus esposos (amo a estos hombres que me llaman papá). Qué momento estupendo pasamos. Mientras nos poníamos mutuamente al día en nuestras vidas, mis yernos hablaron de cómo tienen contacto regular con amigos varones para estudiar la Biblia, orar y rendir cuentas. En cierto momento uno de ellos se inclinó y dijo: «Papá, ¿quiénes son los hombres que están hablándole a tu vida?».

¡Buum!

La verdad es que cuando me casé con Nancy y me mudé a Michigan dejé atrás a mis hermanos de rendición de cuentas. Esos pocos hombres estuvieron a mi lado cuando Bobbie fue diagnosticada y cuando entró al cielo. Uno de ellos se autonombraba «copiloto de Robert».

No obstante, la advertencia de mi hijo, quien me ama lo suficiente para hablar sinceramente, captó mi atención.

Desde esa corta visita a «planeta sincero» he comenzado a reunirme con un nuevo amigo, un hermano cristiano, en forma regular. Me hace sentir bien. Otra vez.

Gracias a mis hijos. Qué bendecido soy de tener amigos como ellos.

¿Y tú? Si te hiciera la misma pregunta acerca de tener un amigo confiable con quien hablar de tu vida, ¿qué dirías?

LA VERDAD

Necesitamos amigos varones piadosos (hermanos fieles) que nos amen lo suficiente como para decirnos la verdad, hombres cuyas vidas también estén abiertas de modo que podamos decirles la verdad.

REFLEXIONA: *¿Quiénes son tus amigos más cercanos? Nombra dos o tres. ¿Qué tan bien te conocen? ¿Te hablan la verdad? ¿Son un lugar seguro al cual acudir?*

CAPÍTULO CUATRO

MENTIRAS QUE LOS HOMBRES CREEN ACERCA DEL

PECADO

S e cuenta que Samuel Langhorne Clemens (Mark Twain) se jactaba de jugar una broma. «Una vez envié a una docena de mis amigos un telegrama que decía: "Huye de inmediato, todo se ha descubierto". Todos salieron inmediatamente de la ciudad».[1]

Además de ser un escritor famoso, Twain también era conocido como bromista. Humorista. Pero esto no es divertido. ¿Cuántos de nosotros, al recibir tal mensaje, temeríamos que se hubiera descubierto algún secreto vergonzoso? Para muchos hombres, la culpa se cierne sobre sus cabezas como una nube oscura en un día primaveral.

La verdad es que ya no hablamos mucho de culpa, vergüenza o pecado. Pero esto no cambia el hecho de que nos sentimos culpables y a veces las cosas que hacemos son vergonzosas. Entonces, sea que hablemos o no al respecto, tú y yo seguimos pecando. Y nuestro pecado es grave.

LO QUE ÉL NO SABE

Cuando mis hermanos y yo éramos niños y visitábamos a nuestros abuelos, recuerdo haber pensado que no solo eran viejos sino también anticuados. Un poco lentos para comprender. Al estar con ellos evitábamos conversaciones acerca de música contemporánea o de las últimas películas, asumiendo que no entenderían. Trágicamente, algunos tratan de igual modo a nuestro Creador soberano. Él es agradable y todo lo demás, pero no está enterado de lo que ocurre.

La invención de nuestra época es un «Dios» que mira hacia otro lado, que simplemente no entiende o que nos da palmaditas en la cabeza y guiña un ojo ante nuestro pecado. Un Dios que más bien era gruñón en el Antiguo Testamento, pero que ahora se ha vuelto más amable y gentil.

Esta puede parecer una buena idea, pero la narrativa padece un defecto fatal. No es verdad.

¿CUÁL ES ENTONCES EL PROBLEMA?

Es verdad que no podemos *ganarnos* el favor de Dios con nuestra obediencia. Podemos suponer que Él estaría perfectamente complacido con nosotros si cumplimos a la perfección la ley de Dios. Eso podría ser cierto, pero nunca lo sabremos porque nadie (además de Jesús) la ha cumplido ni la cumplirá.

Antes que tú y yo conociéramos a Dios, y mediante confesión y arrepentimiento recibiéramos su salvación, nuestras vidas eran como una rueda de carreta que cae impotente en un surco sobre un camino embarrado. No podíamos evitarlo. Por más que pudiéramos, nuestros corazones se alejarían naturalmente de los pensamientos puros y la obediencia a las leyes de Dios.

> *Por más que pudiéramos, nuestros corazones se alejarían naturalmente de los pensamientos puros y la obediencia a las leyes de Dios.*

DAR POR SENTADA LA GRACIA

No obstante, conocemos a Dios y se nos han dado una nueva naturaleza y unos nuevos afectos. No tenemos que pecar, gracias al poder del Espíritu de Dios que vive en nosotros. Ya no somos impotentes.

Es una realidad que, aunque tú y yo nacimos en pecado, bajo el juicio de Dios, podemos *tener* su favor si reposamos en lo que Cristo ha hecho por nosotros y no en lo que hacemos. A esto se llama gracia. Es el favor de Dios que reposa en nosotros, aunque lo que nos corresponde es su ira. La gracia es algo espléndido, algo que agradeceremos por el resto de la eternidad.

Sin embargo, como todo buen regalo, se puede abusar de la gracia y convertirse en un peligro para nosotros. Como papá solía decir, en ocasiones la gracia se convierte en «licencia».

El apóstol Pablo conocía muy bien su propia dependencia en la gracia de Dios y los peligros de darla por sentada.

Antes de ser derribado al suelo en su camino a Damasco y conocer a Jesús, Pablo había sido un fariseo con credencial. Un «policía de policías». Un «rector de rectores de colegio». *La flor y nata*. Había sido escrupuloso en tratar de obedecer todo lo que ordena la ley de Dios. Pero falló en conocer de veras al Dios que creía conocer.

Es más, Pablo no entendía la gracia de Dios hasta el punto en que se convirtió en enemigo de Cristo y sus seguidores, encarcelando cristianos e incluso estando de acuerdo cuando Esteban fue brutalmente martirizado. En su propio tiempo y modo, Dios venció de manera sobrenatural la resistencia de Pablo, mostrándole su necesidad y prodigándole gracia. Dios cambió la perspectiva y posición del apóstol.

Después de experimentar el poder transformador de la gracia, Pablo entendió que puede abusarse de ella, una preocupación que confrontó sin rodeos en las iglesias del Nuevo Testamento. Tras su conversión y varios años de estudio y adiestramiento, se convirtió en iniciador de iglesias. Como es necesario a veces, Pablo fue una clase de «bombero doctrinal», erradicando brotes de violencia en tales iglesias por medio de sus cartas. Una de estas iglesias recibió de él al menos tres epístolas, dos de las cuales se incluyen en nuestra Biblia.[2] La situación en esa iglesia era un desastre.

La ciudad de Corinto era conocida como entregada al vicio y a la búsqueda de placeres sexuales; también era una población rica, una de las más prósperas en el mundo de esa época.

Quizá tu ciudad sea así. Pero Dios puede rescatar, y rescata, de tal corrupción a la gente. Su gracia es más potente que cualquier mal. Pero a pesar de que Dios elimina la culpa y la vergüenza de nuestro pecado en el momento en que llegamos a la fe, no aleja de nosotros al instante el poder y la influencia del pecado. Los creyentes en Corinto, al igual que los creyentes donde tú y yo vivimos, eran pecadores... antes y después de recibir a Jesucristo por fe. Y practicaban muchos de los mismos pecados desagradables igual que hacían sus vecinos incrédulos. Eran orgullosos y entregados a la búsqueda de placeres sensuales.

> *A pesar de que Dios elimina la culpa y la vergüenza de nuestro pecado en el momento en que llegamos a la fe, no aleja de nosotros al instante el poder y la influencia del pecado.*

En el capítulo 5 de su primera carta a los creyentes corintios, Pablo identifica la gravedad del pecado en el ser humano... Y esta gente eran miembros activos de la iglesia. El apóstol empieza diciendo: «De cierto se oye que hay entre vosotros fornicación, y tal fornicación cual ni aun se nombra entre los gentiles; tanto que alguno tiene la mujer de su padre. Y vosotros estáis envanecidos. ¿No debierais más bien haberos lamentado, para que fuese quitado de en medio de vosotros el que cometió tal acción?» (1 Co. 5:1-2).

Pregunta: ¿Qué le indignaba más a Pablo, el pecado mismo o que la iglesia, la santa novia de Dios, no solo no sintiera arrepentimiento, sino que estuviera realmente envanecida? Su flagrante pecado sexual era bastante malo, pero ¿por qué estarían orgullosos de tal escándalo?

COMPRENSIÓN DE LA GRACIA

Esto en sus mentes demostraba claramente la opinión que tenían de la gracia. Como una tarjeta para «salir gratis de la cárcel» sacada «al azar» o del «arca comunal» en el juego Monopolio, se imaginaron que la gracia excusaría siempre cualquier pecado que cometieran.

Tal como abuelos cariñosos e indiferentes que pasan por alto las actividades caprichosas de sus nietos, estas personas aceptaban ciegamente su propia conducta indisciplinada y también el pecado de otras a su alrededor. Creían que la gracia no etiquetaría absolutamente nada como pecado. Se creían tan distinguidos, más allá de tales comportamientos farisaicos y prejuiciados. Con altivez insistían en que pecadores aborrecibles aún disponen de gracia, sea que la reciban intencionalmente o no.

Desde luego, el problema con este pensamiento es que la gracia no se niega a llamar al pecado por lo que es. Por el contrario, lo identifica sinceramente y luego lo perdona. Es más, si no existiera tal cosa como pecado, no habría necesidad de gracia. Dado que la gracia es perdón del pecado, el pecado es necesario para la gracia.

> *Lo verdaderamente asombroso de la gracia es que ofrece perdón verdadero para pecados verdaderos.*

Las personas en la iglesia de Corinto habían tomado las buenas nuevas de que Jesús había venido a salvar pecadores y las convirtieron en algo terrible: la idea de que, mediante la gracia, los pecadores en realidad no son pecadores en absoluto. Sin duda esto parece agradable, bueno y atractivo. Pero deja a los pecadores en su pecado y sin posibilidad a las víctimas de ese pecado.

Lo verdaderamente asombroso de la gracia es que ofrece perdón verdadero para pecados verdaderos.

En Hechos 9, un hombre llamado Ananías enfrentó cara a cara esa asombrosa verdad. Conoció a un notorio pecador, un hombre llamado Saulo. Pero Saulo había encontrado al Señor Jesús en el camino a Damasco y le fue enviada ayuda por parte de Ananías, un emisario de Dios mismo.

A medida que se desarrolla la historia, el Señor habla en voz audible a Ananías, quien era un seguidor devoto de Cristo que había sabido de este canalla de Saulo y sus amenazas a la iglesia. Pero el Señor le dio instrucciones a Ananías de que visitara al recientemente enceguecido Saulo y le impusiera las manos para que recuperara la vista.

Tal vez más interesado en deshacerse de Saulo, a Ananías no le gustó mucho esa difícil tarea.

No es sabio cuestionar a tu Creador, pero Ananías tiene mi simpatía, pues conocía bien la reputación de Saulo de Tarso y sabía que era una amenaza para los creyentes, por lo que respondió:

Señor, he oído de muchos acerca de este hombre, cuántos males ha hecho a tus santos en Jerusalén; y aun aquí tiene autoridad de los principales sacerdotes para prender a todos los que invocan tu nombre (Hch. 9:13-14).

Ananías tenía miedo, y según parece tal vez creyó que el Dios todopoderoso se había olvidado de algún modo quién era este hombre ciego y lo que había hecho. Ananías se avergonzó de la gracia de Dios y no creyó que esta fuera suficiente para un sanguinario como Pablo.

Por supuesto, comprendemos el dilema. Así como Jonás fue renuente a predicar a una ciudad tan malvada como Nínive, difícilmente podemos creer que la gracia de Dios pueda perdonar realmente a personas malas. Pero la tentación para los hombres que no han experimentado vergüenza declarada es olvidar que estamos de pie solo por la gracia de Dios. Nunca seremos suficientemente buenos. Somos culpables ante un Dios santo. Erróneamente suponemos que debido a que somos buenos tipos «merecemos» la gracia de Dios. Lo triste es que esto niega que la gracia esté disponible para todos.

Una de las grandes quejas de los fariseos con relación a Jesús fue que era amigo de pecadores. Sí, Jesús se acercó y estuvo en compañía de publicanos y prostitutas. Pero lo que estos «hombres santos» pasaron por alto es que también tenían tanta necesidad de arrepentirse como aquellos cuyo pecado era más flagrante. Estos individuos «justos» veían sus propios pecados como algo insignificante y poco digno de ser considerado. Se equivocaron.

> *Algunos de los fariseos creían que eran demasiado buenos para la gracia de Dios. Algunos de los publicanos creían que eran demasiado malos para la gracia de Dios. Ambos estaban equivocados.*

Algunos de los fariseos creían que eran demasiado buenos para la gracia de Dios. Algunos de los publicanos creían que eran demasiado malos para la gracia de Dios. Ambos estaban equivocados.

Por tanto, la línea divisoria entre quienes reciben y quienes no reciben la gracia de Dios no se mide por la cantidad o seriedad de los pecados cometidos. Más bien se encuentra entre los que se han arrepentido y los que no lo han hecho. La promesa de Dios es bastante simple:

> **Si confesamos nuestros pecados, él es fiel y justo para perdonar nuestros pecados, y limpiarnos de toda maldad (1 Jn. 1:9).**

Todo pecado es grave y debería afligirnos. Una actitud frívola es lo opuesto al arrepentimiento. Sin embargo, si confesamos y nos arrepentimos, nuestro deber es creer la promesa de Dios, ser agradecidos y celebrar. Su gracia es suficiente; nuestros peores pecados no pueden superar la bondad que Dios tiene para con nosotros.

Es su gracia la que nos convence de nuestros pecados, y la que nos da paz en nuestros corazones, paz con Él.

11. *«Lo que otros piensen importa más que lo que realmente soy».*

Mi hermano Dan fue luchador en el liceo y la universidad. Para mí, cuando era joven me bastó un roce con ese deporte para aprender dos cosas: (1) físicamente fue lo más extenuante y difícil que había hecho, y (2) no estoy destinado a ser luchador.

Pero Dan tenía la capacidad mental, las fuerzas físicas y la flexibilidad para hacerlo bastante bien... tanto como para estar en los equipos del liceo y la universidad.

Una pierna fracturada en el primer año de Dan en la Universidad Taylor no solamente le costó esa temporada, sino que también le reprimió cualquier interés competitivo en el deporte hasta su último año. Entre las universidades pequeñas, Taylor era todo una potencia en el deporte, y eso sacó a Dan del retiro y lo hizo volver a la colchoneta para una temporada final.

A inicios del calendario de otoño de lucha libre, Taylor organizó un torneo con gran variedad de competidores muy respetados. Universidades grandes y pequeñas fueron a Upland, Indiana, para dos días intensos. Los encuentros comenzaban el viernes por la noche con rondas preliminares. Esto enmarcaba los enfrentamientos para las finales del sábado.

Los difíciles enfrentamientos en las primeras rondas y el público local creaban una tormenta perfecta para una primera noche desafortunada. Un competidor feroz y experimentado de un programa élite de lucha demostró ser un formidable primer oponente para Dan. Dada la estatura del adversario, y según todos los indicios, los tres puntos perdidos por mi hermano fueron tolerables.

Pero en el vestuario después que sonara el silbato final esa primera noche, el entrenador de Dan sacó a la luz la mentira que se había reflejado no solo en la actuación de mi hermano sino también en varios de sus compañeros de equipo.

> *Jesús tenía (y aún tiene) una habilidad extraordinaria para mirar más allá de las apariencias y dentro de la motivación del corazón.*

«Varones, muchos de ustedes entraron a esa colchoneta esta noche con un solo objetivo. Ustedes son lo suficientemente buenos para derrotar a esos tipos, pero en lugar de concentrarse en ganar estuvieron tratando de no pasar vergüenza en tan dura competencia. Se resignaron a perder antes de pararse en la colchoneta. Lo único que querían era parecer competitivos. Se les veía muy bien, pero resultaron vencidos».

Como puedes recordar, Jesús tenía (y aún tiene) una habilidad extraordinaria para mirar más allá de las apariencias y dentro de la motivación del corazón. «Verse bien» no figuraba en lo alto de su lista. Además, sabía lo que pasaba en los corazones de las personas. Lo supo siempre.

¿QUÉ ES ESE OLOR?

A finales de su ministerio terrenal, el Mesías tuvo algunas cosas que decir a hombres que estaban más interesados en cómo se veían por fuera que en quiénes eran realmente. Por dentro.

> ¡Ay de vosotros, escribas y fariseos, hipócritas! porque sois semejantes a sepulcros blanqueados, que por fuera, a la verdad, se muestran hermosos, mas por dentro están llenos de huesos de muertos y de toda inmundicia (Mt. 23:27).

Qué descriptivo, ¿verdad?

Si creemos que Jesús estaba denunciando a hombres que conformaban la escoria de la sociedad, tenemos que pensarlo de nuevo. Estaba dirigiéndose a lo que parecería una conferencia moderna de líderes de la iglesia. Estos hombres eran ancianos y diáconos. Eran líderes de grupos pequeños y directores de comités. Y eran pastores. A primera vista, se veían sensacionales.

No obstante, quítales sus vestimentas santas y atractivas, y olían a tumbas abiertas. Un pozo séptico abierto en tu patio trasero.

«Muy "guapos", "apestando" en el lugar».

Aunque tú y yo no tengamos posición de liderazgo en nuestra iglesia, no podemos escapar a esta misma clase de juicio. Lo que parecemos por fuera quizá no tenga nada que ver con quiénes somos realmente.

Incluso el apóstol Pablo, reconocido por sí mismo como «hebreo de hebreos», llegó a comprender el espacio trágico entre su apariencia y su corazón. Él escribió:

> Yo mismo con la mente sirvo a la ley de Dios, mas con la carne a la ley del pecado (Ro. 7:25).

Otro relato aleccionador de pecado oculto por dentro es el de otro individuo llamado Ananías,[3] y su esposa Safira, que se encuentra en Hechos 5. Esta encantadora pareja que asistía a la iglesia mostraba una fachada convincente de generosidad, pero por dentro era codiciosa y poco honrada.

Nuestra gran tentación es preocuparnos más por cómo se ven las cosas que por cómo son realmente.

Sin embargo, esta no es solo una historia de una pareja con nombres chistosos. Se trata del dilema que tú y yo enfrentamos todo el tiempo. Nuestra gran tentación es preocuparnos más por cómo se ven las cosas que por cómo son realmente.

Solo estamos a una revelación de que la verdad salga a la luz, y potencialmente de la ruina total. Vivimos en un equilibrio precario entre lo que el apóstol Pablo identifica como vernos bien por fuera y la verdad de lo que realmente hay en nuestro interior.

SE CIERRA LA BRECHA

Una de mis realidades favoritas de la Palabra de Dios es que no identifica el problema sin presentar la solución. En este caso, la falsa pretensión de un exterior impecable y el pecado que se esconde dentro tienen una solución. Un arreglo.

Cuando los hijos de Isaí aparecieron ante Samuel, parecía que Eliab sería elegido rey debido a su apariencia externa. Sin embargo, Dios envió este mensaje a Samuel:

> Jehová respondió a Samuel: No mires a su parecer, ni a lo grande de su estatura, porque yo lo desecho; porque Jehová no mira lo que mira el hombre; pues el hombre mira lo que está delante de sus ojos, pero Jehová mira el corazón (1 S. 16:7).

De modo que tanto nuestra justicia propia (el lado agradable) como nuestra injusticia (el lado feo) se consideran pecado.

Ya que la confesión es buena para el alma, y que tú y yo confesamos que tenemos estas dos personas (el ángel exterior y el demonio interior), tengo una pregunta: ¿Por cuál de estos tipos murió Jesús?

¿Fue a la cruz el Cordero de Dios para salvar al tipo que parece bueno o al que está siendo golpeado?

Tienes razón.

Jesús murió por ambos. ¿Por qué? Porque estos dos individuos son pecadores impotentes con necesidad de un Salvador. Son dos caras de la misma moneda... Y, cuando la moneda se pierde, ambos lados están perdidos.

Tú y yo lidiamos constantemente con ser auténticos: ser quienes creen los demás que somos o ser quienes somos realmente. Recordé esto una vez cuando un elegante presentador de noticias por televisión local se vio vergonzosamente expuesto por su «leal» equipo de producción.

El hombre acababa de terminar su transmisión diaria y pensó que las cámaras ya no estaban filmando. De la cintura para arriba, detrás del escritorio, el sujeto parecía modelo de revista de moda masculina. Pero cuando salió de detrás de su mesa de transmisión llevaba puestos pantalones cortos de baloncesto desgastados y holgados, y chancletas.

Ese fue un momento divertidísimo «hecho para la televisión». Hasta el presentador se rió.

No obstante, llevar una doble vida no es para nada divertido. Sabemos que esto es cierto.

LA VERDAD

La gracia de Dios es necesaria tanto para el tipo falso que todo el mundo ve como para el canalla interior que conocemos muy bien.

REFLEXIONA: ¿Cómo definirías la palabra «gracia»? ¿Por qué es este un concepto importante para entender en tus relaciones y en tu caminar con Cristo?

 ## *«Si tengo buenas intenciones, eso basta».*

Cuando mi hija Julie era pequeña descubrió lo que creyó que era una frase general para cada vez que era sorprendida en una infracción familiar. Pronunciaba estas palabras con la cabeza inclinada y una mirada que pretendía derretir el corazón de su papá. A veces lo conseguía. Por lo general, no.

«Pero no era mi intención».

Para ti y para mí, dada nuestra inclinación natural a «solucionar esto más tarde», nuestro incumplimiento es a menudo: «Lo siento, pero mi intención era buena».

Has escuchado la expresión: «El camino al infierno está pavimentado con buenas intenciones». Esto es tan popular porque «mi intención era buena» es nuestra racionalización usada más a menudo por nuestros pecados. En ocasiones nos volvemos más audaces con la tonta expresión: «Dios conoce mi corazón». Por supuesto que así es. Mejor que nosotros. Y conoce todo lo malo que contiene. Lamentablemente, no estoy en *menos*, sino en *más* peligro porque Él conozca mi corazón.

Hay un principio legal en la ley estadounidense que nos empuja en esta misma dirección. A fin de ser considerado legalmente culpable de un delito deberá demostrarse que he tenido *intención dolosa*, una mente culpable. Si le disparo a alguien, y puedo demostrar que en ese momento creí que esa persona era un asesino con siniestras intenciones inmediatas y amenazantes, no soy culpable.

> *«Mi intención era buena» es nuestra racionalización usada más a menudo por nuestros pecados.*

Lo cual significa que mientras yo pueda convencerme de que mi intención es realmente buena cuando peco, no tengo necesidad de temer consecuencias de parte de Dios. Después de todo, Él acepta mis intenciones. ¿Verdad?

Conoce a Nadab y Abiú. Estos hermanos no consumen mucha tinta bíblica, pero su historia ilustra poderosamente lo equivocados que estamos en cuanto a la seriedad que Dios da a sus propias normas... y cómo «mis intenciones eran buenas» no cuenta. Estos hombres eran hijos de Aarón, hermano de Moisés. Sobrinos del gran libertador de Israel. Se les encomendó la responsabilidad de llevar fuego al tabernáculo para facilitar la adoración. Y así lo hicieron.

¿Te has visto alguna vez leyendo libros del Antiguo Testamento como Levítico, solo para encontrarte atascado en todas las reglas supuestamente secretas que Dios estableció? Tal vez eso es lo que sucedió con estos dos jóvenes sacerdotes.

> Nadab y Abiú, hijos de Aarón, tomaron cada uno su incensario, y pusieron en ellos fuego, sobre el cual pusieron incienso, y ofrecieron delante de Jehová fuego extraño, que él nunca les mandó. Y salió fuego de delante de Jehová y los quemó, y murieron delante de Jehová (Lv. 10:1-2).

Ellos sabían que estaban violando la ley. Debieron haber imaginado que sus buenas intenciones contaban. Pero en una dramática exhibición pirotécnica, Dios los derribó. Los «tostó» en el acto. Inmediatamente. No los reprendió ni los animó a portarse bien la próxima vez. No declaró: «Voy a contar hasta tres, y es mejor que hayan corregido esto para cuando haya terminado de contar». Tampoco expresó: «No me importa qué clase de fuego traigan delante de mí. Lo único que me importa es que sus intenciones sean buenas». No, los mató al instante.

¿Por qué? Los eruditos bíblicos han reflexionado en esta pregunta durante siglos. Se han propuesto diversas teorías. Algunos han sugerido que los hermanos usaron el fuego equivocado por algún motivo nefasto. Otros han especulado que, sin saberlo, consiguieron material explosivo que se les escapó.

> *En una dramática exhibición pirotécnica, Dios los derribó. Los «tostó» en el acto.*

Sin embargo, no hay necesidad de descifrar por qué Dios hizo esto. El texto nos lo dice. Es probable que Aarón, el padre, aturdido y quizá enojado por el mal genio de Dios, acudiera a Moisés para preguntarle: ¿Por qué?

> **Entonces dijo Moisés a Aarón: Esto es lo que habló Jehová, diciendo: En los que a mí se acercan me santificaré, y en presencia de todo el pueblo seré glorificado (10:3).**

Hay una respuesta clara. Dios trata sus reglas conforme a quién es Él: santo. El versículo termina con la apropiada respuesta de Aarón a este mensaje del Señor. «Aarón calló».

Dios determina su ley. Determina cuán importante es. Él juzgará lo que juzgará. Y no somos libres para convertirnos en sus jueces. Tú y yo no tenemos derecho a indicar que Dios es demasiado exigente o que trata como algo importante lo que carece de importancia.

No obstante, esto no significa que nuestro Dios sea cascarrabias o caprichoso, dado a perder los estribos. La ley de Dios es clara. Es vinculante para todos. Y Él requiere obediencia, no solo por su causa, sino también por la nuestra. La ley de Dios siempre está diseñada para ayudarnos y bendecirnos. No suele imponernos obligaciones onerosas. Sus reglas son una invitación al gozo. Desobedecemos bajo nuestro propio riesgo, no solo porque lo ofendemos sino porque su ley refleja lo mejor de cómo nos hizo.

Si me perdonas una ilustración de un perro, las reglas de Dios son algo como pequeñas jaulas que compramos para nuestros cachorros. Por supuesto, esas estructuras les impiden correr libres en nuestras casas o que entren al tráfico. Pero también proporcionan un lugar seguro, libre del peligro exterior. Así sucede con las leyes de Dios.

A veces la imagen del vaquero estadounidense se ve como el último ícono de la libertad. Bueno, solo en caso de que te ganes la vida como vaquero, permíteme decir rápidamente que algunos de mis amigos más cercanos son vaqueros. Pero cuando se trata de nuestras almas, el campo abierto y vivir sin restricciones ni cuestionamientos es realmente esclavitud. La verdadera felicidad en nuestros corazones se encuentra en la obediencia. Al final, esto resulta en pura alegría.

Jesús, el Hijo perfecto de Dios, se sometió a las reglas de su Padre. Y como nuestro abogado, nuestro ejemplo perfecto, Jesús estableció la norma elevada de obediencia perfecta; el camino al cielo está pavimentado con su cumplimiento voluntario a la ley de Dios. Y su sufrimiento fue en lugar nuestro debido a nuestro fracaso en obedecer. El fuego de Dios eliminó a su Hijo en lugar de eliminarnos a nosotros.

LA VERDAD	**Dios se preocupa por sus reglas. Debemos hacer lo mismo, por nuestro propio bien.**

REFLEXIONA: *Al igual que las rayas en un campo de fútbol americano, ¿por qué es buena idea tener reglas en la vida? ¿Por qué son tan importantes las reglas de Dios?*

 ## «Mi pecado no es realmente tan malo».

Fue mi primer auto. Mi regalo de grado de la universidad. Nunca olvidaré la sensación que tuve al alejarme del concesionario en Arlington Heights, Illinois. Los preparadores del auto nuevo habían lavado y pulido todas las superficies y limpiado toda hendedura. El Chevelle Malibu 1969

verde claro metálico estaba impecable. Abrí la puerta, me coloqué detrás del volante y respiré profundamente. Era embriagador el olor a vehículo nuevo. Miré el interior, volví a respirar hondo, y lentamente arranqué. Todo estaba bien en el mundo.

Ese era mi orgullo. Mi alegría. En las próximas semanas fue incluso el tema de algunos de mis sueños. En los semáforos miraba a izquierda y derecha y observaba cuánto mejor era mi auto que el del inerte tipo a mi lado. No me juzgues. Tú has hecho lo mismo.

> *El auto frente a mí se detuvo abrupta e inesperadamente. Lo vi, pero era demasiado tarde.*

Entonces, un domingo por la tarde, justo unas semanas después, conduciendo por Roosevelt Road en Glen Ellyn, Illinois, no lejos de la casa de mis padres, sucedió. El auto frente a mí se detuvo abrupta e inesperadamente. Lo vi, pero era demasiado tarde.

Antes que pudiera hacer algo al respecto, me estrellé contra la parte trasera de ese auto con un golpe seco terrible. Ambos autos aún podían conducirse, por lo que no llamamos a la policía. Intercambiamos números telefónicos y me marché... con una horrible angustia. La parte delantera de mi auto nuevo estaba aplastada.

Entonces sucedió. Me atacó sin advertencia. Mi corazón destrozado a causa de mi auto ahora imperfecto comenzó extrañamente a sentirse aplacado al yo observar con cuidado las abolladuras y los rasguños en otros autos en el camino. Estaban por todas partes.

Y la verdad es que mi rejilla destrozada no estaba tan mal como la mayoría de cosas que vi en otros autos conducidos por... otros perdedores.

Eso me consoló en forma extraña.

Tú y yo hacemos lo mismo con nuestras vidas morales, ¿verdad que sí? Cuando nos metemos en problemas, es «solo natural» mirar a otros que están en peor condición. Aunque muchas personas no creen que el infierno sea real, muchos de los que sí lo creen piensan que este horrible lugar está principalmente reservado para los Hitler de la historia. Asesinos en masa. Homicidas en serie. Ladrones incorregibles. El infierno es un destino solitario solo para los más viles de los pecadores. ¿No nos aseguran esos hombres malvados que no somos tan malos en comparación? Nuestras abolladuras no son tan malas como las de ellos.

Sin embargo, así no son las cosas. La Biblia nos dice que solo existen dos categorías. Flamantes de exhibición y listos para el montón de chatarra. Nada en medio.

Nos advierte que «no hay un solo justo, ni siquiera uno» (Ro. 3:10, NVI), que «en maldad» hemos sido formados (Sal. 51:5), que somos pecadores desde el principio, y que nuestro corazón es «extremadamente perverso» (Jer. 17:9, NTV).

Nuestro corazón nos engaña cuando creemos que los grandes pecados de otros harán que los nuestros sean de alguna manera menos significativos.

Esto no quiere decir que nunca debamos hacer comparaciones. Debemos hacerlas. No debemos compararnos con Hitler para sentirnos mejores, pero sí debemos compararnos con la santidad perfecta de Jesús. Él es el espejo que muestra correctamente lo sucios que en realidad somos. Todos estamos a una distancia infinita de Jesús.

> *Nuestro corazón nos engaña cuando creemos que los grandes pecados de otros harán que los nuestros sean de alguna manera menos significativos.*

La única razón por la que tú y yo creemos que nuestros pecados no son tan malos comparados con los de otros es porque comprendemos muy poco la gravedad del pecado y la profundidad de nuestra propia maldad. Nos adulamos creyendo que no somos tan malos.

Trágicamente, todos los pecados, incluso los que la mayoría consideraría insignificantes en el gran esquema de cosas (una «mentirita blanca», un breve arrebato de ira, un pensamiento lujurioso) son realmente una traición cósmica. Son una afrenta al Dios viviente, un intento de arrancarlo de su trono celestial. Con cada pecado cometido estamos diciéndole al Altísimo: «No reinarás tú, sino yo».

Perdona la imagen gráfica, pero creer que somos mejores que otros no es solo silbar en un cementerio, sino silbar mientras bailas con los ojos vendados en la cúspide del infierno. ¿Qué tan aterrador es eso?

No damos la talla, *ni* podemos hacerlo. Pero Jesús sí la da. Además, cuando descansamos en Él y recibimos su obediencia, su vida perfecta sin pecado, Él echa sobre sí el castigo merecido por nuestra rebelión. Y somos limpiados. El castigo que nos corresponde cae sobre Jesús.

LA VERDAD	**No podemos mirar a otros hombres más malvados para sentirnos mejores. La única comparación que importa es mirar al Justo, el único Salvador sin pecado que puede restaurarnos.**

REFLEXIONA: *¿Te comparas y compites? ¿Cuándo es bueno hacerlo? ¿Cuándo no lo es?*

14 · *«Dios no me perdonará por lo que he hecho».*

Una vez leí en un libro algo que me dejó helado.[4]

El autor observó que a veces nos es más fácil perdonar a otros pecadores, que recibir el perdón de Dios por lo que hemos hecho. Otorgar gracia a otros puede ser algo menos retador que aceptar la misma gracia para nosotros.

¿Por qué? ¿Por qué estoy dispuesto a «rebajarme» a perdonar a alguien por algo que ha hecho, cuando vacilo en recibir el perdón que es mío mediante la cruz de Cristo? El escritor indicó que es por orgullo. Estoy de acuerdo.

De alguna manera estoy dispuesto a tolerar a otros cuando fallan, reconociendo que son pecadores, pero mi arrogancia me impide admitir lo mismo.

¿Recuerdas la historia que Jesús contó en Lucas 18 acerca de dos hombres que fueron al templo a orar? Uno era muy religioso. Un ciudadano modelo.

El otro hombre era un despreciado cobrador de impuestos, un extorsionador. Un tramposo; un sucio ladrón. No era necesario decirle a este tipo que era despreciable. Otros adoradores en las inmediaciones probablemente se burlaron ante la idea de que él pusiera un pie en el templo.

La «oración» del primer hombre fue algo así: «Gracias Dios, porque no soy basura como este publicano». Pero el segundo hombre, profundamente avergonzado de su propia conducta, se negaba incluso a mirar hacia el cielo, rogándole a Dios que le otorgara misericordia a causa de su pecado.

La realidad es que ambos hombres eran desdichados pecadores, pero el primero no quería reconocer eso. Su pecado era arrogancia moral; pero, desde luego, nunca sería suficientemente sensible para reconocer su pecaminosidad. Piensa solo en lo que eso haría a la prístina imagen de este individuo entre sus amigos y colegas.

Al final de esta parábola, Jesús no dejó ninguna duda sobre los diferentes resultados de estos dos adoradores. El primer individuo, aquel que se creía dechado de virtud, salió del templo cegado por su autoengaño y arrogancia moral. El segundo, aquel que tanto él como todos los demás sabían que era un pecador culpable, fue a casa «justificado». Limpio, como si nunca hubiera pecado.

> *De alguna manera estoy dispuesto a tolerar a otros cuando fallan, reconociendo que son pecadores, pero mi arrogancia me impide admitir lo mismo.*

El diablo no solo es engañador, sino inteligente y eficaz en esto. Tú y yo tendemos a imaginarlo tentándonos a cometer pecados atroces. Desde luego, esta clase de tentaciones son herramientas en su arsenal y algo contra lo cual deberíamos estar en guardia.

Sin embargo, la tentación no es el medio principal por el cual el diablo nos ataca. La raíz de la palabra «Satanás» (transliterada del hebreo *satan*) significa literalmente «calumniador» o «acusador». Su patrón rutinario puede tener menos que ver con tentarte a cometer pecados nuevos y «grandiosos», y más con hacerte caer en espiral hacia la desesperación por los pecados que ya has cometido. Satanás quiere hacerte creer que tu depósito de pecados pasados es algo demasiado enorme para la gracia de

Dios. Trágicamente, estamos tentados a creer esta mentira: Dios *no podría perdonarme las muchas cosas que he hecho.*

El finado doctor R. C. Sproul contó la historia de una estudiante que le pidió consejo. Parece que la joven había cometido un pecado terrible y no se sentía perdonada a pesar de muchos intentos de arrepentirse y confesar al Señor lo que había hecho.

> «Quiero que le ruegues a Dios que te perdone por no confiar en sus promesas».

—Te sugiero que regreses a tu dormitorio, te pongas de rodillas y le ruegues a Dios que te perdone tu pecado —aconsejó el sabio teólogo.

—Me temo que no me ha escuchado —explicó la desconsolada estudiante—. Arrepentirme es todo lo que he estado haciendo, y no ha servido de nada.

—Te escuché muy bien —comentó el doctor Sproul—, quiero que le ruegues a Dios que te perdone por no confiar en sus promesas. Él dice en su Palabra: «Si confesamos nuestros pecados, él es fiel y justo para perdonar nuestros pecados, y limpiarnos de toda maldad» (1 Jn. 1:9).[5]

Dios es totalmente serio en cuanto al perdón. Su promesa de borrar nuestros antecedentes es exactamente eso… una promesa sin reservas.

Esta promesa de pacto es tuya y mía. Sea que experimentemos el leve dolor de cabeza del pecado secreto o que hayamos caído en pecado más visible e impactante, el mensaje de Satanás es que estamos por encima de la capacidad o disposición de Dios de perdonarnos por lo que hemos hecho. Susurra que somos demasiado malvados como para ser perdonados, que la gracia de Dios solo es para personas cuyos pecados no son tan manifiestos como los nuestros.

Las buenas nuevas, el evangelio, son que la gracia de Dios es suficiente para cubrir todo pecado por leve o grave que sea. Cuando sucumbimos a la tentación de creer que hemos pecado más allá de la capacidad divina de perdonar, menospreciamos la gracia de Dios y al Dios de toda gracia.

No es humildad sino arrogancia que le digamos al Señor del cielo y la tierra: «Sin duda perdonas a los demás, pero no puedes perdonarme a mí».

La humildad se evidencia en negarse a escuchar las mentiras del acusador y descansar en las promesas de nuestro Padre celestial. Él nos ha prometido perdón total, asegurando esa promesa por medio de la muerte y resurrección de su propio Hijo.

Dios nos llama a creer las buenas nuevas de que Jesús vino al mundo para salvar pecadores como tú y yo.

LA VERDAD	Nada de lo que hemos hecho nos pone fuera del alcance del perdón total de Dios. Nada.

REFLEXIONA: *¿Quién da el ejemplo para el perdón? En el contexto de que Dios nos perdona, ¿por qué es importante perdonar a otros?*

«*Puedo ocultar mi pecado secreto, ya que soy el único perjudicado*».

En realidad, en esta falsedad hay dos mentiras juntas.

La primera mentira es que puedes ocultar con éxito tu pecado secreto. La segunda es que tu pecado secreto no perjudica a nadie más.

En lo que se refiere a ocultar nuestro pecado, hay una historia bíblica que me ha obsesionado desde que la leí de niño. Es aún más aleccionadora para mí ahora como esposo, padre y abuelo.

UNA HISTORIA VERDADERA SOBRE UN HOMBRE QUE INTENTÓ OCULTAR

Cuando el sol se levantó sobre Jericó, Acán, de la tribu de Judá, se unió al resto del ejército de Israel formando filas detrás de los sacerdotes que marchaban delante del arca. Esa mañana los soldados rodearon la ciudad, no una sino siete veces. Acán debió haber mirado en lo alto los rostros que ahora se habían vuelto familiares: los guardias de Jericó apostados en las murallas de la ciudad. Pensó: *Todos ellos estarán muertos al anochecer.*

Anteriormente, Josué había dado instrucciones a los israelitas diciéndoles que Dios destruiría la ciudad de Jericó y, ya que esto se lograría mediante las fuerzas y el poder divino, no debían tomar el botín de guerra. Advirtió al ejército de Israel que desobedecer la orden traería destrucción sobre la propia nación (ver Jos. 6).

De repente, Acán escuchó el sonido de un toque de trompeta seguido por la orden urgente de Josué: «Gritad, porque Jehová os ha entregado la ciudad» (v. 16). Un fuerte grito surgió de todo el pueblo, y los muros de Jericó se hicieron polvo como una galleta salada en la mano de un hombre.

Después de un tiempo, una vez que disminuyó el caos, puedo imaginarme a Acán solo en una casa. Mientras saltaba por encima de cadáveres se topó con una escena que le llamó la atención, el botín de la nueva tierra, un hermoso manto sobre una silla, un montón de plata y un lingote de oro. Tal vez los que vivían ahí habían esperado escapar con sus tesoros.

Acán recordó la advertencia de Josué de que el botín le pertenecía al Señor. Cualquier hombre que actuara de otro modo traería maldición sobre sí mismo, su familia y todo Israel. Pero Acán pudo haber racionalizado: *¿Qué problema podría surgir simplemente de tocar el manto y sentir el peso de la plata y el oro?*

Sin duda alguna la prenda era lo más fino que había visto.

¿Dijo realmente Dios que algo tan maravilloso como ese manto debía destruirse? Acán pensó: *¿Por qué debo privar a mi familia de las cosas buenas que mis manos han ganado?* Mirando alrededor furtivamente para asegurarse de que no lo observaban, envolvió con cuidado el oro y la plata dentro del manto doblado, metió el precioso paquete debajo de su túnica, y desapareció.

Por supuesto, aquí estoy suministrando un poco de imaginación, pues las Escrituras no nos dicen lo que estaba pasando por la mente de Acán en ese momento. Pero sabemos que su pecado secreto no permanecería secreto. Sus efectos se extenderían más allá de Acán. Esta transgresión quedó al descubierto mediante una asombrosa victoria de los soldados de Hai, una pequeña población molesta que el ejército de Israel debió haber derrotado fácilmente. Como resultado, vidas israelitas se perdieron innecesariamente.

Según mencioné, la segunda parte de esta mentira es que tu pecado secreto no perjudica a nadie.

De pie ante una gran compañía de israelitas, Acán confesó su desobediencia. Entonces Josué, junto con todo Israel, tomaron a Acán «y lo llevaron al valle de Acor, junto con la plata, el manto y el oro; también llevaron a sus hijos, sus hijas, el ganado, su carpa y todas sus posesiones. Cuando llegaron al valle de Acor, Josué exclamó: ¿Por qué has traído esta desgracia sobre nosotros? ¡Que el SEÑOR haga caer sobre ti esa misma desgracia!» (Jos. 7:24-25, NVI).

Entonces, en una forma pública de ejecutar a los condenados por traición ante Dios, el pueblo de Israel levantó grandes piedras y las lanzó a Acán, su familia y sus posesiones. ¿Puedes imaginarte la horrible escena? Cuando todos estuvieron muertos, aplastados bajo las piedras, los israelitas los quemaron. Sobre Acán colocaron un gran montón de piedras que permaneció durante muchos años. Su pecado no solo condujo a su propia muerte, sino también a las muertes de los miembros de su familia y de los soldados en Hai.

> La naturaleza del pecado es esconderse.

Acán tal vez no había sido un hombre malo, al menos al principio. Mientras crecía durante los años en que los israelitas vagaban por el desierto, pudo haber alimentado sueños de cómo sería vivir en la tierra prometida donde podría edificar una vida para su familia. Es posible que se hubiera precipitado dentro de Jericó con la total intención de seguir los mandatos del Señor. Pero entonces vino una oportunidad de actuar de otro modo. Y ahí es cuando su resolución se desvaneció.

La desobediencia de Acán se agravó cuando intentó cubrir lo que había hecho, enterrando debajo de su tienda los bienes robados. ¿Cómo pudo creer que se escondería del Dios que le había dado la vida, el Dios que había dividido el Mar Rojo y el río Jordán, el Dios que acababa de hacer que los muros de una ciudad fortificada se derrumbaran sin que un arma se levantara contra ella? ¿Por qué Acán fue tan necio para creer que Dios no podría ver a través de ese pequeño engaño?

La naturaleza del pecado es esconderse. Considera tu propia experiencia.

¿Te resulta difícil admitir tus pecados ante los demás? ¿Es a veces incluso difícil admitirlos ante ti mismo? Tú y yo podemos idear formas ingeniosas de ocultar de nosotros y de otros la fealdad del pecado, justificando, dando excusas e incluso olvidando las cosas malas que hemos hecho. Pero la historia de Acán nos advierte que Dios no se deja engañar con semejantes tonterías.[6]

Hace muchos años una amiga de mi esposa me pidió que visitara su casa. Fue una noche que nunca olvidaré. Al marido de la mujer lo habían sorprendido en una aventura amorosa ilícita y había decidido que su amante era más deseable que la fiel madre de sus hijos. Ahora él informaría a sus dos hijos que se iba de casa.

Después que patéticamente trató de explicar sus razones para esta trágica decisión, y luego que prometiera «estar en contacto con ellos», el menor de los chicos comenzó a llorar suavemente.

«¿Qué pasa, Kyle?», preguntó el padre sin más emoción de la que habría mostrado si le hubiera preguntado a su hijo por qué tenía puesta una camisa azul y no una verde.

El labio del chico tembló ligeramente al contestar: «Estoy muy triste».

Claramente escondiendo sus propias emociones, el padre respondió con una mirada dura. No dijo nada.

La simple obediencia a la Palabra de Dios y el poder sustentador de la gracia divina son la mejor defensa contra el pecado. Pero saber que otros a quienes amamos resultarán afectados (a menudo profundamente) por lo que decidimos hacer, debería ser un elemento disuasivo adicional.

TRATAR DE COMPARTIMENTAR EL PECADO

Como hombres, tú y yo podemos ser expertos en dividir asuntos en categorías. Las mujeres tienden con frecuencia a ser más globales. Relacionales, prácticas y equilibradas. He aquí un ejemplo.

Soy constructor de corazón. Cuando Nancy y yo estábamos saliendo, casualmente mencionó que, debido a que le gusta invitar amigos a cenar (y lo hace muy a menudo), le gustaría que se ampliara la plataforma en la parte trasera de la casa. Eso es todo lo que yo necesitaba escuchar. Es más, como un cirujano debí concentrarme en el resto de nuestra conversación porque lo único que podía ver era esa plataforma nueva. «Robert el carpintero centrado» se hizo cargo del asunto.

Un año después estábamos casados y la plataforma se convirtió en una obsesión. De hecho, ampliar esa estructura de cuarenta y seis metros y medio a noventa y tres, que incluía perforar dieciséis hoyos para postes en el patio trasero, preparar decenas de maderos de cinco centímetros por veinte y de cinco por veinticinco, e instalar tablas de madera completamente nuevas en toda la plataforma me llevó tres semanas... mientras me afanaba de tiempo completo en un trabajo que no tenía nada que ver con construcción.

Entonces, ¿cómo lo hice? No comía. Apenas dormía. Cuando estoy construyendo algo con mis propias manos, me obsesiono tanto que considero que comer y dormir es una total pérdida de tiempo. Hasta que termino, soy un constructor. Comer y dormir vendrá después.

Esto puede funcionar a nuestro favor. Pero también puede ser una gran responsabilidad.

Ya que comercio con descripciones vívidas, me ha gustado el título de un libro publicado en el 2007: *Los hombres son como waffles, las mujeres como espaguetis.*[7] Estoy seguro de que es un libro excelente, pero no lo he leído. No necesito hacerlo. El título es suficientemente bueno por ahora.

> *Hasta que termino, soy un constructor. Comer y dormir vendrá después.*

¿Puedes verlo? Tú y yo tendemos a tener pequeños compartimientos a fin de organizar las cosas: trabajo, crianza, iglesia, obligaciones de esposo, pasatiempos, etc. Nuestras esposas tienden a ser conectadoras: relaciones, emociones, conocimiento, experiencias pasadas. ¿Captas la idea?

Cuando mi amigo en la historia anterior estaba rompiendo sus votos matrimoniales que en última instancia destruyeron su familia, pensaba en waffles. No en espaguetis. Vivía en un pequeño compartimiento de su propia creación, pero eso estaba mal. Sus acciones se encontraban inseparablemente entrelazadas con su familia.

Aunque él había puesto su aventurita amorosa en un espacio confinado, esperando que no se extendiera sobre algo más, no se dio cuenta de lo realmente conectado que estaba todo. Espaguetis, no cajas ni waffles.

Cuando tú y yo tratamos de ocultar nuestro pecado, o no hacemos lo correcto, solamente agravamos el problema intentando colocarlo en un contenedor. Cubrimos nuestro pecado al olvidar sus inevitables consecuencias sobre muchos otros además de nosotros.

¿Qué hacemos con esto? Debemos ir directamente a Dios, admitir la verdad de nuestro egoísmo y confesar nuestro pecado, expresando nuestra tristeza y pidiendo su perdón, seguros de que Él nos lo concederá.

Luego podemos ir a aquellos a quienes hemos perjudicado, buscando restitución y restauración. Si este eres tú, ahora sabes qué hacer.

El panorama de la historia está lleno de esposas e hijos de hombres que se negaron rotundamente a hacer estas cosas... hombres que han pagado el costoso precio. Pero esto no tiene por qué ser así.

> Quien encubre su pecado jamás prospera; quien lo confiesa y lo deja halla perdón (Pr. 28:13, NVI).

LA VERDAD

Nuestros pecados secretos no pueden esconderse indefinidamente. Un día saldrán a la luz. Vivimos en comunidad. Nuestro matrimonio, nuestros hijos, nuestro vecindario, nuestra iglesia, nuestro lugar de trabajo... lo que hacemos, bueno y no tan bueno, influye en quienes nos rodean.

REFLEXIONA: *¿Cómo influyen nuestros pecados en otras personas?*

 16 *«La santidad es aburrida».*

Desde niño recuerdo haber escuchado la palabra «santidad» usada como adjetivo. Por ejemplo, modificaba el vocablo «campamento», como en «campamento de santidad». Este lugar ubicado en el condado Lancaster estaba lleno de mujeres sencillas que lucían ropa deportiva poco atractiva y cuyos ojos miraban al cielo mientras se deslizaban de reunión en reunión, con leves sonrisas en sus labios apretados.

Cuando los niños como yo intentábamos algo que parecía juego o frivolidad, estas mujeres nos regañaban en alta voz, mirando de reojo y con el ceño fruncido.

No seleccioné el «campamento de santidad» entre otras opciones de verano. La realidad es que no tenía alternativa. Desde mi perspectiva

> *No había duda. Esto de la santidad era un asunto serio.*

de ocho años en ese entonces, la experiencia se acercaba al «castigo cruel y fuera de lo normal».

Mis anfitriones eran mis abuelos paternos. A mi abuela nunca la habrían pillado vistiendo algo colorido. Negro y gris (o azul marino cuando se sentía alocada) eran los únicos tonos con los que la veíamos. Su esposo, a quien ella llamaba «papá», la seguía obedientemente a todas partes. La abuela pudo haber intentado ocasionalmente una sonrisa. ¿Él? Nunca.

No había duda. Esto de la santidad era un asunto serio.

Desde luego, yo también estaba acostumbrado a la palabra «santa» combinada con «Biblia», con «Comunión», y con la noche de Navidad. Pero ¿usar la palabra para describir a personas como tú y yo? Eso parecía cualquier cosa, menos deslumbrante. Yo había visto a esas personas. A muchas de ellas. No, gracias.

¿ASÍ QUE ESTO ES SANTIDAD?

Con el sentido del humor que Dios claramente tiene, me casé en el 2015 con una mujer que había escrito un libro titulado *Santidad: El corazón purificado por Dios*. Así que santidad no solo es una palabra que describe un campamento enclaustrado y aburrido; ¡ahora es el título de uno de los éxitos de ventas de Nancy! ¡Dios mío!

En el primer capítulo, Nancy habla de sus experiencias terrenales con el concepto.

*Tuve la bendición de criarme en un hogar en que se resaltaba
y se tomaba en serio la santidad... Desde la primera infancia
recuerdo haber pensado que santidad y alegría estaban inseparablemente ligadas entre sí.* [8]

¿Santidad y alegría? ¿Bendición? ¿En serio? No sé tú, pero yo quiero
algo de eso.

Es más, en el libro, Nancy describe a su papá, Art DeMoss, un hombre
que nunca conocí, pero que dejó una huella indeleble en su hija, su esposa
y sus hijos, y en decenas de miles de personas más.

*Antes de convertirse como a los veinticinco años había sido
un apostador irresponsable en una búsqueda loca de felicidad
y emoción. Cuando Dios lo alcanzó y lo redimió, el estilo de
vida de Art cambió drásticamente: ya no deseaba los «tesoros» terrenales con los cuales había estado tratando de llenar
los lugares vacíos de su corazón. Ahora había encontrado «la
perla de gran precio» que había buscado durante muchos años.
Amaba la ley de Dios y nunca consideró que la santidad fuera
una carga; sabía que el pecado era la verdadera carga, y nunca
olvidó la maravilla de que Dios le había liberado misericordiosamente de esa carga por medio de Cristo.* [9]

Un hombre perdido, ahora encontrado y nuevo... Y buscando santidad.
¿No es asombroso?

ACERCA DE OTRO PAPÁ

Cuando Missy nació en septiembre de 1971, tuve el privilegio de conver-
tirme en padre. Tres años después volvió a suceder cuando nació Julie. Sé
lo que es amar a mis hijas más que la vida misma. Mientras crecían tuve el
privilegio de pastorear sus corazones. Cada Navidad yo escribía una carta
a mis hijas, afirmándoles mi amor y asegurándoles mis oraciones a favor
de ellas. Hice lo mejor que pude por escribir la verdad y quise que supieran
cuánto me importaban, y que recordaran las cosas que yo confiaba que
atesorarían. Una carta como esa, escrita a quienes amas, no tiene precio.

En sus últimos años, el apóstol Pedro escribió una carta en que con maravillosa sinceridad y persuasión retaba a sus amigos.

Como hijos obedientes, no os conforméis a los deseos que antes teníais estando en vuestra ignorancia; sino, como aquel que os llamó es santo, sed también vosotros santos en toda vuestra manera de vivir; porque escrito está: Sed santos, porque yo soy santo. Y si invocáis por Padre a aquel que sin acepción de personas juzga según la obra de cada uno, conducíos en temor todo el tiempo de vuestra peregrinación (1 P. 1:14-17).

¿Escribió Pedro esta carta a estas personas como castigo, o desde el corazón de un hombre que las amaba profundamente y anhelaba lo mejor de Dios para ellas? Sí, lo último.

¿Y era para el propio bien de ellas que las amonestaba con franqueza a fin de que buscaran santidad delante de un Dios santo, con el más profundo respeto y reverencia? Nuevamente, sí.

En su libro *A Hole in Our Holiness* [El agujero en nuestra santidad], Kevin DeYoung resume la razón por la que debemos ansiar ser santos:

Dios es nuestro Padre celestial. Nos ha adoptado por su gracia. Siempre amará a sus verdaderos hijos. Pero si somos sus auténticos hijos, también nos agradará complacerlo. Será nuestra delicia deleitarnos en Él y saber que Él se deleita en nosotros.[10]

LA VERDAD | Llevar una vida santa, dependiendo del poder del Espíritu Santo, es algo maravilloso... es la senda hacia la felicidad y el gozo puro.

REFLEXIONA: *¿Qué significa para ti la palabra «santidad»? ¿Puedes pensar en razones por las que la santidad personal importa?*

CAPÍTULO CINCO

MENTIRAS QUE LOS HOMBRES CREEN ACERCA DE LA
SEXUALIDAD

Aconteció al año siguiente, en el tiempo que salen los reyes a la guerra, que David envió a Joab, y con él a sus siervos y a todo Israel, y destruyeron a los amonitas, y sitiaron a Rabá; pero David se quedó en Jerusalén (2 S. 11:1).

El rey respiró profundamente y miró con detenimiento alrededor de la ciudad. El sol empezaba a declinar en el occidente, lanzando largas sombras a través de la ciudad que amaba. La ciudad sobre la cual reinaba. A excepción del canto ocasional de un pájaro y el ruido de pasos de un transeúnte en los adoquines abajo, todo estaba en silencio. Ah, cómo disfrutaba estas visitas en la tarde al balcón del palacio.

«Todo esto es mío», susurró David para sí. «Mío», repitió.

La luz de una lámpara titilaba en una ventana allá abajo. El ojo del rey escudriñó el marco y luego volvió a mirar.

¿Había alguien allí? Sí, una mujer.

¿Estaba bañándose? Otra vez, sí.

David llamó a un siervo que llegó al instante.

—¿Quién es esa mujer? —preguntó el rey.

—Es Betsabé hija de Eliam, mujer de Urías heteo —contestó el siervo (2 S. 11:3).

El pulso de David se aceleró. Pudo haber pensado: *No he estado con una mujer en mucho tiempo. Pero ella es la hija de alguien. Y la esposa de alguien. No puedo.* Entonces debió haber racionalizado: *Pero soy el rey. Nadie tiene el derecho de impedirme este placer. Debo hacerlo. Lo haré.*

Por un momento, el conflicto se intensificó. Y luego disminuyó. Prevalecieron el placer inmediato y la necesidad de que el rey demostrara su poder e importancia.

Al igual que esta ciudad, ella también puede ser mía.

«Ve —ordenó David a su siervo—. Tráemela».

En los momentos que transcurrían entre la orden y la llegada de la mujer a su habitación privada, la mente del rey era un remolino. Sabía que lo que estaba haciendo era una violación del mandamiento de Dios. Seguramente se arrepentiría. Pero en ese instante no importaba. La pasión prevalecía.

La mujer fue llevada a la alcoba real; su mirada se encontró con la del rey. El siervo se inclinó y salió.

La decisión estaba tomada. David conocía la ley. Estaba bien versado en cuáles podrían ser las consecuencias. Pero en ese instante, la lógica no importaba. Deseo intenso cubrió el pensamiento sensato. El rey resolvería eso. Siempre lo hacía.

Y con David en el lugar de poder y autoridad supremos, Betsabé apenas tenía alternativa al respecto.

SECUELAS DEL ADULTERIO

La mañana siguiente, Betsabé regresó a su casa. David volvió a sus ocupaciones reales. En pocas semanas, la cita pudo haber sido un recuerdo desvanecido.

Para el rey, había trabajo por hacer, las guerras necesitaban toda su atención y estrategia. La cita encontró un reducto en su memoria.

Entonces llegó la noticia: la mujer estaba embarazada.

La mente de David se aceleró. Sus opciones se pusieron en fila como siervos obedientes. Y como siempre había hecho él en batalla, surgió un plan.

Entonces David envió a decir a Joab: Envíame a Urías heteo. Y Joab envió a Urías a David (2 S. 11:6).

Sin embargo, la idea del rey terminó en tragedia. Un soldado leal pereció en el campo de batalla. Un niño resultó muerto. El corazón del rey estaba arruinado.

Como una espantosa tormenta formándose en el cielo occidental, esta secuencia histórica se había predicho.

> *Como una espantosa tormenta formándose en el cielo occidental, esta secuencia histórica se había predicho.*

De vuelta al Edén, cuando Eva tomó y comió el fruto prohibido y cuando, consumido por su capacidad de racionalizar, Adán se le unió, la consecuencia fue la muerte.

La mujer respondió a la serpiente: Del fruto de los árboles del huerto podemos comer; pero del fruto del árbol que está en medio del huerto dijo Dios: No comeréis de él, ni le tocaréis, para que no muráis. Entonces la serpiente dijo a la mujer: No moriréis (Gn. 3:2-4).

Trágicamente, a pesar de la promesa del mentiroso, murieron. Murieron espiritualmente. En ese instante, el pecado los separó de Dios.

¿Sus cuerpos? No en ese momento, por supuesto. Pero por primera vez desde su creación, sus cuerpos comenzaron a envejecer... a arrugarse, cansarse y enfermar. Y luego a perecer.

EL ADULTERIO ESTÁ EN TODAS PARTES

Hay pocas dudas de que conozcas al menos a un hombre que haya tenido una aventura sexual. Un esposo que haya violado su pacto matrimonial y dormido con una mujer que no era su esposa.

O quizá tú mismo has sido un rompe-pacto. De ser así, conoces la batalla que se libra en tu alma. El pánico que se manifiesta durante momentos de quietud. Momentos que te esfuerzas por evitar.

Al igual que Adán y David, te metiste en esto con los ojos abiertos. Racionalizaste. Iniciaste un caso. Te rendiste. Sufriste. Algo murió.

Incluso hombres que no tienen ninguna conexión bíblica experimentan este dolor. Un artículo en la Internet cita a hombres casados explicando cómo es tener una aventura amorosa. Un abogado de treinta y dos años reflexionó con franqueza sobre sus remordimientos:

> *Nunca lo volveré a hacer. Pero la experiencia no es como si yo hubiera tenido algún despertar ético. Todas esas actividades secretas enloquecerán a un hombre después de un tiempo. Incluso si tu matrimonio tiene problemas, el engaño te pesará y al final no valdrá la pena. Mis proezas probablemente me enviarán a la tumba una década antes de lo planeado. ¿Y para qué? ¿Algunas emociones baratas...?*[1]

Las estadísticas son fáciles de obtener. Pero no necesitamos saber esas cantidades. El adulterio está en todas partes, práctica y realmente.

Como hombres, tú y yo entendemos este implacable impulso hacia la infidelidad y la deslealtad. Es más, como si necesitara empeorar las cosas, en su más famoso sermón Jesús añade un elemento inadmisible: «Yo os digo que cualquiera que mira a una mujer para codiciarla, ya adulteró con ella en su corazón» (Mt. 5:28).

¿En serio? ¿Simplemente codiciar sin hacer nada? Culpable de los delitos que se le imputan.

Sin embargo, ¿por qué pondría Dios en nuestros cuerpos un impulso tan insaciable que debe mantenerse bajo control? ¿Un apetito tan omnipresente y fuerte con la capacidad incluso de enviar a los hombres más admirados del mundo (incluso cristianos) a la derrota y la vergüenza pública? ¿Por qué Él haría esto?

¿Es este un chiste cruel? Puede parecer como si Dios nos pasara una granada con el pasador quitado y nos dijera que la lleváramos.

> *Las estadísticas son fáciles de obtener. Pero no necesitamos saber esas cantidades. El adulterio está en todas partes, práctica y realmente.*

A inicios de mi carrera tuve el privilegio (algunos días, la sentencia) de servir en el ministerio de jóvenes. Cada verano auspiciábamos una experiencia de campamento para cientos de adolescentes. Estas incluían habituales cabalgatas, paseos en bote y reuniones alrededor de fogatas... además de sesiones de trabajo. Durante muchos años enseñé sobre sexualidad. ¿Te imaginas con qué asistencia contaba? Acertaste. La sala de reuniones se llenaba siempre.

Como recién casado, tenía toda la información necesaria para hablar de esto con alguna credibilidad. A las adolescentes que estaban allí les fascinaba la sesión. Se «admiraban» y «sorprendían» cuando les hablaba de romance, sexo, bebés y la alegría de llegar a ser padres.

Los muchachos parecían ollas de presión, sentados allí con plácidas miradas en el rostro, pero vapor brotándoles del cuello. Estos son los chicos (años atrás, antes de la llegada de la Internet y el acceso instantáneo a todo lo que un joven le gustaría saber acerca del sistema de órganos reproductores) que se apresuraban a leer el capítulo sobre reproducción en su texto de biología. No los juzgues. Tú también hiciste eso. Es más, tal vez te apresuraste al capítulo de sexualidad en este libro, «solo para estar más informado».

No obstante, una vez más pregunto: «¿Por qué? ¿Por qué puso Dios este impulso casi irreprimible dentro de nosotros?».

Debe haber una buena razón. En realidad, creo que debe haber una metáfora que funcione.

El motor de combustión interna.

Debido a que es tan común, podemos olvidar lo explosiva y peligrosa que es la gasolina. Es más, solo pocos días antes de escribir estas palabras, el conductor de un camión cisterna en Karachi, Pakistán, perdió el control de su vehículo y cayó a una zanja.

Al instante se reunió un gentío. Usando contenedores improvisados comenzaron a recoger algo del valioso combustible que se escapaba del camión volcado. Testigos presenciales informaron que uno de los transeúntes encendió un cigarrillo. Y en un instante (literalmente) toda la escena estalló sin piedad en una bola de fuego. Más de ciento cincuenta personas perecieron. Incineradas al instante. Muchas más, paradas a una distancia significativa, resultaron gravemente quemadas.

Increíblemente, lo mismo sucede cuando tú y yo hacemos girar en nuestros autos la llave del encendido, o pulsamos el botón de ignición. Pero, gracias a Dios, esa explosión sucede bajo circunstancias controladas y seguras, dentro de los confines de casi trescientos kilos de acero en el bloque del motor.

Sin esta explosión nos quedaríamos sentados tranquila e improductivamente en nuestros garajes.

Con un propósito divino en mente, Dios ha puesto en ti y en mí este impulso casi insaciable.[2]

A lo largo de los siglos, los hombres han tomado este poder potencialmente letal y han reclamado territorios inexplorados. Han escalado montañas, han atravesado senderos peligrosos, han conquistado enemigos despiadados y se han parado victoriosos sobre ellos. Los hombres han conquistado renuentes vírgenes a recibir sus abrazos... y las han llevado hacia altares matrimoniales.

Usando esta pasión y este impulso divinamente ordenados, esta energía, el Creador ha colocado en nuestros corazones y nuestras mentes una potencialidad efervescente para el servicio, el liderazgo, la grandeza, la integridad, la disciplina... y sí, también la humildad.

Este capítulo desentrañará esa fortaleza sexual, esa oleada de energía, que al expresarse bajo el control de Dios puede fortalecernos a ti y a mí para grandes cosas en su nombre. Y que, si se usa mal, se abusa de ella o se usa en secreto, estallará en una matanza letal.

Este poder dado por Dios puede destronar, y destronará, a hombres de toda clase, incluso predicadores y reyes, o puede impulsarlos a grandeza histórica.

 ## «*Un poco de pornografía no hace daño*».

Cuando mi hermana Ruth era pequeña, sus padres (y míos también) decidieron que ella no debía saborear dulces. Debieron haber pensado:

«¿Por qué hacer que ella empiece con el azúcar?». Ruth nunca supo lo que se estaba perdiendo. Hasta que una buena dama en la iglesia (donde papá era el pastor) le dio un dulce.

La pequeña Ruthie llevaba el caramelo en su diminuto puño como si fuera un juguete. Pero quedó muy pegajosa y se lamió la mano.

La mirada en la cara de Ruth debió haber sido de asombro. Y alegría. Imagínate que no estaba ni un poco molesta con sus padres por haberle ocultado el deleite de los dulces. Mis hermanos y yo reímos cuando mamá nos contó esta historia.

> *Y como mi hermana y el dulce, una prueba nunca basta. Nunca. Siempre lleva hacia un apetito por más. Siempre.*

Mi primer vistazo a la pornografía sucedió a unas puertas de mi dormitorio en la universidad. Varios hombres estaban apiñados alrededor de una revista, viendo fotografías de mujeres desnudas. Una de esas revistas presentaba incluso a una pareja en un acto sexual.

Esto fue en 1965, hace más de medio siglo, y aún puedo «ver» esas imágenes.

Tal vez tengas una historia sobre tu «primera vez». Ese sabor inolvidable.

Y como mi hermana y el dulce, una prueba nunca basta. Nunca. Siempre lleva hacia un apetito por más. Siempre.

Y gracias a la Internet, mi historia de indagar unas pocas puertas más allá para ver pornografía ha cambiado. Considera estos hechos:

- Los estadounidenses utilizan sus teléfonos celulares más de tres horas diarias.[3]
- Se utilizan diversas aplicaciones para facilitar encuentros sexuales entre extraños.
- El pastor y escritor Levi Lusko declara: «La pornografía se ha convertido en tal problema que incluso niños tan jóvenes como de doce años son enviados a campamentos de desintoxicación de pornografía (algunos de los cuales duran hasta nueve meses) para dejar este hábito. Un adolescente inscrito en una de esas

organizaciones manifestó que había estado viendo pornografía en su Nintendo DS durante nueve horas diarias».[4]

El uso de pornografía es epidémico. Y no solo es un problema «afuera» en el mundo. En realidad, más o menos dos tercios de hombres cristianos ven pornografía al menos mensualmente, el mismo promedio que el de hombres que afirman no ser cristianos.[5]

¿Qué diremos entonces acerca de la tentación hacia la pornografía? ¿Qué tal esta fuerte advertencia del apóstol Pablo?:

> **Piensen en todo lo que es verdadero, en todo lo honesto, en todo lo justo, en todo lo puro, en todo lo amable, en todo lo que es digno de alabanza (Fil. 4:8, RVC).**

GRATIFICACIÓN PROPIA

Volvamos al huerto del Edén, cuando Adán dio un mordisco al fruto prohibido sabía exactamente lo que estaba haciendo. Es probable que su justificación hubiera sido que resolvería eso más tarde. Algún día aumentaría su dominio propio y superaría el incidente. Algún día.

Trágicamente, tú y yo aún vivimos con esta fantasía vacía de algún día. «Algún día» nunca llega.

Antes de mudarme a Michigan en el 2015, viví en Orlando durante casi dieciséis años. En ese tiempo, mi finada esposa y yo visitamos muchas veces Walt Disney World y Universal Studios. Estos parques temáticos populares prometen experiencias de deleite y asombro. Y, para la mayoría de los millones que los visitan cada año, las promesas se mantienen, y por tanto son clientes habituales.

En esos años hubo algo que nunca vi. Ni una vez. Nunca vi a alguien (joven o viejo) visitando *solo* uno de esos parques, o los cientos de otras «atracciones» extraordinarias que presenta Florida central. Nadie, al menos que yo haya presenciado, va a esos lugares solo. Yo tampoco iba solo. ¿Por qué es cierto eso? Tú sabes la respuesta. ¿Verdad? El éxtasis que experimentas a solas realmente no tiene nada de divertido.

Por ejemplo, la euforia intensa que los hombres experimentan durante la masturbación es de corta duración. Sí, puede ser gratificante. Y, por definición, la masturbación es algo que los hombres hacen a solas. Pero comparado con participar de la relación sexual con la esposa a quien amas, el éxtasis que experimentas por ti mismo es vacío. En realidad, tu mente puede llevarte a lugares horribles en dicho momento. Una erección no tiene conciencia.

Ahora mismo, mientras lees este capítulo y, presumiblemente tienes «la cabeza en su sitio», ¿crees que podría ser un buen momento para tomar una decisión relacionada con qué ves y qué haces con lo que ves? Tal vez necesites un pastor experimentado o un consejero profesional que te ayuden. Pero incluso la simple decisión de buscar ayuda es tu primer paso para sanar de esta poderosa adicción.[6] Este valiente paso empezará a ayudarte a tratar con tu insaciable atracción a la pornografía.

Terminar con nuestra atracción a la pornografía no es simplemente una experiencia grisácea de elegir una vida monástica enclaustrada. No se trata de clavarnos las uñas en las encías en un acto de automortificación y de obtener una sensación de orgullo por haber vencido a un enemigo traicionero.

No, no estamos alejándonos de algo peligroso con nada digno de tomar su lugar. «Guardarte» para tu esposa vale la pena. Cuando un hombre se aleja de la pornografía, no hay desazón ni remordimiento por haber perdido algo maravilloso.

La pornografía, y la acción que nos impone, es un sustituto sintético para algo mucho más maravilloso. Para un hombre casado, Dios ofrece un gozo que hace de la gratificación propia algo tan emocionante como la montada de veinticinco centavos en el pony de plástico en Walmart, comparada con montar la «Kingda Ka» en el parque Six Flags en Nueva Jersey.[7]

La expresión sexual compartida en el contexto de un matrimonio monógamo centrado en Cristo es fantástica. Eufórica. Mejor que cualquier cosa que pudiéramos hacer solos. ¿Por qué? Porque el acto sexual es un regalo que le das a tu esposa. No es algo principalmente acerca de ti. Esto es real. Es verdadero. Vale la pena cambiar la gratificación propia por algo mejor.[8]

Y para un hombre soltero, la intimidad en una relación con Cristo que enfoca energía para complacerlo y servir a otros llena con ternura y poder el vacío de intimidad sexual no expresada.

Tengo un amigo cristiano que, como resultado de un reto de un orador en una conferencia matrimonial, confesó a su esposa una adicción a la pornografía. Los años que siguieron fueron dolorosos para esta pareja. Muchas sesiones con un consejero piadoso, y aceptar tanto el pecado como el regalo de la gracia de Dios, liberó lentamente a este matrimonio de los estragos y las consecuencias de esta terrible adicción.

Hoy día esta pareja tiene un poderoso ministerio poco conocido para parejas que enfrentan el mismo terror. La historia de ellos es un testimonio de todo lo que hemos hablado en este capítulo. Si esta es tu historia, lo mismo puede aplicarse a ti y a tu esposa.

Para un hombre casado, sea que mire pornografía y se masturbe, o que viva en una relación adúltera, esto se describe exactamente como inmoralidad sexual. Y la «inmoralidad sexual nos corta las alas que nos elevan hacia el gozo más enaltecido, rico y perdurable».[9]

Esta es una realidad cruda y sin adornos. Una charla directa de un amigo. Lo prometo. Igual que el veneno, toda clase de pornografía es devastadora para tu corazón.

| **LA VERDAD** | La pornografía es mortal. Para un hombre casado es adulterio virtual. La intimidad con Cristo y la expresión sexual en el contexto del matrimonio monógamo ofrecen una satisfacción mucho mayor. |

REFLEXIONA: *¿Conoces a alguien que esté atrapado en la horrible telaraña de la pornografía? ¿Lo estás tú? ¿Qué efectos tiene en su vida? ¿Y en la tuya? ¿Puedes pensar en alguna buena razón de por qué este individuo (o tú) no deba detener esto ahora mismo?*

18 *«Lo que mi esposa no sabe no la perjudica».*

«¿Podemos almorzar juntos? —pidió mi amigo, quien acababa de llamar sin previo aviso—. Ha pasado mucho tiempo».

Unos días después nos reunimos en nuestro restaurante mexicano favorito. Almorzar con este amigo siempre fue divertido. Pero lamentablemente, esta vez no.

«Patrick» tenía un negocio muy exitoso de programas de computadoras. Y recientemente había abierto en nuestra ciudad un almacén de ropa masculina («por puro entusiasmo»). Yo estaba ansioso por saber cómo estaba yéndole, especialmente en su nueva aventura comercial.

Pero Patrick no quería hablar de trajes, corbatas y camisas de vestir. Era evidente que algo le pesaba en la mente.

«No quiero hablar de ropa» —declaró.

Y después de unos momentos de silencio fue al grano.

«Estoy teniendo una aventura amorosa» —reveló con ojos vidriosos por las lágrimas.

—¿Lo sabe Sandra? —pregunté.

—Ella no tiene ni idea —contestó.

Lentamente, Patrick confesó la historia. La mujer era una colega en el trabajo. Brillante, elocuente, hermosa y en un matrimonio infeliz. Pero Patrick aún amaba a su esposa y sus hijos. Y en su corazón deseaba realmente hacer lo correcto.

Patrick sabía que no tenía más remedio que contárselo a su esposa. Lo animé en esta decisión de confesar la aventura a Sandra. Y le ofrecí ir con él. Estuvo de acuerdo.

CUIDEMOS EL CORAZÓN

El tema central aquí respecto a la tentación sexual es la condición de nuestros corazones.

Un padre preocupado le advierte a su hijo adulto joven: «Sobre todas las cosas cuida tu corazón, porque este determina el rumbo de tu vida» (Pr. 4:23, NTV).

Hace muchos años tuve un amigo cercano que tomó una mala decisión de pasar un rato en el bar de un hotel y quedarse allí hasta altas horas de la noche. Este hombre nunca había sido infiel a su esposa. Pero después de unos tragos extra comenzó a conversar con una mujer y continuó hasta las primeras horas de la mañana siguiente.

Antes de ir a sus habitaciones separadas, intercambiaron números de celular. Cuando regresó a casa de su viaje, mi amigo me habló de la mujer. «Nada malo sucedió —afirmó, defendiéndose con cautela, y añadió—. Pero sí intercambiamos números telefónicos».

Recuerdo esta conversación como si hubiera ocurrido la semana pasada. Mi amigo y yo nos hallábamos en su oficina.

> *«Cuida tu corazón —le supliqué—. Cuida tu corazón».*

Estaba detrás de su escritorio, y yo frente a él. Le hablé del modo más amoroso y directo que pude.

«Cuida tu corazón —le supliqué—. Cuida tu corazón».

PARA BIEN O PARA MAL

Tú y tu esposa pueden haber escrito sus propios votos matrimoniales. O tal vez los tomaron de una fuente contemporánea. Pero recordarás que los votos tradicionales incluían: «Para bien o para mal».

Cuando le ocultas un secreto a tu esposa, esto califica como «para mal». Lo sientes en tus entrañas. Es algo que te mantiene despierto en la noche. O afecta tu forma de comer: algunos tipos se exceden, otros se mueren de hambre. Hay quienes compran una membresía en un gimnasio local y se obsesionan con obtener músculos. Un individuo que conocí, con un cuerpo parecido a un manatí varado, se inscribió en un triatlón mientras engañaba a su esposa. Locura. Sin embargo, lo que sí es seguro es que la situación en que estás metiéndote va a tener un efecto en ti. Es ineludible.

Mantener secretos es como estar con el agua hasta el cuello, tratando de hundir una pelota de playa. Se necesitan ambas manos y mucha energía. Pero, finalmente, la física ganará. Te quedarás sin energía y la pelota saldrá a la superficie. Te descubrirán.

Jesús habló claramente de las cosas ocultas:

Nada hay encubierto, que no haya de descubrirse; ni oculto, que no haya de saberse. Por tanto, todo lo que habéis dicho en tinieblas, a la luz se oirá; y lo que habéis hablado al oído en los aposentos, se proclamará en las azoteas (Lc. 12:2-3).

En el contexto de esconderle secretos a mi esposa, este pasaje me envía escalofríos por la espalda. Lo que yo oculte se convertirá en conocimiento común, no solo para ella sino también para todos. Finalmente. Un día estas cosas secretas serán titulares que cualquiera leerá. Mis buenas opciones son primeramente no tratar de hundir la pelota (no guardar el secreto) o, si tengo algo que contarle, dejar tan pronto como sea posible que suba suavemente a la superficie bajo condiciones controladas.

> *Mantener secretos es como estar con el agua hasta el cuello, tratando de hundir una pelota de playa. Se necesitan ambas manos y mucha energía. Pero finalmente, la física ganará. Te quedarás sin energía y la pelota saldrá a la superficie. Te descubrirán.*

Puedes decirle: «Querida, ¿podemos hablar esta noche? Hay algo realmente importante que debo conversar contigo».

Entonces te sientas y sueltas lo que hay en tu corazón. Le aseguras que has llevado esto ante el Señor. Que te has arrepentido y Él te ha concedido perdón. Y ahora te gustaría hablarle a ella al respecto y estás dispuesto a lidiar con las consecuencias, cualesquiera que puedan ser.

La situación con Patrick y Sandra empezó con esa difícil conversación entre ellos... que yo presencié. Es más, Sandra estaba tan abatida por la traición a su confianza que le pidió a Patrick que se fuera. Él cumplió la petición de su esposa, prometiéndole que haría todo lo posible por restaurar la confianza de ella en él. Prometió terminar todo contacto, incluso comercial, con la mujer.

Después que pasaron varias semanas, cuando Sandra vio la determinación de Patrick, lo invitó a volver a casa. Los tres nos reunimos semanalmente durante varios meses para hablar de cómo restaurar ese matrimonio, especialmente la confianza de ella en él.

La última vez que estuve con ellos fue durante la cena. Les pregunté cómo les iba. Se tomaron las manos sobre la mesa, se miraron con amor, sonrieron y afirmaron que les iba muy bien. Les creí.

LA VERDAD	**Una relación sincera, franca y transparente con nuestras esposas será tierna... digna de cualquier cosa para conseguirla.**

REFLEXIONA: *¿Estás ocultándole algo a tu esposa?*
¿Cuándo vas a abrir tu corazón ante ella?

19 «*Si experimento atracción por el mismo sexo, debo buscar una relación homosexual*».

La revolución sexual de más o menos los últimos cincuenta años ha cobrado impulso y se ha extendido por el mundo occidental con la fuerza de un maremoto. Los vínculos que una vez supusimos que eran inconmovibles han cambiado y prácticamente han desaparecido de la vista a velocidad vertiginosa. En ninguna parte esto es más cierto que con relación al tema de la homosexualidad.

El resultado es una expectativa cultural profundamente arraigada, y cada vez más un mandato impuesto por el estado de que la práctica homosexual debe acogerse en todos los ámbitos como normativa y aceptable. Sugerir que tal comportamiento es antinatural, que no va en el mejor interés del florecimiento humano, y que va en contra del buen diseño de Dios, es exponerse a ser catalogado como la peor clase de fanático cavernícola.

Incluso un creciente número de quienes profesan conocer a Cristo ahora acepta, celebra y defiende las relaciones entre personas del mismo sexo, afirmando que esta posición está de acuerdo con la Palabra de Dios, y en el «lado correcto de la historia».

Este cambio lo motivan dos afirmaciones confusas. Primera, que la sexualidad es fluida, cambiante, amorfa, y segunda, que es férrea, inmutable e innata. Algunos insisten: «Puedo ser lo que deseo ser», mientras que otros insisten: «Tengo que ser lo que soy». En ambos casos, la conclusión es: «No tengo nada de qué sentirme culpable».

Y estos no solo son problemas teóricos o hipotéticos con que *otros* tienen que tratar. Casi con seguridad conoces individuos dentro de tu círculo de familia y amigos que se identifican como homosexuales o lesbianas, quizá con audacia y descaro, o a la inversa, sintiéndose atrapados y demasiado avergonzados como para pedir ayuda. Tal vez conozcas a otros que sinceramente aman a Cristo pero que luchan con la atracción hacia personas del mismo sexo pese a que deciden la abstinencia sexual.

> *Algunos insisten: «Puedo ser lo que deseo ser», mientras que otros insisten: «Tengo que ser lo que soy». En ambos casos, la conclusión es: «No tengo nada de qué sentirme culpable».*

O tú mismo podrías ser uno de estos individuos. Puede que estés en una relación con alguien del mismo sexo; o que te sientas atrapado e indefenso y profundamente avergonzado por decisiones que has tomado que dentro de ti sabes que están mal; o puede que estés luchando por vivir una moralidad bíblica que no sientes natural o posible.

A pesar de todo, en una u otra manera todo hombre enfrenta preguntas y confusiones que abundan en este campo. Con certeza, el enemigo ha triunfado en engañar a muchos en nuestra generación sobre la naturaleza de las pasiones entre el mismo sexo, las relaciones sexuales y el matrimonio. Ha vendido la mentira de que nuestra práctica sexual es cuestión de elección personal u orientación innata y congénita sobre la cual no tenemos alternativa.

No entra en el ámbito de este libro abordar o desentrañar los muchos temas diferentes y asuntos relacionados con esta materia.

No obstante, como punto de partida en la vehemencia y el espiral del debate cultural, quienes conocemos a Cristo y confiamos en su Palabra podemos anclar nuestros corazones en dos afirmaciones que sabemos incuestionables:

- Los caminos de Dios no solo son rectos; también son buenos. Y Él desea y ha hecho provisión para el bien más exaltado (*summa bonum*) en todas sus criaturas.
- Dios es Dios, y nosotros no los somos. Como Creador y Diseñador de la humanidad, Él es el único que puede escribir el manual del operador para saber cómo debemos funcionar. Él es el Alfarero, y nosotros el barro. No nos corresponde decirle cómo queremos ser formados, ni resentirnos o resistir sus caminos cuando no se conforman a los nuestros.

NACIDOS DE ESTE MODO

Es posible que nunca desentrañemos el misterio de si la atracción por personas del mismo sexo viene de la naturaleza o de la crianza, o de alguna combinación de ambos aspectos. La realidad es que vivimos en un mundo caído y devastado en que *todos* somos propensos a atracciones y afectos desordenados. Hay cosas que nos gustaría ser, hacer y tener que van en contra de lo que Dios ha dispuesto que seamos, hagamos y tengamos.

Además, todos nacemos con una inclinación innata a seguir nuestro propio camino y vivir en forma independiente de la dirección de nuestro Hacedor. Otra forma de decir esto es que nacemos en pecado.

Pero nuestra propensión a cualquier tipo de pecado no es una excusa para pecar. Tú y yo somos responsables de lo que hacemos. Dios nos pide cuentas por las decisiones que tomamos.

El primer capítulo fundamental de la Palabra de Dios revela que Él creó la especie humana a su propia imagen con dos géneros distintos: «varón y hembra los creó» (Gn. 1:27). En todo sentido, los dos eran mutuamente adecuados, uno hecho para coincidir con el otro.

Vio Dios todo lo que había hecho, y he aquí que era bueno en gran manera (Gn. 1:31).

Las Escrituras en su totalidad clarifican que Dios diseñó a hombres y mujeres para funcionar en maneras que son complementarias y que reflejan la diversidad e intimidad dentro de la Trinidad.

La verdadera libertad no es ausencia de límites o autonomía para gratificar y actuar movidos por nuestros más básicos apetitos, deseos e inclinaciones. Más bien, la verdadera libertad es el fruto de someternos humildemente al plan de Dios.

Nuestro enemigo engañosamente promete abandono y placer hedonista a quienes prefieren su mensaje al de Dios. Pero el sendero hacia la bendición (paz, gozo, satisfacción, bienestar y realización) es decir *sí* a nuestro Creador. Su gracia nos permitirá ser, hacer, desear y tener todo lo que Él ha ordenado como santo y bueno.

Esto no significa que no habrá más lucha. Christopher Yan era un varón homosexual agnóstico, y ahora enseña la Biblia a estudiantes universitarios. Él explica:

Así que la pregunta es, si continúo experimentando estos sentimientos que no pedí ni elegí, ¿puedo seguir a Cristo sin importar qué pueda suceder? ¿Mi obediencia a Dios depende de si Él contesta mis oraciones como yo creo que las debe contestar? La fidelidad de Dios no se prueba cuando desaparecen las dificultades, sino cuando Dios nos protege en medio de ellas. El cambio no consiste en la ausencia de dificultades; el cambio consiste en la libertad de elegir la santidad en medio de nuestras dificultades. Me di cuenta [de] que, después de todo, mi meta tiene que ser el anhelo de seguir a Dios con una entrega y obediencia total.[10]

Nuestro mundo y toda la humanidad están caídos y arruinados. Eso nos incluye a ti y a mí. Las cosas no siempre funcionan como están destinadas a funcionar. Nuestros deseos e inclinaciones naturales no siempre están alineados con el orden bueno creado por Dios. Pero nuestro Dios está redimiendo este planeta pródigo y haciendo todo nuevo, incluso a ti y a mí.

Rosaria Butterfield se crio en una familia de «incrédulos comprometidos» y llegó a ser catedrática de inglés que vivía con su compañera lesbiana. Entonces, en una manera profundamente transformadora, su vida fue invadida por el evangelio y la persona de Cristo. Ella escribe:

Mis manos sueltan el timón de la invención propia. Vine sola a Jesús, con las manos abiertas y desnudas. No tenía ninguna dignidad sobre la cual erguirme. Como defensora de la paz y la justicia social, creía que estaba del lado de la bondad, la integridad y el cuidado. Por tanto, fue una revelación aplastante descubrir que fue a Jesús a quien yo había estado persiguiendo todo el tiempo, no solo a un personaje histórico llamado Jesús, sino a mi Jesús, mi profeta, mi sacerdote, mi rey, mi salvador, mi redentor, mi amigo. Ese Jesús.[11]

Y este debe ser nuestro anhelo para aquellos atrapados (deliberadamente o de mala gana) en la conducta pecaminosa de la homosexualidad, o cualquier otra clase de pecado sexual: soltar «el timón de la invención propia» y hallar libertad y realización por medio de un encuentro con Cristo.

> *Nuestro Dios está redimiendo este planeta pródigo y haciendo todo nuevo, incluso a ti y a mí.*

Cualquiera que sea el pecado con el que tú y yo estemos luchando, cuando lo reconocemos, nos arrepentimos y lo abandonamos, podemos ser renovados por el poder del evangelio.

No se engañen a sí mismos. Los que se entregan al pecado sexual o rinden culto a ídolos o cometen adulterio o son prostitutos o practican la homosexualidad o son ladrones o avaros o borrachos o insultan o estafan a la gente: ninguno de esos heredará el reino de Dios. Algunos de ustedes antes eran así; pero fueron limpiados; fueron hechos santos; fueron hechos justos ante Dios al invocar el nombre del Señor Jesucristo y por el Espíritu de nuestro Dios (1 Co. 6:9-11, NTV).

Si tú o alguien que amas están atrapados en la red de la homosexualidad, hay esperanza. No seremos limpios al negar nuestro pecado, ni justificándolo, sino confesándolo y abandonándolo.

LA VERDAD | El orden creado por Dios para hombres y mujeres y para la sexualidad humana es correcto y bueno. Cuando aceptamos su camino, nos arrepentimos de seguir el nuestro y descansamos en Cristo, encontramos perdón y el poder para vivir de acuerdo con su plan.

REFLEXIONA: *El orden de Dios con relación a la sexualidad es para nuestro bien. ¿Estás dispuesto a admitir con amor y misericordia esta verdad?*

 ## *«Tengo necesidades sexuales que mi esposa no puede satisfacer».*

Aunque la gente ha creído esta mentira durante siglos, se le ha dado un megáfono en nuestra era de Madison Avenue/Internet.

Por ejemplo, en la página de inicio de mi canal favorito de noticias me acaban de invitar a ver un video que presenta el nuevo vehículo de Bentley. Se llama el Bentayga y lo venden por nada menos que $231.000. El video muestra este auto y algunos modelos similares perfectamente limpios desplazándose sobre el barro. No me lo creo.

De todos modos, gracias a esta promoción ahora me siento tentado a creer que «tengo necesidades automotrices que el vehículo actualmente en mi garaje no puede satisfacer».

He aquí otro. En abril de 2017, el keniano Geoffrey Kirui ganó el maratón de Boston en 2 horas, 9 minutos y 37 segundos. Las imágenes de los últimos centenares de metros muestran a Kirui sonriendo y saludando a la multitud como si estuviera parado en una carroza en el Desfile de las

Rosas. Esto después de correr treinta y cinco kilómetros consecutivos a poco más de tres minutos y medio cada uno.

Si yo no tuviera acceso a esta noticia, no la habría sabido. Pero ahora la conozco. Por tanto, estoy tentado a creer: «Tengo necesidades atléticas que mis piernas, mi resistencia, y mi actual condición no pueden satisfacer».

Volvamos entonces a la mentira actual: «Tengo necesidades sexuales que mi esposa no puede satisfacer».

¿Y cómo sabemos de estas «necesidades»? Una vez más, la Internet y los medios de comunicación en general alimentan la comparación y el descontento, e incrementan nuestra sensación de necesitar algo que no tenemos. Debido al acceso que tú y yo tenemos, podemos ver de manera rutinaria a mujeres con cuerpos más atractivos y glamorosos que el cuerpo de nuestra esposa, mujeres vestidas en forma menos que adecuada.

Y sea que las hayamos visto o no hacer algo realmente sexual, no importa. Nuestras mentes han vagado en esa dirección una vez que la impresión se ha grabado en nuestros cerebros.

Un artículo en *Psychology Today* revela esta realidad. «Es esencial tener en cuenta que la literatura que estudia específicamente los patrones de excitación de los hombres... ha enfatizado en varias ocasiones la sensibilidad a las señales visuales. Tan pronto como el cerebro registra la imagen que inspira lujuria, los hombres se encienden no solo física sino también psicológicamente».[12]

Entonces ahí lo tienes. Tú y yo podemos ser completamente estimulados por nuestros ojos y nuestras imaginaciones. Sin embargo, sinceramente esto no es algo que debamos leer para creerlo. ¿Verdad que sí?

SEXUALIDAD MADURA

Puedes estar casado o soltero. Puede que tengas hijos o no. Pero ya que soy casado y tengo hijas y nietos, voy a utilizar un ejemplo de mi propia vida como ilustración de algo importante sobre nuestros deseos sexuales.

Cuando mis hijas nacieron, mi finada esposa Bobbie y yo comprendimos al instante que esas pequeñas criaturas eran excesivamente egoístas. No les importaba el hecho de que sus padres estuvieran agotados y privados de sueño. Si tenían hambre, calor, frío o un pañal sucio o húmedo, querían alivio inmediato.

A medida que crecían, Missy y Julie aprendieron que no todo en el cosmos tenía que ver con ellas. Incluso empezaron a experimentar la alegría (hasta la diversión) de servir a otros. Como su papá, cuando las pillaba haciendo algo amable o servicial, hacía mi mejor esfuerzo para elogiarlas por eso.

Así que, para estas mujeres, «crecer» significó experimentar placer, como dijo Jesús, en servir y no en ser servidas.

Al igual que todos los novios, la expectación de mi primera noche de bodas era palpable. Esta sería mi primera experiencia sexual. Y, sinceramente, todo giraba en torno a mí. Que mi esposa satisficiera mis necesidades.

Bobbie y yo estuvimos casados durante más de cuarenta y cuatro años. Y yo diría que nuestra relación sexual era tierna. Sin embargo, desde nuestra primera noche juntos en la habitación de un hotel y durante las siguientes cuatro décadas, mis necesidades sexuales cambiaron gradualmente. Digamos que maduraron.

Como un bebé recién nacido, mi primera experiencia fue bastante egoísta. Y principalmente tuvo que ver con mi propio placer... físico *y* visual. Pero durante esas décadas, nosotros (esencialmente Bobbie) pasamos por dos embarazos. Ella tuvo dos cirugías de espalda y padecía endometriosis, lo cual limitó la cantidad de hijos que podía tener. A pesar de que era intencional y vigilante en cuanto a comer bien y hacer ejercicio con regularidad, el cuerpo con el que dormí en 1970 cambió con los años.

Entonces, mi visión de la satisfacción sexual maduró. Se convirtió en algo más que el acto en sí. Ternura, palabras tiernas, amabilidad se agregaron a la intimidad, que era tanto acerca de *nosotros* como de *mí*.

El error más evidente en esta mentira acerca de que tu esposa debe satisfacer tus necesidades físicas es la suposición de que el propósito del acto sexual es satisfacer tus deseos. Sin embargo, ¿qué tal si cambiamos el enfoque de *tus* necesidades y deseos a satisfacer las necesidades y deseos *de ella*?

Hacer bien esto puede llevar mucho tiempo. Y tal vez una de las grandes ironías de tener éxito en el acto sexual es que, por lo general, te tardas mucho menos tiempo en estar «listo» que tu esposa. Tu clímax puede ocurrir en cuestión de minutos. No sucede así con ella.

El diseño de Dios para tu esposa es que le tome tiempo prepararse para recibirte.

Y esta preparación no solo es fisiológica, aunque lo *es*, sino que su disposición debe estar totalmente rodeada. Es psicológica. Emocional. Espiritual. Fisiológica.

Aunque podrías tratar de persuadir a tu esposa a tener relaciones sexuales contigo en cualquier momento, esto no le resultaría bien a ella. Y en última instancia tampoco para ti.

La relación sexual que satisfaga a tu esposa requiere dos cosas de ti: paciencia y ternura. De acuerdo, puede haber un tiempo apropiado y agradable para un «rapidito», pero llevar suavemente a tu esposa a una emocionante experiencia sexual tomará tiempo. Por esto es que son una gran inversión las escapadas oca-

> *Tu objetivo es que tu intimidad con ella la haga sentir segura.*

sionales de ti y tu esposa solos. Sin distracciones. Sin interrupciones. Sin niños parados fuera de la puerta cerrada de tu habitación, tratando de conseguir que les respondas. Cien por cien centrados uno en el otro... con tiempo de sobra. Esta es una buena idea.

Y si no estás seguro de la satisfacción de ella con tu actuación, pregúntale. Y no lo hagas «en el momento». Encuentra algún otro lugar además de la cama para decirle a tu esposa que deseas que la relación sexual sea una experiencia maravillosa. Para ella. Invítala a decirte qué funciona. Y qué no funciona.

Entonces, cuando te lo diga, escucha con atención. Tu objetivo es que tu intimidad con ella la haga sentir segura.

Estable. Amada.

NO HAS TERMINADO CUANDO CREES QUE TERMINASTE

En un libro que escribí hace unos años para esposos los reté con este importante recordatorio acerca de la intimidad física:

Es probable que en la relación sexual alcances el clímax antes que tu esposa, y tal vez muchísimo antes. Fisiológicamente tu cuerpo está diciéndote que has terminado. Cortejaste. Predominaste. Conquistaste. Terminaste.

No tan rápido.

Aunque tu cuerpo haya alcanzado su pináculo eufórico, tu esposa aún podría querer (necesitar) tu ternura, tu contacto, tus caricias.[13]

Puede que no seas bueno con las palabras, pero cuando lees estas escritas por el rey Salomón, quien debió haber sido alguna clase de amante, te recuerdan toda la noción de que la intimidad física es una aventura encantadora y placentera, no simplemente un momento en el tiempo.

Bebe el agua de tu misma cisterna, y los raudales de tu propio pozo. ¿Se derramarán tus fuentes por las calles, y tus corrientes de aguas por las plazas? Sean para ti solo, y no para los extraños contigo. Sea bendito tu manantial, y alégrate con la mujer de tu juventud, como cierva amada y graciosa gacela. Sus caricias te satisfagan en todo tiempo, y en su amor recréate siempre (Pr. 5:15-19).

LA VERDAD

Puesto que amamos a nuestras esposas, su satisfacción sexual debería ser más importante que la nuestra. Y cuando esto es realmente bueno para ellas, será realmente bueno para nosotros.

REFLEXIONA: *Si eres un hombre casado, ¿crees que tu esposa disfruta el sexo contigo? ¿Puedes pensar en maneras de mejorar la calidad de tu relación sexual con ella? ¿Cuáles son?*

CAPÍTULO SEIS

MENTIRAS QUE LOS HOMBRES CREEN ACERCA DEL

MATRIMONIO Y LA FAMILIA

Puede que estés casado. Puede que no. Si no lo estás, quizá tengas planes. Tal vez no. En todo caso, mi esperanza es que este capítulo sea útil para ti o para otros hombres que conozcas que estén casados.

CÓMO SUCEDE...

El chico ve a la chica. La chica conoce al chico. Los dos empiezan a salir, se enamoran, y hacen planes para la boda. Captas la idea. Si estás casado, tienes tu propia historia.

Sin embargo, esta secuencia es una construcción moderna. De vuelta a los tiempos bíblicos, los matrimonios eran principalmente concertados. Los padres de los chicos se reunían con los padres de las chicas. Se hacían acuerdos. El novio conoce a la novia. Nada de caminatas tranquilas en el parque o besos a altas horas de la noche en las sombras.

Adultos que sabían más sobre sus hijos de lo que los hijos sabían sobre sí mismos hacían los planes. Los chicos y las chicas se enamoraban después de la boda. A veces.

En los últimos cien años, el matrimonio en Occidente ha tomado un enfoque diferente.

LA NUEVA MODA

Me he casado dos veces. La primera en el 1970. La segunda en el 2015.

Ambas bodas fueron acontecimientos especiales que honraron a Dios. En cada caso me casé con una mujer que amaba al Señor. Y a mí.

Mi primer matrimonio fue con Bobbie Gardner, quien creció en la zona de Washington, D.C., en un hogar en que el club campestre local era el santuario elegido de fin de semana. Pero debido al fiel testimonio de un vecino cristiano llamado Libby, Bobbie y su familia llegaron a la fe en Jesucristo.

Desde que era niña, Bobbie soñaba con casarse. Siendo joven participó como solista (tenía una hermosa voz para cantar) o como dama de honor (o ambas cosas) en muchas bodas. Cada una de estas confirmaba su deseo de algún día usar el vestido blanco. Estaba llamada a casarse y lo sabía.

Mi segundo matrimonio fue con Nancy Leigh DeMoss, quien creció en una familia donde se honraba a Dios y su Palabra. Sus padres tenían pasión por el ministerio y, mediante varias actividades evangelísticas que realizaron en su casa, literalmente miles de personas llegaron a la fe en Cristo.

Nancy desarrolló el mismo amor por Cristo que Bobbie tuvo, y de niña sintió un fuerte llamado a servirlo vocacionalmente. De adulta joven sentía cada vez más que iba a ser una mujer soltera, sin las distracciones del matrimonio y la familia. No es que ella no fuera atractiva o que careciera de capacidades relacionales o de oportunidades de casarse. Para nada. Nancy simplemente quería servir al Señor, su Novio, con «su atención... no dividida» (ver 1 Co. 7:34-35).

CAMBIO DE RUMBO: VOLVER A EMPEZAR, NUEVO COMIENZO

Bobbie y yo fuimos bendecidos con casi cuarenta y cinco años de matrimonio. Entonces, a principios de 2012 le diagnosticaron cáncer de ovario en etapa IV. Treinta y dos meses más tarde terminó su batalla con esta enfermedad, y delicadamente fue al cielo. El capítulo final del matrimonio terminó. Ese libro fue cerrado.

En los meses que siguieron a la muerte de Bobbie, mi corazón fue atraído hacia una mujer a quien había conocido profesionalmente. Conocí a Nancy una docena de años antes y fui su agente literario durante un breve período.

> **En los meses que siguieron a la muerte de Bobbie, mi corazón fue atraído hacia una mujer a quien había conocido profesionalmente.**

Yo tenía profundo respeto por el corazón de Nancy hacia Dios y su Palabra, y por sus habilidades en el ministerio, la escritura y el habla. Comencé a sentir deseos de buscar una amistad con ella. Aunque Nancy era hermosa a los cincuenta y siete, mi atracción hacia ella, además de su belleza física y encanto, estaba arraigada en algo aún más convincente. Por presuntuoso que parezca, creo que fue un llamado del Señor.

Me acerqué primero a Nancy en breves intercambios por correo electrónico y luego en una conversación de noventa minutos en la oficina de un amigo. En las semanas que siguieron, como ella lo describe, «el amor despertó» en su corazón.

Esta mujer que nunca había orado por un esposo o soñado con una boda, comenzó a sentir que el Señor podría estar llamándola a una nueva temporada de servicio. Una temporada de matrimonio.

Este capítulo habla de algunas de las mentiras que los hombres creen acerca del matrimonio y la familia. Pero, antes que des vuelta a la página, me gustaría que pienses en algo que va a parecer radical.

¿Recuerdas aquello de «la viste en medio de un salón repleto de gente»? ¿Aquello de que el chico conoce a la chica? ¿Aquello que «de todas las chicas en el mundo te elegí a ti»?

Déjame pedirte que consideres algo más.

UNA CITA DIVINA

Aunque desde una perspectiva terrenal parece como si yo hubiera tomado la iniciativa de desarrollar con Bobbie y Nancy relaciones que llevaron al matrimonio, la verdad es que el Señor nos juntó providencialmente a su manera para propósitos que eran mucho más grandes de lo que pudimos haber comprendido en ese momento.

La primera vez fui bastante ajeno a esta «cita». Pero la segunda vez claramente entendí que esa era obra divina. Y aunque Nancy, por no mencionar sus amigos más cercanos y socios ministeriales, fue sorprendida por completo, finalmente el Señor también confirmó lo mismo en el corazón de ella.

A medida que llegábamos a creer que nos casaríamos, Nancy y yo escuchamos otro llamado distinto. Es más, independientemente de los detalles de nuestra historia matrimonial, este llamado también viene para ti. Gary Thomas, autor del afamado libro *Matrimonio sagrado*, lo expresa bien:

> *Dios no nos dirige a centrarnos en encontrar la persona correcta; nos llama a convertirnos en la persona correcta.*[1]

UNA VISIÓN MÁS AMPLIA

Por tanto, aunque tú y yo tengamos fotografías de nuestra boda (¿quiénes *eran* esos chicos?), nuestro Padre celestial tenía en mente algo mucho más importante que portadores de anillos y pétalos de flores esparcidos por el pasillo. Nuestra ceremonia de bodas no consistió en vestimentas, madres sollozando, recepciones y novios ansiosos; nuestras bodas fueron ceremonias de nacimiento.

Tú y yo estábamos dejando de lado la independencia y las múltiples opciones que caracterizaban nuestras vidas de solteros. Nos sometíamos a algo diferente, algo que nos negaría nuestras oportunidades de dar marcha atrás. Nuestra única alternativa era seguir derecho. Y aún más importante que convertirnos en esposos galardonados, al casarnos Dios estaba llamándonos a ti y a mí a amar a una mujer y, si el Señor nos bendecía con hijos, amarlos a ellos también. Esta era una nueva y diferente clase de grandeza.

¿CUÁL ES ENTONCES LA MENTIRA?

¿Cuáles son las mentiras en este capítulo acerca del matrimonio y la familia? Me alegra que lo preguntes. ¿Estás listo?

Las mentiras acerca del matrimonio y la familia tienen que ver con el cumplimiento de tus sueños más alocados de conquista y logro. Tu esposa y tu familia (si estás casado y tienes hijos) se han incluido en tu vida como un espejo de cuerpo entero. Están ahí para mostrarte y convencerte de que sin un Salvador redentor eres un desastre, y que tu matrimonio está condenado a la mediocridad en el mejor de los casos, y al fracaso en el peor. Y que tus hijos recibirán una sentencia de por vida de crecer para ser como su padre.

No obstante, si te atreves a comprenderlo, la sorprendente verdad es que has sido llamado a esta relación. Igual que Jesús fue llamado a la clase de humildad que no podemos entender a fin de servir a su novia, nosotros no podemos hacer menos.

De modo que, si esto parece una carnada, lo es. Exactamente. Lo que creímos que iba a ser una vida de cenas íntimas y vueltas continuas en las sábanas se ha convertido en la clase de trabajo que no habíamos emprendido antes.

> *Tu esposa y tu familia (si estás casado y tienes hijos) se han incluido en tu vida como un espejo de cuerpo entero.*

Otra manera de decir esto es que el matrimonio no es un proyecto de construcción tipo «hazlo tú mismo». Ya que me encuentro en un modo de confesión total, admitiré que siempre me han atraído los peligros y riesgos de hacer cosas por mi cuenta. He remodelado todo un sótano, con un baño completo, oficina y sala de estar, usando solo una hoja de papel cuadriculado como mi plano. Más de una vez.

He construido una plataforma curva de casi cien metros cuadrados con un valor de veinte mil dólares en madera tratada a presión y materiales compuestos, sin ningún plan escrito. Tal vez tengas tus propias historias de valor puro.

Sin embargo, hacer frente a un matrimonio sin saber hacia dónde te diriges no es una buena idea. Asumir este tipo de responsabilidad sin procesar algunas de las mentiras que enfrentas es una invitación a la frustración. Quizá a la tragedia.

Mi esperanza es que descubrir y exponer estas mentiras te ayude a empezar con pie derecho si estás recién casado, a tener una base más sólida si has estado casado por algún tiempo, o a ser un animador sabio y piadoso de tus amigos casados si eres soltero... o que te ayude a estar bien preparado si ella aparece en medio de ese salón repleto de gente.

21 «*El amor no requiere palabras habladas*».

Por razones que no expondré aquí, papá, quien murió en el 2002, tenía dificultad en expresar verbalmente su amor por mí. O sea, decirlo en voz alta.

No hace mucho encontramos algunas tarjetas postales (en otro momento explicaré lo que son) que me había enviado desde algún lugar del mundo en que, curiosamente, incluía palabras cariñosas. Aunque no puedo tocarlas en este momento, puedo visualizar su letra: «Te amo, querido Bobby».

Mi corazón se acelera incluso al escribir esto muchos años después. Pero rara vez escuché que papá me expresara objetivamente estas palabras.

¿Fue esta cautela por expresar afecto algo que heredó de sus padres? Por supuesto. ¿Me amaba? Sí. ¿Quería lo mejor para mis hermanos y para mí? Desde luego. ¿Hizo papá muchas cosas llenas de bondad y servicio que demostraban ese amor? Nuevamente sí.

No obstante, cuando recuerdo mi relación con mi padre, descubro que desearía haber escuchado esas palabras más a menudo. Audiblemente.

LA EXCUSA DEL LENGUAJE DEL AMOR

En 1992 se publicó la edición original del éxito de ventas del doctor Gary Chapman, *Los 5 lenguajes del amor*.[2] Tal vez sepas de este libro. Las ventas hasta el momento han sido de once millones de ejemplares, por lo que es probable que estés al tanto de esta obra.

La hipótesis es que las personas se inclinan a dar y recibir uno de los cinco «lenguajes del amor». Un repaso rápido: palabras de afirmación, actos de servicio, regalos, tiempo de calidad y toque físico.

Entonces, ¿cuál es la excusa?

Bueno, está claro que el lenguaje de papá era actos de servicio. Cuando yo llegaba de la universidad para pasar un fin de semana en casa, él salía a hurtadillas y cambiaba el aceite en mi vehículo. O hacía rotar las llantas, poniendo nuevas delante. Ese era su lenguaje, y mis hermanos y yo lo apreciábamos de veras... por razones que cualquier estudiante universitario sin dinero entiende perfectamente.

Sería posible que alguien pensara que, debido a que su lenguaje era actos de servicio, no necesitaba expresar «palabras de afirmación» a quienes amaba. O dar regalos o invertir tiempo de calidad. Esa es la excusa, y a veces los hombres llegan a creerla. Sabemos que el lenguaje de amor de nuestra esposa es actos de servicio, así que hacemos algo positivo y ya está. Hecho.

«Sabes que te amo, querida, vacié el lavaplatos».

O regalos: «¿Por qué preguntas si te amo? ¿No recuerdas las flores que te di en tu cumpleaños?».

> *Sabemos que el lenguaje de amor de nuestra esposa es actos de servicio, así que hacemos algo positivo y ya está. Hecho.*

Bonito. Cerca, pero no hay premio.

Creo que tu esposa espera acciones *y* palabras. Regalos y palabras. Tiempo y palabras. Toque y palabras.

Estoy pensando en el viejo comercial por televisión de las pastillas de menta *Certs*. Un actor dice: «*Certs* es una menta para el aliento». Otro responde en tono desafiante: «*Certs* es un caramelo de menta». Repiten esto una y otra vez hasta que el narrador, usando su voz de locutor real, interrumpe: «Deténganse, ambos tienen razón».

Así que hablemos de palabras amorosas y de acciones amorosas.

En tus relaciones debes ofrecer unas y otras: palabras tiernas y significativas que respalden tus acciones consideradas, y acciones amorosas que respalden tus tiernas palabras. «Te amo», procedente de un hombre cruel o desconsiderado es hipocresía. Cae en oídos sordos. Pero acciones amables sin afirmaciones verbales de amor también pueden ser menos que satisfactorias.

Por supuesto, la conversación clásica en «El violinista en el tejado» entre Tevye y su esposa Golde es un buen ejemplo. La hija de la pareja se casa porque está... enamorada.

Sigue una conversación. Tevye desea saber si Golde lo ama. Incluso después de veinticinco años de lavarle la ropa, prepararle las comidas, limpiar la casa, ordeñar la vaca, y criarle los hijos... él todavía quiere saber si ella lo ama. Las acciones de ella deberían hablar por sí mismas, pero esta vez no es así.

«Pero ¿me amas?», suplica Tevye quejumbrosamente (para el efecto total, lo repite con fuerte acento ruso). Él quiere escucharla *decir las palabras*.

MOSTRAR Y HABLAR

Así que mi padre, de alguna manera introvertido, tal vez no era extraño. Su forma de expresar afecto era hacer cosas amorosas, no necesariamente verbalizar. Como hombres, supongo que nuestra tendencia es «mostrar» primero y «hablar» después.

«¿Que si te amo? —podrías preguntar retóricamente—. ¿Hablas en serio?». Entonces recitarías una letanía de buenas acciones que realizas para esta dama: ardua labor diaria, provisión económica, protección. Dada la alternativa (pereza, pobreza, negligencia) estas acciones son una buena opción.

«Pero ¿me amas?», quiere saber tu esposa (*sin tener que preguntar*).

¿QUÉ TIENES QUE HACER ENTONCES?

Déjame recomendarte que tal vez debas hablar más. Habla más de lo que crees que deberías. Si tienes un pensamiento amable, *dilo*.

Qué mujer tan amable y fiel tengo. Pronuncia las palabras.

Vaya, mi esposa luce encantadora hoy. Pronuncia las palabras.

Aprecio mucho el modo en que ella expresa frases de aliento a extraños. Pronuncia las palabras.

Y si tienes hijos...

Estoy muy orgulloso de ti, hijo. Ningún padre podría ser más feliz. Pronuncia las palabras.

Haz lo que el rey David dijo. «Dilo».

> **Si tienes un pensamiento amable,** dilo.

Den gracias al Señor, porque él es bueno, su gran amor durará por siempre. ¿Te ha redimido el Señor? ¡Pues dilo! (Sal. 107:1-2, NBV).

Si tu esposa estuviera abandonada en una isla desierta y fueras el primero en aparecer, ¿qué harías por esta mujer hambrienta y sedienta? Le darías algo de beber. La alimentarías.

¿Y si ella anhelara que le hablases? ¿Si estuviera sedienta de ánimo y amabilidad? La alimentarías con cosas buenas. Tratarías las cosas que dices como indicó el hijo del rey David, el rey Salomón.

Panal de miel son los dichos suaves; suavidad al alma y medicina para los huesos (Pr. 16:24).

Cuando le pregunté a mi esposa sobre la importancia de las buenas palabras y las acciones amables, lo resumió tan bien como solo ella podía hacer: «Las palabras sin obras son vacías, huecas y carentes de credibilidad. Las obras con palabras expresan sacrificio, ternura y romance».

Me apunto.

LA VERDAD | Además de hacer buenas cosas por nuestras esposas, ellas necesitan oírnos que les digamos cosas amables... especialmente esas dos palabras mágicas: «Te amo».

REFLEXIONA: *¿Le has dicho hoy a tu esposa que la amas? ¿Le has enviado esto en mensaje de texto? Si no lo has hecho... hazlo. Ahora mismo.*

22 *«Se supone que mi esposa debe hacerme feliz».*

Estuve casado con Bobbie durante casi cuarenta y cinco años, enviudé después que ella perdió su valiente batalla contra el cáncer ovárico. Entonces, en noviembre de 2015, me casé con Nancy Leigh DeMoss, quien tenía cincuenta y siete años de edad.

Este matrimonio era el primero para Nancy.

Cuando nos conocíamos, descubrí algo acerca de esta mujer que encontré profundamente atractivo. Durante casi seis décadas, Nancy había sido soltera; pero, en lugar de pasar esos años esperando y anhelando que llegara alguien y la «completara», adoptó la soltería como un regalo del Señor, un llamado a servirle y servir a otros.

Una de mis primeras claves sobre lo que le importaba a esta mujer se presentó la primera vez que entré a su casa. Allí, al lado de la mesa de la cocina, había una silla alta. ¡Una silla alta! Y cuando bajé las escaleras hacia el sótano alfombrado descubrí un cuarto de huéspedes y una sala de estar, así como un salón de recreación con muchos asientos cómodos y todo tipo de juegos y juguetes para jóvenes y viejos... juegos divertidos como billar y mesas de Ping-Pong, futbolín, y uno de esos aros dobles de baloncesto de feria con redes a cada lado. Uno que tenía un marcador electrónico, ¡completamente iluminado!

> No llegué para traerle alegría. Ella ya la tenía a plenitud.

Y después que conocí a sus amigos me contaron historias del hogar de esta mujer soltera, una casa que estaba perpetuamente abierta tanto a amigos como a extraños. Una pareja me contó que había vivido con Nancy durante más de tres años. Otra durante casi dos años. Aun otros durante algunos meses.

Cuando Nancy y yo hablamos de estas personas, y observé cómo les había servido con desinterés, me di cuenta de que ella no estaba buscando un esposo que le trajera felicidad, propósito o realización.

No llegué para traerle alegría. Ella ya la tenía a plenitud.

¿NO ES BUENO ESTAR SOLO?

Cuando Dios creó la expansión del universo, los animales y Adán, evaluó su trabajo. Y aun antes que el pecado alzara su horrible cabeza, Dios dijo: «No es bueno que el hombre esté solo» (Gn. 2:18).

Por tanto, aquí surge una pregunta obvia: ¿Por qué no es bueno estar solo? ¿No era buena la vida de Nancy sin esposo? Sí, era buena porque, aunque no tenía marido, no estaba sola. Intencionalmente llenaba su vida, su casa y su corazón con otros a quienes amar y cuidar. Esto era muy bueno.

En las primeras semanas de conocernos me di cuenta de que Nancy era una mujer que diariamente encontraba profunda satisfacción en el amor constante del Señor. Él era su amigo. Su compañía. Su Señor. Su esposo.

Así que pronto supe que Nancy no me buscaría para que la hiciera feliz. No estaba buscando su otra mitad. En Cristo ya era completa. Supe que si se enamoraba de mí sería una esposa maravillosa, ya que no estaba desesperada porque llegara alguien a llenarle la vida. Ya la tenía llena.

Si eres soltero y no buscas una esposa, el apóstol Pablo te aplaude:

Quiero evitarles preocupaciones. El hombre que no se ha casado se preocupa de los asuntos del Señor, y de cómo agradarle. Pero el casado se preocupa de los asuntos del mundo, y de cómo agradar a su esposa. Entonces su atención está dividida (1 Co. 7:32-34, PDT).

¿Entregarte a un ministerio? ¡Adelante!

No obstante, si eres soltero y estás *ansioso* por tener una esposa, te animo a que encuentres una mujer que esté ocupada amando a Dios y sirviendo a los demás. Una mujer que no ponga

> *Si eres soltero y estás ansioso por tener una esposa, te animo a que encuentres una mujer que esté ocupada amando a Dios y sirviendo a los demás. Una mujer que no ponga sus esperanzas en un hombre para lograr satisfacción y felicidad.*

sus esperanzas en un hombre para lograr satisfacción y felicidad. Si eso es lo que ella busca, ya sabes lo que encontrará en ti. O lo que no encontrará. Está destinada a decepcionarse profundamente.

Y no cometas la equivocación de buscar que ella te haga feliz. Para empezar, no hay ninguna mujer en la faz de la tierra que pueda brindarte toda la felicidad que anhelas. No si tu enfoque está en eso.

Además, ¡tu felicidad personal es un objetivo demasiado pequeño para el matrimonio! Dios desea que tú y tu esposa experimenten el gozo increíble de ser *dadores*, entregados a su causa y a los demás.

Así que volvamos a la mentira. Es algo de lo que hemos hablado en otros capítulos. En conclusión, solo una relación con tu Padre celestial te satisfará y te hará feliz. Nada ni nadie puede llenar ese lugar en tu corazón que fue hecho para ser ocupado y llenado por Él.

Dios actúa en su mundo en maneras opuestas al modo en que pensamos naturalmente. Nos dice que los primeros serán postreros (Mt. 20:16), que si queremos dirigir debemos servir (Mr. 10:45), que si queremos ganar la vida debemos perderla (Mt. 16:25). La búsqueda de nuestro placer y nuestra felicidad siempre será, a fin de cuentas, ir tras el viento (Ec. 2:11). Y buscar la gloria de Dios, ya sea en el matrimonio o siendo soltero, siempre nos llevará a la más profunda clase de gozo y satisfacción.

Dios no te dio a tu esposa ante todo para hacerte feliz, sino para hacerte santo. Y te la dio para que sean compañeros en glorificar a su Hijo y hacer que su nombre se conozca dondequiera que Él los coloque.

LA VERDAD

Sea que estemos solteros o casados, solo Dios puede darnos la máxima felicidad y satisfacción. En la medida que busquemos a Dios, encontraremos verdadero gozo.

REFLEXIONA: *¿Eres un hombre amado? ¿Cómo lo sabes? ¿Qué significa esto?*

23 *«No tengo lo que se necesita para dirigir mi hogar. Puedo dejarle ese papel a mi esposa».*

Hace unos años preparé una propuesta de un nuevo libro que estaba planeando escribir para enviar a los editores. Se titulaba: *Como el Buen Pastor: Lidera tu matrimonio con amor y gracia.*

Puesto que he estado en la industria editorial durante más de cuarenta años, muchos de mis amigos más cercanos están en el negocio. Uno de ellos me llamó después que su empresa recibiera la propuesta. Al instante me di cuenta de que no iba a darme buenas noticias. El tono titubeante de su voz fue mi indicio.

Su comité de publicaciones se había reunido. Les gustó mi propuesta. Esa es la buena noticia.

Sin embargo, la mala noticia era que les gustaría cambiar la primera palabra del subtítulo. Mi amigo no me dio una palabra alternativa, pero me dijo que «lidera» no iba a funcionar. Al menos, no con su equipo.

En muchos niveles, entiendo la preocupación. De veras. Es más, cuando estaba escribiendo el manuscrito leí otro libro que pudo haber sido una de las razones para la preocupación del comité. Este libro, publicado por un destacado editor cristiano, era el relato en primera persona de una mujer que fue severa y reiteradamente maltratada (verbal, emocional y físicamente) por un esposo (un pastor) que gritaba: «Esposas, sométanse a sus maridos» mientras la atacaba. Han pasado algunos años desde que se publicó el libro, y no he sabido que el ex marido de esta mujer la haya demandado por difamación. Mi suposición es que la historia es cierta.

> La idea general del liderazgo bíblico es muy diferente de lo que muchas personas entienden.

Al final encontré un editor para mi libro que aceptó mi perspectiva, la cual, contrariamente al horrible relato que acabo de contarte, anima a los esposos a «liderar como un pastor».

Y creo que «lidera» es la palabra correcta que debe usarse.

¿Por qué? Porque la idea general del liderazgo bíblico es muy diferente de lo que muchas personas entienden.

LA TOALLA Y EL LEBRILLO

Si conoces la historia de Jesús y sus discípulos la noche en que fue traicionado, recordarás que el Mesías, el Creador y Señor del universo, nos dio una figura inolvidable de lo que se supone que es este liderazgo.

> Sabiendo Jesús que el Padre le había dado todas las cosas en las manos, y que había salido de Dios, y a Dios iba, se levantó de la cena, y se quitó su manto, y tomando una toalla, se la ciñó. Luego puso agua en un lebrillo, y comenzó a lavar los pies de los discípulos, y a enjugarlos con la toalla con que estaba ceñido (Jn. 13:3-5).

Toma un momento para considerar este increíble relato. Aquí está el Hijo de Dios, cenando con sus amigos más cercanos. A diferencia de la pintura de da Vinci de la Última Cena, estos hombres no estaban sentados a un costado de una mesa cubierta con un mantel. Lo más probable es que estuvieran reclinados en el suelo. Estaban con su Amigo, su Señor, su Salvador, Aquel que los había creado.

¿Qué hizo entonces este Hombre, este Líder, como símbolo de su papel? ¿Cómo actuó? ¿Qué hizo para «probar» su liderazgo? ¿Cómo los trató?

Les sirvió con amor y gentileza. Luego murió por ellos, reconciliando a cada uno con su Padre. Y, a excepción de uno, a cambio lo amaron y le sirvieron.

Cuando el apóstol Pablo dice a las esposas que se «sometan» a sus esposos, esta es la clase de líder que tenía en mente al cual ellas debían someterse (ver Fil. 2:3-11). Y, sin dejar nada al azar, esto es exactamente lo que Pablo nos dice que hagamos:

> Maridos, amad a vuestras mujeres, así como Cristo amó a la iglesia, y se entregó a sí mismo por ella (Ef. 5:25).

DE VUELTA A LA MENTIRA

Lo interesante sobre esta mentira («No tengo lo que se necesita para dirigir mi hogar. Puedo dejarle ese papel a mi esposa») es que la primera parte, en realidad, no es mentira. Es la verdad. *No* tenemos lo que se necesita para proporcionar en nuestros hogares un liderazgo con espíritu de servicio semejante al de Cristo.

Aunque he escrito un libro sobre el tema y he hecho todo lo posible para ser esta clase de líder, la verdad es que no tengo lo que se necesita para ser el líder espiritual en mi casa. Realmente no lo tengo.

Y solo entre nosotros, es probable que tú tampoco lo tengas.

Déjame decirte que el tipo de liderazgo al que creo que la Biblia nos llama supone tierna humildad. Una clase de gracia que honra, protege, afirma, defiende y ama a nuestras esposas.

La realidad es que por naturaleza tú y yo somos demasiado orgullosos, egoístas, perezosos y exigentes para ser la clase de pastor que nuestras esposas y nuestros hijos anhelan y necesitan. En realidad, *no* tenemos lo que se necesita para hacer esto bien... día tras día tras día.

Está bien. No tenemos lo que se necesita... Pero aun así debemos hacer lo que se nos ha encargado hacer.

En esta situación, nuestra mejor promesa de referencia es esta. Tú y yo no podemos. Dios puede. Y lo hará, cuando reconocemos nuestra incapacidad y le pedimos que nos llene de Él mismo.

Tal vez el apóstol Pablo estaba sintiendo algo de esta clase de ineptitud cuando escribió:

Todo lo puedo en Cristo que me fortalece (Fil. 4:13).

¿DIRECTOR?

Al haber pasado la mayor parte de mi carrera en los negocios, siendo incluso «fundador y director» de una compañía, soy personalmente consciente del peso de este título: el «líder».

Observa que no dije monarca o potentado. Autoritarios redomados que hacen crueles y caprichosas exigencias a sus esposas e hijos, y luego se sientan y esperan ser adorados y servidos.

Por el contrario, como es probable que sepas, el director ejecutivo tiene la responsabilidad final del funcionamiento general de la empresa y de su desempeño exitoso. Por lo general responde ante la junta directiva, el organismo que tiene el derecho de pedir cuentas al director ejecutivo por el éxito de la firma. Es función del director asegurarse de que sus empleados reciban buena instrucción, capacitación y servicio a fin de asegurar el cumplimiento exitoso de sus deberes.

> *Tú y yo no podemos. Dios puede. Y lo hará, cuando reconocemos nuestra incapacidad y le pedimos que nos llene de Él mismo.*

Por tanto, tú y yo somos los directores ejecutivos de nuestras familias. Respondemos ante el Dios del universo. Él nos hace responsables de nuestra misión de liderar. Y entonces hacemos todo lo posible por tomar en serio esta especial tarea.

¿Cómo podría ser esto para ti y para mí? Veamos.

Los escritos del rey Salomón que encontramos en Proverbios son una fuente abundante de sabiduría para esposos y padres. Allí hay algunas ideas grandiosas para ayudarnos a ti y a mí a agradar a nuestro Padre celestial y liderar, servir y proveer eficazmente para nuestras familias. Y como ya hemos pasado tiempo hablando de tu relación con tu esposa (mentiras 18, 20 y 22), centrémonos en el papel de director con tus hijos.

ENSEÑA A TUS HIJOS A AMAR Y TEMER A DIOS

Así como un director ejecutivo está sujeto a la dirección de su junta de directores y debe hablar bien de ellos a su gente, tú y yo debemos ser ejemplo de un amoroso respeto por Dios y enseñar lo mismo a nuestros hijos.

> El principio de la sabiduría es el temor de Jehová; los insensatos desprecian la sabiduría y la enseñanza (Pr. 1:7).

Es fundamental para nuestro papel de director en casa el enseñar a nuestros hijos el temor de Dios. Esto no se ve en sermones predicados en la cena, sino en un estilo de vida de reconocimiento constante de la grandeza y el esplendor de Dios.

Cuando mis hijas eran pequeñas, a menudo escuchaban a su padre hacer un comentario sobre algo hermoso: una flor silvestre, hormigas atravesando la acera en perfecta fila india, un ciervo correteando por el patio trasero, un arroyo de montaña... yo decía: «Miren, Missy y Julie, observen eso. ¿No es asombroso Dios?».

Y esta exclamación no tenía que ser seguida por un resumen de los tres puntos del sermón del pastor de la semana anterior. Simplemente reconocer algo maravilloso de la creación y darle el mérito al Señor puede ser poderoso en ese momento.

Sin embargo, el temor del Señor también incluye temor a disgustarlo. De nuevo, como padres tú y yo debemos ser ejemplos de esto. Y nuestra obediencia a los mandamientos de Dios no se basa principalmente en evitar su castigo, sino en amarlo tanto que decidimos voluntariamente seguir sus instrucciones.

Me encanta el punto de vista que el apóstol Pablo tiene de esta obediencia. Nos dice que el amor incondicional de Dios nos «apremia» a honrar las instrucciones incondicionales de Dios (2 Co. 5:14, NBLH). En otras palabras, nuestro comportamiento es resultado de nuestro amor por Él, no de nuestra obligación de ser buenos.

ENSEÑA A TUS HIJOS A OBEDECERTE

Además de las instrucciones de Salomón en cuanto a honrar al Señor, Proverbios está lleno del fuerte estímulo divino para que los hijos escuchen a su padre... y a su madre.

> Atiende, hijo mío, las correcciones de tu padre, y no menosprecies las enseñanzas de tu madre (Pr. 1:8, RVC).[3]

Por experiencia, la parte más importante de estimular a mis hijas a obedecerme es ser ejemplo de obediencia yo mismo. Podría tratar de ser un hombre completamente indisciplinado, exigiendo que mis hijas pasasen por alto mi falta de dominio propio y me obedecieran de todos modos. Podría hacer esto, pero no resultaría provechoso.

ENSEÑA A TUS HIJOS A ESCOGER CUIDADOSAMENTE SUS AMIGOS

A medida que pasas tiempo en Proverbios, notas que Salomón por lo general va al grano. Quizá no se haya limitado oficialmente a 280 caracteres (o los que sea), ¡pero pudo haberlo hecho, y aún tener éxito!

> Hijo mío, si los pecadores te quisieren engañar, no consientas (Pr. 1:10).

Cuando nuestros padres estaban creciendo, sus padres podían tener una buena idea de con quién interactuaban sus hijos. Ellos podían llevar a esos amigos de visita de la escuela a la casa. O lo padres podían encontrarse personalmente con los amigos de sus hijos en la iglesia.

Ahora no.

> *Como padre, tienes derecho a preguntar sobre los amigos de tus hijos.*

Gracias a la tecnología y las redes sociales, los jóvenes son «amigos» de cientos de personas que sus padres no conocen y nunca conocerán. Los chicos pueden ser influidos en muchas maneras por esa gente. Algunas son buenas personas. Otras no lo son.

Una y otra vez, Proverbios anima a los padres a cuestionar a sus hijos en cuanto a sus relaciones. Como padre, tienes derecho a preguntar sobre los amigos de tus hijos. Es más, invítalos a menudo a tu casa. Y sigue a tus hijos en las redes sociales. Ningún buen director dejaría de hacer esto.

ENSEÑA PUREZA SEXUAL A TUS HIJOS

Es natural pensar que la tentación a la inmoralidad sexual es un fenómeno contemporáneo. Pero incluso una lectura superficial de Proverbios muestra con claridad que esa fue una amenaza hace miles de años.

Y puede que no haya un estímulo más importante para tus hijos que venga de ti, que amar y elegir pureza sexual. La transparencia de tus propias luchas y tu experiencia en este ámbito será un poderoso catalizador cuando hables de la dulzura del plan de Dios.

Ora con tus hijos y por ellos, pidiendo que la fortaleza de Dios sea derramada en ti y en ellos.

«PUEDO DEJAR ESE PAPEL DE DIRECTOR A MI ESPOSA»

La segunda parte de la mentira es que simplemente podemos entregar ese papel a nuestras esposas, renunciando a nuestra responsabilidad. Podríamos pensar: *Después de todo, ella es mejor en esto de lo que yo sería.*

En algunos casos, nuestras esposas pueden estar mejor y naturalmente más dotadas en dirigir que nosotros. Pero aún tenemos la responsabilidad dada por Dios de proporcionar liderazgo en nuestros hogares mientras también honramos los dones de nuestras esposas y las ayudamos a destacarse, como haría un buen entrenador con una atleta estrella.

Ahora, aquí hay algo importante que recordar. Ya que es probable que tu esposa sea ayudadora, si no asumes la labor de dirigir en tu casa, ella tenderá a creer que debe asumir ese papel de liderazgo. Tal vez no quiera hacerlo, pero tu negligencia creará un vacío y tu esposa será atraída a llenarlo.

Poco después que se publicara *Como el Buen Pastor,* almorcé cuatro jueves consecutivos con cerca de treinta esposos que leían juntos el libro. Mientras hablábamos, expliqué a mis amigos que muy poco de este tipo de liderazgo viene «naturalmente». Les recordé la promesa de la Palabra de Dios:

> **Si alguno de vosotros tiene falta de sabiduría, pídala a Dios, el cual da a todos abundantemente y sin reproche, y le será dada (Stg. 1:5).**

A veces los hombres no son buenos en idear cosas creativas que hacer cuando se trata de construir relaciones. Por tanto, nuestro grupo ideó algunas tareas prácticas para llevar a cabo. He aquí algunas de ellas:

- ora con tu esposa en voz alta antes de ir a dormir

- anticípate a sus necesidades, incluso tareas en la casa... antes que ella lo pida
- sorpréndela con textos al azar de «te amo»
- sé el primero en pedir perdón cuando hayas hecho o dicho algo desagradable o insensato
- sé generoso con tu tiempo y dinero
- alardea de ella cuando estés con tus amigos (este reporte correrá hasta ella mediante las esposas de tus amigos)

Cuando pregunté qué pensaban sus compañeras sobre lo que estaban obteniendo de nuestro estudio, la respuesta que dieron fue casi unánime: «A mi esposa le gusta lo que estoy aprendiendo del libro... y de este grupo. ¡Gracias!».

Si dirigir tu matrimonio (y familia) significara dominar a tu esposa y tus hijos, y obligarlos a ir contra su voluntad, las esposas de estos hombres no habrían respondido como lo hicieron. Pero si el resultado de dirigir a la manera de Dios es liderazgo humilde, confiado y de servicio que es realmente atractivo, es decir, una forma de dirigir que atrae amorosamente, creo que podríamos estar en lo cierto... con la ayuda de nuestro Buen Pastor.

El Espíritu produce amor, alegría, paz, paciencia, amabilidad, bondad, fidelidad, humildad y dominio propio (Gá. 5:22-23, PDT).

LA VERDAD

Dios nos ha llamado a proporcionar liderazgo piadoso a nuestra familia. No tenemos lo que se necesita para hacer eso; pero cuando le pedimos, Él nos da todo lo que necesitamos para hacerlo bien.

REFLEXIONA: *¿Cómo describirías el «liderazgo de siervo»? ¿Es esto algo que tu esposa y también tu familia podrían usar más de ti?*

«*No tengo que crecer*».

En 1991, Paramount lanzó su continuación de la película clásica animada de Disney de 1953 llamada *Peter Pan*. En esta secuela, llamada *Hook*, Peter Pan (Robin Williams) ha olvidado su pasado y vive una vida común como abogado de buenos modales. Luego es arrastrado al País de Nunca Jamás, rescata a sus niños, y en el proceso redescubre su niño interior. Es un final feliz. Pero esta historia es fantasía, no realidad. No es verdad.

Vivimos en una cultura que adora la juventud. Miles de millones se gastan en cosméticos, cirugías y equipos de ejercicio, todo en un vano intento de aferrarnos a nuestra juventud. Sin embargo, eso no se detiene ahí. Y para algunos no se trata solo de no querer *envejecer*, sino de no querer *crecer*.

A esto se llama efecto bumerán: jóvenes adultos que dejan el nido, solo para regresar rápidamente. A veces se le llama «fallo en el despegue». El fenómeno ha alcanzado niveles epidémicos en Estados Unidos y el mundo entero. En ocasiones este regreso a casa es por corto tiempo, necesario por razones económicas. Pero demasiado a menudo significa aferrarse a la adolescencia después que ha pasado mucho tiempo, un rechazo a madurar y asumir responsabilidades de adulto.

> *Pero, al igual que muchas cosas buenas, pueden evolucionar hacia algo que nos distrae, consume y aleja de un propósito que glorifique a Dios.*

Una encuesta de Pew Research publicada en el 2016 descubrió que los hombres estadounidenses entre 18 y 34 años tienen más probabilidades de vivir con sus padres que en cualquier otro arreglo de vivienda.[4]

Pero ¿está mal esto? ¿No se nos encomienda en la Biblia una fe infantil cuando Jesús nos dice que debemos volvernos como niños para entrar al reino? Sí, así es. Pero existe una gran diferencia entre ser como niños y ser infantil.

Lo primero es loable, lo segundo no. Sí, hay pesos, responsabilidades y trabajo duro que conlleva ser adulto. Pero también hay sentimientos de triunfo, logro y respeto propio.

Algunos han sugerido que los jóvenes varones tienen la necesidad de tener esa sensación de logro, y que lograr éxito en videojuegos satisface esa necesidad, todo sin ningún provecho verdadero. Por un lado, como con muchas cosas, los videojuegos pueden estar bien en moderación. Por otro lado, esto puede salirse de control y convertirse en una adicción absorbente que consume tiempo. Lo que esto satisface en hombres es falso, vacío, egoísta y engañoso.

Los hombres tienen deseos dados por Dios de formar parte de algo más grande que ellos mismos, y quizá este es el anhelo que muchos hombres intentan satisfacer comprometiéndose obsesivamente con un equipo deportivo. Como muchas otras cosas, los deportes y videojuegos pueden estar bien y ser buenos. Pero, al igual que muchas cosas buenas, pueden evolucionar hacia algo que nos distrae, consume y aleja de un propósito que glorifique a Dios.

A lo que la Biblia nos llama a ti y a mí es a perseverar, madurar y terminar la carrera.

El apóstol Pablo escribió:

> Hasta que todos lleguemos a la unidad de la fe y del conocimiento del Hijo de Dios, a un varón perfecto, a la medida de la estatura de la plenitud de Cristo; para que ya no seamos niños fluctuantes, llevados por doquiera de todo viento de doctrina, por estratagema de hombres que para engañar emplean con astucia las artimañas del error (Ef. 4:13-14).

La tentación es ver a la «madurez masculina» meramente en términos espirituales, como si Pablo estuviera animándonos a convertirnos en simples teólogos teóricos, que escriben comentarios y opiniones mediante un portal electrónico y envían mensajes de texto según nuestra sabiduría desde el sótano de nuestras madres. Pero la división entre lo espiritual y

La división entre lo espiritual y lo físico es falsa.

lo físico es falsa. Pablo también nos ordena que luchemos por la madurez en nuestras vidas físicas, y que nos mantengamos lejos de individuos que se niegan a madurar.

> Os ordenamos, hermanos, en el nombre de nuestro Señor Jesucristo, que os apartéis de todo hermano que ande desordenadamente, y no según la enseñanza que recibisteis de nosotros. Porque vosotros mismos sabéis de qué manera debéis imitarnos; pues nosotros no anduvimos desordenadamente entre vosotros, ni comimos de balde el pan de nadie, sino que trabajamos con afán y fatiga día y noche, para no ser gravosos a ninguno de vosotros; no porque no tuviésemos derecho, sino por daros nosotros mismos un ejemplo para que nos imitaseis. Porque también cuando estábamos con vosotros, os ordenábamos esto: Si alguno no quiere trabajar, tampoco coma (2 Ts. 3:6-10).

Parece que este «fallo en el despegue» no es nueva. Y es muy seria.

Lo que me gusta de esto es que Pablo es directo y enérgico. Su advertencia podría ser para ti, o para alguien que conoces y amas. O debes sentarte contigo mismo y amonestar a tu propio corazón en términos inequívocos, o debes sentarte con ese otro individuo. Ya basta. Es hora de ocuparse y ser productivo.

Si estás en una situación en que debes confrontar a un hombre joven que ha decidido no madurar, mi consejo es bastante sencillo: que consiga un empleo (no, no tiene que ser el trabajo de sus sueños... que solo consiga un empleo; que trabaje duro) cualquiera que sea, demostrándole a su jefe que tomó una gran decisión al contratarlo. Independientemente de lo mundano que sea el empleo, esto le traerá placer.

Si esta persona letárgica eres tú, si eres quien está aprovechándose de tus padres en lugar de madurar, sabes qué hacer.

Los jóvenes varones que se niegan a dar un paso adelante y ser hombres no son solo tema de humor o comentario social, sino una realidad seria que paraliza individuos, sus familias y nuestra cultura.

Lamentablemente, nuestro «sistema» permite, e incluso subvenciona, la pereza en muchos hombres. Pero, si estás sano, debes encontrar un trabajo y ganarte la vida. Esto resultará en un nivel de respeto propio que ningún videojuego proporcionará alguna vez.

> Hombre necesitado será el que ama el deleite, y el que ama el vino y los ungüentos no se enriquecerá (Pr. 21:17).

Las Escrituras dejan en claro las responsabilidades dadas por Dios que tenemos como hombres. Hacer caso omiso de ellas no las harán desaparecer. Estamos llamados a ejercer dominio, a trabajar como para el Señor, a aceptar los llamados de virilidad, matrimonio y crianza de hijos (si los tenemos), y a hacerlo con alegría. ¿Da miedo? Sí.

Incluso a mi edad, el peso de la responsabilidad diaria todavía me asusta. Pero mi Padre celestial está conmigo, preparándome, actuando por medio de mí para amar y servir a mi familia. Que otros dependan de mí me recuerda que debo depender del Señor por sabiduría, fortaleza y disciplina para cumplir fielmente con mi responsabilidad.

LA VERDAD	**Dios nos llama a convertirnos en hombres que aman, sirven, protegen y proveen para nosotros mismos y para nuestras familias, por su gracia y para su gloria.**

REFLEXIONA: *¿Por qué algunos hombres tienen miedo de madurar? ¿Conoces a alguien así? ¿Cómo puedes ayudarlo?*

 ## «Si disciplino a mis hijos, se rebelarán».

A casi todos los hombres les gustan las motocicletas. Incluso si la «marcada preferencia» de la esposa es que no tenga una, es casi imposible para él no echarle un segundo vistazo a una moto en el estacionamiento, especialmente si es una Harley enorme y brillante. O la mayoría de hombres giran la cabeza cuando ven una de ellas retumbando por la carretera.

Por supuesto, el gran sonido que esas enormes máquinas hacen es parte de la maravilla.

He conducido una motocicleta solo algunas veces en mi vida (ver el párrafo anterior acerca de la marcada preferencia de una esposa), pero la sensación de potencia bruta en el giro de la mano es casi indescriptible. Te montas en la máquina, la enciendes, la pones en marcha con el pie, y giras la muñeca. Es asombroso. Cuando es hora de despegar, una motocicleta siempre obedece.

No a todo hombre le gusta montar a caballo. Soy uno de ellos. Una mala experiencia en cabalgar cuando era niño en la granja de mi tío confirmó esto para mí. Ese caballo ni siquiera tuvo la cortesía de lanzarme de su ávido trasero en algo suave como la pradera. No, fue un camino de gravilla el que recibió mi caída.

¿Por qué entonces me atraen las motocicletas y no los caballos? Hay muchas razones, pero la principal es que, a diferencia de la inmediata sumisión del pedazo de cromo y acero brillante, un caballo hace (o no hace) lo que quiere. O lo que quieres. Puede responder con una aprobación a tus estímulos de seguir adelante. O puede arrojarte a la zanja. O al camino.

Criar hijos es más como montar un caballo que una motocicleta. Someterse a tus deseos (instrucciones u órdenes) depende de ellos. Pueden obedecerte o desafiarte... arrojarte, o arrojar a tu esposa, a la calle.

INTENTA FAJAR A UN ADOLESCENTE

Desde que son bebés, estas criaturitas egoístas tienen voluntad propia. Las llevas del hospital (o de la agencia de adopción) a casa y las envuelves como momias, pero pronto intentan asumir el control. La mirada en los rostros privados de sueño de los padres de recién nacidos dice todo lo que debes saber acerca de esta aventura.

En todo caso, como un claustrofóbico desesperado, sufro cuando veo un pequeño envuelto como un burrito y me alegro de que ese no sea yo. Pero para los padres, esto ayuda a evitar que los bebés realmente hagan lo que quieran... al menos por un tiempo.

Sin embargo, una vez que los bebés tienen suficiente edad para no terminar envueltos, los padres deben comenzar a soltarlos. Y ahí es cuando esas pequeñas voluntades empiezan a ser evidentes. Puesto que ya no son portátiles ni están atados con una pequeña manta de algodón, pueden hacer lo que quieran. Pueden obedecerte o seguir su propio camino. (Piensa en padres persiguiendo a sus hijos en el supermercado).

Así que volvamos a la mentira acerca de que tus hijos se rebelan si los disciplinas.

No sorprende que la Biblia tenga algo que decir sobre criar bien a nuestros hijos. Estas advertencias dejan en claro que una de las maneras en que nuestro Padre celestial (el modelo perfecto) expresa su amor por nosotros es disciplinándonos.

> **Hijo mío, no menosprecies la disciplina del Señor, ni desmayes cuando eres reprendido por él; porque el Señor al que ama, disciplina, y azota a todo el que recibe por hijo (He. 12:5-6).**

Y nuestra disciplina bajo Dios se convierte en un modelo a seguir para manejar a nuestros hijos. Aprendemos a ser obedientes a las directrices divinas y luego a mostrar a los chicos cómo son la disciplina y la obediencia.

> **Ciertamente por pocos días nos disciplinaban [nuestros padres terrenales] como a ellos les parecía, pero éste [nuestro Padre celestial] para lo que nos es provechoso, para que participemos de su santidad. Es verdad que ninguna disciplina al presente parece ser causa de gozo, sino de tristeza; pero después da fruto apacible de justicia a los que en ella han sido ejercitados (He. 12:10-11).**

¡Una promesa firme! ¿No es cierto?

Papá imponía una férrea disciplina. Recuerdo que cuando era adolescente acudía a mi madre para quejarme de que papá era demasiado duro conmigo. Nunca olvidaré la amable respuesta de mamá... aunque como muchacho rebelde en ese momento aquello era algo difícil de aceptar.

«Tu padre es duro contigo porque te ama —me decía—. Él cree realmente que esta amorosa disciplina es para tu bien». Luego añadía con una dulce sonrisa: «Y yo también lo creo».

El Señor disciplina al que ama, como un papá al hijo que quiere
(Pr. 3:12, PDT).

Nuestra tarea como papás es ser tiernos y amorosos con nuestros hijos al mismo ritmo que los disciplinamos fielmente.

¿Y cómo es la «disciplina»? Aunque aquí no hay espacio para explicar esto completamente, mi consejo sería que tus acciones con tus hijos sean memorables y apropiadas a la edad.

Quitarle las llaves del auto al niño de tres años y dar nalgadas al hijo de dieciocho no funcionaría en ningún caso. Pero encontrar maneras de equiparar el castigo con la infracción es importante.

Y recuerda que disciplinar a tus hijos no tiene que ver con tu manera de ajustar cuentas con ellos por el inconveniente que su mal comportamiento causó. Es más efectivo cuando les ayudas realmente a aprender una lección de que lo que han hecho pudo haberles hecho daño, y que resuelvan no volver a hacerlo.

Vosotros, padres, no provoquéis a ira a vuestros hijos, sino
criadlos en disciplina y amonestación del Señor (Ef. 6:4).

SOLTARLOS

En la providencia de Dios, la mañana en que escribí este capítulo recibí un mensaje de texto de mi hija menor Julie. Ella y su esposo, Christopher, tienen ahora dos hijas adolescentes.

Debido a que yo estaba en el proceso de descifrar esta mentira, le agradecí a Julie por ser mi hija... como si ella hubiera tenido alternativa. Y le agradecí por demostrar un deseo verdadero de ser obediente mientras crecía. Bueno, permíteme decir que ella era una niña de voluntad firme. Incluso cuando era muy pequeña me lanzaba «esa mirada» cuando la disciplinaba. Sus ojos expresaban: «¿Debo obedecer o hacer mi voluntad?». Tal vez tengas un hijo así.

Así que la mañana en que le agradecí a Julie por su vida, por amar a su familia y caminar fielmente con el Señor, ella pudo haber dicho algo respecto al fantástico papá que fui. Pero no lo hizo. Qué decepción. En cambio, atribuyó su corazón por el Señor a la instrucción y el aliento que recibió de Bobbie y de mí, y «al poder restrictivo del Espíritu Santo».

Le recordé cuán a menudo su madre y yo orábamos por ella. Estas oraciones se intensificaron a medida que se hacía mayor y más independiente. «No podemos hacer nada respecto al corazón de Julie —orábamos—. Pero tú puedes. Por favor, visítala por medio de tu Espíritu Santo. Háblale en términos que entienda. Ayúdala a enamorarse de ti y a que decida obedecer tu voz».

ORAMOS POR NUESTROS HIJOS

Recuerda, criar a nuestros hijos es más como montar un caballo que una motocicleta. No podemos controlar el resultado de sus vidas ni obligarlos a tomar decisiones correctas. Ni siquiera con las mejores técnicas de crianza. A medida que crecen tienen la capacidad de optar por obedecer. O no.

Entonces, ¿qué hacemos? Oramos.

> *Criar a nuestros hijos es más como montar un caballo que una motocicleta.*

Cuando era pequeño, el sonido de papá orando me despertaba a menudo en la oscuridad de las primeras horas de la mañana. Su voz profunda enviaba una vibración silenciosa pero audible por nuestra casa. Mis hermanos, hermanas y yo sabíamos que nos estaba nombrando, uno a uno: Ruth, Sam, Ken, Robert, Debbie, Dan. Fielmente, de rodillas, nos llevaba delante de su Padre celestial y abogaba por nuestro caso. Sabíamos que oraba por nuestra protección del mal y para que obedeciéramos la voz de Dios.

Unos meses antes que muriera, me senté con papá en su casa. Padecía una rara condición neurológica que lo dejó callado y retraído. Tenía dificultades para hablar o escuchar. La vista le fallaba, por lo que no podía leer el periódico o ver por televisión a los Cachorros o los Bulls.

—Papá —dije—. ¿Cómo te hace sentir todo esto?

—Inútil —contestó, mirándome directo a los ojos.

—Papá —expresé finalmente después de algunos minutos—. ¿Recuerdas cómo solías orar por nosotros?

—Todavía lo hago —respondió con una leve sonrisa.

—¿Sabes cómo influye eso en nuestras vidas? —indagué—. ¿Sabes cuán agradecidos estamos?

Asintió.

—Incluso si estuvieras sano y fuerte —continué—, aún no hay nada más importante ni útil que podrías hacer que seguir orando.

—Gracias, hijo —respondió papá.

—No, gracias a *ti* —declaré acercándome a su silla.

Me arrodillé frente a papá, puse los brazos alrededor de él y lo abracé.

—Gracias —repetí, besándolo en la mejilla.

Lo apreté durante unos momentos más y lo volví a besar.[5]

Aunque tú y yo fallamos a menudo como padres, nuestro deber es hacer lo posible por disciplinar con justicia a nuestros hijos y amarlos en forma incondicional. El resultado final está, y siempre estará, en manos de nuestro Padre celestial. ¿Y qué resultado anhelamos? ¿Hacia qué fin debemos orar? ¿Por qué persistir en ello?

En última instancia, oramos porque nuestros hijos tengan un corazón para Dios, amor por Cristo, amor por la justicia, carácter piadoso y la bendición del Señor en sus vidas. Deseamos que estén preparados para ser hijos de Dios, sabios y obedientes.

LA VERDAD | Debemos disciplinar, alentar e instruir a nuestros hijos, pero solo Dios puede dirigir y cambiar sus corazones. Es por eso que oramos.

REFLEXIONA: *¿Qué es lo que más disfrutas de ser padre? ¿Cuándo ser un padre exitoso no es un concurso de popularidad? ¿Cuán importante es que tus hijos tengan un padre que no tema ser el padre?*

CAPÍTULO SIETE

MENTIRAS QUE LOS HOMBRES CREEN ACERCA DEL

TRABAJO Y LA RIQUEZA

S u nombre era C. J. En realidad, nunca supe qué significaban esas letras. No importaba.

La casa donde C. J. y su esposa vivían era como algo de una revista de arquitectura. Estaba enclavada en las montañas de Carolina, pero no era una de esas estructuras rústicas de cabañas de madera que se ven a menudo en esas partes. No, esa casa era como algo del futuro. Vidrio, cromo, granito y maderas duras importadas estaban por todas partes. Las puertas del interior tenían más de tres metros de altura, y lo último en tecnología hacía que vivir en esa casa fuera tremendamente práctico.

Yo sentía gran respeto por la fortaleza empresarial y la visión comercial de C. J. En algún lugar en la maraña de un hombre con un gran ego estaba un individuo cuyo corazón veía de vez en cuando. Pero el trabajo y las posesiones de C. J. finalmente lo derribaron.

Su adorable esposa finalmente se cansó del violento orgullo y la pasión de él por más cosas y más grandes, y lo abandonó. Sus hijos adultos también se fueron, sin querer tener nada que ver con su padre desesperadamente chillón. Estoy seguro de que esto le destrozó el corazón, pero pronto C. J. se encontró en el siguiente proyecto descabellado, empezando otra empresa ya que la última se hizo pública, añadiendo más ceros a su ya creciente valor neto.

La última vez que oí hablar de C. J., estaba viviendo solo en su palacio. Esta es una triste historia.

La mentira más grande sobre el trabajo y la riqueza es que un trabajo prestigioso y mucho dinero hacen a un hombre. Seguramente la prueba de que esto es una mentira puede venir de hombres que tú y yo conocemos (o de los que sabemos). Hombres con hojas de vida impresionantes con quienes no querríamos pasar treinta segundos; hombres fabulosamente ricos cuyas vidas son pura tragedia.

PUEDES DISTINGUIR A ESOS TIPOS

Las fiestas vecinales son una realidad de vida. Casas abarrotadas con individuos que apenas se conocen, parados allí, conversando mientras revisan la sala en busca de personas más importantes con quienes relacionarse. Con los años he asistido a muchas de esas reuniones. Incluso he realizado un sinnúmero de ellas. Y después que los hombres leen el nombre en la identificación del otro, así es como casi toda conversación sigue:

«¿Qué haces?».

«Bien, ¿cuál es tu casa?».

Si el interrogador es alguien que observa, podría añadir: «¿Es tuyo ese Tahoe negro que he visto en el vecindario? Hermoso auto».

Un individuo que está claramente en contacto con su lado sensible puede incluso preguntar por la familia de otro hombre.

Un individuo que está claramente en contacto con su lado sensible puede incluso preguntar por la familia de otro hombre. Este tipo lo complacerá sacando el teléfono celular y mostrándole fotos recientes de su esposa y sus hijos. Quien comenzó la conversación observará ese teléfono y actuará interesado.

Luego está el hombre en esas fiestas que tiene poco tiempo o interés en alguien que no sea él mismo. No hace preguntas porque en realidad no le importa. Se mueve de persona en persona, asegurándose de que cada una sepa lo fabuloso, importante o rico que es.

Desde la primera vez que oí hablar de Nabal he pensado que debió haber sido esta clase de individuo. Su historia está en 1 Samuel en el Antiguo Testamento.

> **En Maón había un hombre que tenía su hacienda en Carmel, el cual era muy rico, y tenía tres mil ovejas y mil cabras. Y aconteció que estaba esquilando sus ovejas en Carmel. Y aquel varón se llamaba Nabal (25:2-3).**

El nombre Nabal significa «necio». Exactamente.

No se dice nada sobre qué clase de posesiones tenía Nabal en Carmel, pero ya que tenía tierras y ganado en Maón, está claro que era próspero. Buen trabajo, mucha riqueza. Y eso no es todo. Había más.

> **Y su esposa, Abigail, era una mujer sensata y hermosa (25:3, NTV).**

Así que Nabal tenía un trabajo significativo, mucho dinero, y una esposa con buen juicio y físicamente atractiva. El tipo debió haber estado en el propio paraíso. *«Pero»*, como sigue diciendo este versículo, había un inconveniente:

> **Pero Nabal era insolente y malo (25:3, PDT).**

¿En serio? Con todo lo que tenía, resulta que Nabal era un canalla egoísta y malhumorado. Y a medida que la historia se desarrolla descubrimos que también era ingrato. David (quien había sido ungido por Dios como el próximo rey de Israel, pero que huía de Saúl, el actual monarca en el trono, que intentaba matarlo) había protegido la tierra de Nabal, y este se había negado a preparar una comida para los soldados israelitas.

Después de haber sido el blanco de ataques anteriores de ira, cuando David recibió esta noticia ordenó a cuatrocientos de sus hombres que se le unieran armándose y preparándose para la batalla. ¿Próxima parada? Maón. Prepárate Nabal. Este va a ser un día infernal.

Por suerte para Nabal, su extraordinaria esposa se enteró del plan de David de terminar con Nabal.

Entonces Abigaíl tomó luego doscientos panes, dos cueros de vino, cinco ovejas guisadas, cinco medidas de grano tostado, cien racimos de uvas pasas, y doscientos panes de higos secos, y lo cargó todo en asnos (25:18).

El plan de Abigail era intentar aplacar la ira de David preparando una cena suntuosa para sus tropas. David cedió. Nabal se salvó. Misión cumplida.

¿Te has preguntado por qué el texto de la Biblia incluye historias como la de Nabal?

Sin embargo, cuando Abigail regresó a casa encontró a su marido borracho en una ruidosa juerga. A la mañana siguiente, cuando ella le explicó a Nabal lo que había hecho para salvarlo, él se enfureció y sufrió un severo derrame cerebral. Diez días después, murió.

PRUEBA A

¿Te has preguntado por qué el texto de la Biblia incluye historias como la de Nabal, un individuo prominente y acaudalado con una bella esposa, que cae muerto con una resaca y una actitud realmente mala? ¿Podría ser que Dios quiere que sepamos que un buen trabajo, un cuantioso saldo en nuestra cuenta bancaria y una esposa atractiva no son suficientes?

Jesús lo resumió cuando declaró:

¿Qué aprovechará al hombre si ganare todo el mundo, y perdiere su alma? (Mr. 8:36).

La nota al pie de esta declaración podría decir: «ver Nabal».

Relatada en el Evangelio de Lucas, Jesús contó una corta historia sobre otro hombre muy parecido a Nabal. Y a C. J. Ya que nací con una inclinación empresarial, me es imposible hacer caso omiso a esto.

[Jesús] les refirió una parábola, diciendo: La heredad de un hombre rico había producido mucho. Y él pensaba dentro de sí, diciendo: ¿Qué haré, porque no tengo dónde guardar mis frutos? Y dijo: Esto haré: derribaré mis graneros, y los edificaré mayores, y allí guardaré todos mis frutos y mis bienes; y diré a mi alma: Alma, muchos bienes tienes guardados para muchos años; repósate, come, bebe, regocíjate. Pero Dios le dijo: Necio, esta noche vienen a pedirte tu alma; y lo que has provisto, ¿de quién será? Así es el que hace para sí tesoro, y no es rico para con Dios (Lc. 12:16-21).

ADORACIÓN A COSAS RIDÍCULAS

Entonces, ¿por qué la Palabra de Dios nos advierte con tanta frecuencia y seriedad sobre los peligros asociados con la búsqueda de posición mundana y ganancia financiera? ¿Qué hay de malo con esas cosas?

En realidad, nada; en sí, no hay nada malo con eso. Pero cuando se obtienen riqueza y prestigio, a veces nuestros corazones también son atrapados. No es sobre el dinero que la Biblia nos advierte, el problema es el *amor al* dinero. Cuando esto sucede, hemos convertido algo bueno en un ídolo.

> *Cuando se obtienen riqueza y prestigio, a veces nuestros corazones también son atrapados.*

Cuando los israelitas migraron de Egipto a la tierra prometida, un viaje de cuatrocientos kilómetros que tardaron cuarenta años en realizar, Dios los instruyó respecto a lo que significaba amarlo y obedecerle de todo corazón. En cierta ocasión, Moisés fue a la cima del monte Sinaí para hablar con Dios. Se fue durante cuarenta días y cuarenta noches.

Los israelitas se impacientaron y quejaron, haciéndole una petición a Aarón, hermano de Moisés. «Levántate, haznos dioses que vayan delante de nosotros; porque a este Moisés, el varón que nos sacó de la tierra de Egipto, no sabemos qué le haya acontecido» (Éx. 32:1).

Por tanto, Aarón pidió al pueblo que recolectaran el oro de ellos y se lo llevaran. Si fuera en la actualidad, podría haberles dicho que le llevaran sus relojes, computadoras, joyas, dinero en efectivo, certificados de acciones, casas de verano y productos extranjeros. Esas cosas que poseemos que nos hacen sentir seguros.

Todo el oro fue derretido para hacer una imagen (un ídolo) con forma de becerro. Tal vez recuerdes esta historia, pero en caso de que no sea así, lo que sucedió cuando los israelitas vieron esta cantidad de oro en forma de becerro es sorprendente. Impensable. Se inclinaron y adoraron la imagen. Después de todos los milagros que su Dios había hecho por ellos a plena vista, neciamente oraron a ese pedazo inanimado de metal como si pudiera escucharlos. Y responderles.

Sus objetos de valor, sus joyas, sus cosas fueron fundidas en un ídolo. Y lo adoraron.

Si llegares a olvidarte de Jehová tu Dios y anduvieres en pos de dioses ajenos, y les sirvieres y a ellos te inclinares, yo lo afirmo hoy contra vosotros, que de cierto pereceréis (Dt. 8:19).

Nos recuerda a Nabal, ¿no es así? ¿Y quizá también a C. J.?

EL VERDADERO PROBLEMA

Antes que me sienta tentado a «pontificar» y a emitir juicios sobre hombres que están tentados a dejar que sus corazones se sientan atraídos por la posición y el dinero, y a lo que podrían comprar con mucho dinero, confieso la tentación de ser yo mismo ese individuo.

Constantemente debo recordarme lo que sé que es verdad sobre el dinero y lo que este puede comprar. Necesito la perspectiva de Dios en este asunto. ¿Quizá también tú?

Así que echémosle un vistazo de nuevo...

¿Es malo un buen trabajo? No.

¿Es malo tener dinero? No

¿Es malo vivir en una casa encantadora y conducir un auto bonito? No.

Pero ¿es muy malo amar demasiado estas cosas buenas? ¿Es peligroso experimentarlas sin entender que en realidad no nos hacen quiénes somos?

Sí. Absolutamente sí.

Tal vez el apóstol Pablo sabía algo sobre mis tentaciones con esto, o quizá tenía en mente un amigo como C. J. cuando escribió:

> El amor al dinero es la raíz de toda clase de mal; y algunas personas, en su intenso deseo por el dinero, se han desviado de la fe verdadera y se han causado muchas heridas dolorosas (1 Ti. 6:10, NTV).

Aquí está. Las mentiras que vamos a considerar tienen que ver con nuestro trabajo y nuestra riqueza. Tú y yo no somos inmunes a caer presa de estas mentiras. Por tanto, como el espadachín le dice a su oponente en la contienda, este es un buen momento para estar «en guardia».

26 · *«Ganar más dinero me hará más feliz».*

No crees realmente esta mentira, ¿verdad? Tú y yo quizá nunca la admitamos en público. Podríamos pensar que no la creemos. Pero la sutileza del diablo es tal que nos anima a creer cosas que nunca admitiríamos ante nosotros mismos o ante otros.

Decimos que no somos tan superficiales, que el dinero no puede comprar amor, que al morir no puedes llevarlo contigo, que más dinero significa más problemas. Pero si miramos nuestras vidas, si miramos aquello de lo cual hacemos una prioridad, vemos lo que realmente creemos, profundamente. La Biblia lo dice de este modo: «Cual es su pensamiento en su corazón, tal es él» (Pr. 23:7).

SOLO UN POCO MÁS

John D. Rockefeller al menos fue sincero consigo mismo. El fundador de Standard Oil fue el primer multimillonario estadounidense, y por un tiempo fue el hombre más rico del mundo. Se cuenta que un periodista le preguntó un día: «¿Cuánto dinero es suficiente?». Rockefeller respondió: «Solo un poco más».[1]

Parece tonto, ¿verdad? Para un hombre que tenía tanto, aún no estaba satisfecho.

A menos que consideremos esto: tú y yo probablemente estemos en el «uno por ciento». Es decir, es muy probable que seamos más ricos que el 99% de todas las personas que han vivido. Si tienes un auto (por abollado que esté), si tienes agua caliente corriente, tuberías internas y luces eléctricas, si tienes calefacción artificial en tu casa, estás disfrutando bendiciones que ni siquiera los reyes tuvieron hace menos de doscientos años.

> *La pobreza que sentimos no es la brecha entre lo que tenemos y lo que necesitamos, sino la brecha entre lo que tenemos y lo que queremos.*

Sin embargo, al igual que Rockefeller, no es suficiente. La pobreza que sentimos no es la brecha entre lo que tenemos y lo que necesitamos, sino la brecha entre lo que tenemos y lo que queremos. Mediante esta norma absurda, hasta Rockefeller era pobre.

El caso es que las cosas no son el problema. Es fácil creer que un auto mejor, una casa más bonita, un televisor más grande y de mayor definición alimentarán el hambre interior. Pero no lo harán ni pueden hacerlo. Tú y yo podemos encontrar satisfacción solo en el Dador de bendiciones. En el siglo IV, el obispo norafricano Agustín expresó esta verdad en una manera que ha demostrado ser eterna:

> Nos has hecho para ti, y nuestro corazón no halla sosiego hasta que encuentra la paz en ti.[2]

Cuando nos entregamos a la búsqueda de riqueza y de las cosas que esta puede comprar, somos como un hombre sediento que intenta calmar su sed bebiendo del océano. Mientras más bebe agua salada, más sediento se volverá.

LO ÚNICO QUE REALMENTE NECESITO ES MÁS GRATITUD

El dinero no nos dará felicidad. La gratitud sí. En Romanos 1, el apóstol Pablo nos apremia con la verdad de que todos los hombres son culpables delante de Dios. Sabemos que Él existe. Sabemos que no estamos a la altura de su norma. Sin embargo, lo que también sabemos es que fingimos que no conocemos esto. Suprimimos la verdad, tratando desesperadamente de sacarla de nuestras mentes. Pablo concluye así:

> **Habiendo conocido a Dios, no le glorificaron como a Dios, ni le dieron gracias, sino que se envanecieron en sus razonamientos, y su necio corazón fue entenebrecido (Ro. 1:21).**

Veamos esto de nuevo. No pasemos por alto el poder. El apóstol afirma que a pesar de lo que hemos sabido acerca de Dios, no le glorificamos como Él merece; tampoco le agradecemos por lo que ha hecho. Como resultado, nuestros pensamientos se vuelven «vanos» (RVA-2015).

El dinero no nos dará felicidad. La gratitud sí.

Seas quien seas, sea cual sea tu saldo bancario, dondequiera que trabajes y vivas, y conduzcas el auto que conduzcas, en comparación con la mayoría de los demás hombres del planeta Tierra, tú y yo somos enormemente ricos. Un corazón agradecido reconoce que nuestro Padre celestial es la fuente de la cual fluyen «toda buena dádiva y todo don perfecto» (Stg. 1:17), que todo lo que tenemos le pertenece, que simplemente somos mayordomos de esta riqueza... su riqueza. Él es quien determina qué tendremos y cómo lo tendremos. No conseguimos más por querer más, sino administrando bien lo que Dios ya nos ha dado y confiando en que nos proporcionará más si sabe que realmente necesitamos más para suplir nuestras necesidades.

No hace mucho tiempo tuve una conversación con un joven que trabaja para mi empresa. Le expresaba lo agradecido que estaba por el buen trabajo que realiza tan fielmente, día tras día.

Nos hallábamos en medio de una situación en que podíamos aumentar su salario solo un poco, y le dije que podíamos otorgarle un pequeño aumento.

«Estoy bien —contestó—. Dáselo a otro». Y luego añadió: «Mi esposa y yo tenemos suficiente. Y estamos agradecidos».

La respuesta de mi colega fue sorprendente entonces. Y sigue siéndolo.

La gratitud es una senda hacia la paz profunda e inquebrantable. Escucha esto por favor: no podemos estar agradecidos y resentidos al mismo tiempo. No podemos estar agradecidos y descontentos. O agradecidos y temerosos. Escogemos lo uno o lo otro.

> **La gratitud es una senda hacia la paz profunda e inquebrantable.**

Tú y yo podemos aprender de David, quien comenzó Salmos 23 de este modo: «El Señor es mi pastor; tengo todo lo que necesito» (23:1, NTV). David sigue festejando porque su Pastor lo guía por verdes pastos y aguas tranquilas. Pero incluso antes que se le den estas dádivas, él tiene todo lo que necesita, siempre que tenga al Señor como su pastor. Dios es bueno. Este mismo Pastor es en realidad suficiente.

| **LA VERDAD** | Si Jesús es todo lo que queremos, Él será todo lo que realmente necesitamos. Si un hombre fuera a cambiar todo lo que posee por Él, ese sería un sabio intercambio. |

REFLEXIONA: *Es natural creer que ganar más dinero es tu objetivo final. ¿Te describe esto? ¿Crees que tener más dinero te hará más feliz? ¿Por qué es falaz esta manera de pensar?*

  27   *«Cómo gasto mi tiempo es asunto mío».*

El otro día vi en línea un gráfico de administración del tiempo.[3] A partir de ahí resumí la manera en que imaginé cómo el hombre promedio pasaba sus horas cada semana. He aquí las suposiciones que hice para las 168 horas que tú y yo tenemos. Mira el modo en que esto cuadra con cómo gastas tu tiempo:

- •   40 — Trabajando (la semana laboral promedio)
- •   7,5 — Yendo al trabajo y volviendo (1,5 horas diarias)

- • 14 — Comiendo o preparando alimentos (2 horas diarias)
- • 56 — Durmiendo (suponiendo ocho horas por noche)
- • 7 — Otras actividades varias (una hora diaria de limpieza, otras labores por hacer, llevar a los niños a la escuela, etc.)
- • 124,5 — Total

Esto deja 43,5 horas semanales, de las que no se dice nada. Añadamos 7 horas para ducharme y vestirme, 7 horas de estudio bíblico y oración personal, 3 horas en la iglesia (adoración, ida y vuelta), 4 horas de lectura, 4 horas para conversar con mi esposa y mis hijas, y 2 horas para hacer el amor.

Eso totaliza 27 horas, lo que todavía deja 16,5 horas sin considerar. En otras palabras, tengo aproximadamente un día por semana de «tiempo libre».

¿Qué hago entonces con este día libre cada semana? ¿Y por qué importa?

El pintor impresionista francés Paul Gauguin (1848–1903) era conocido como un renegado dentro de la comunidad de artistas de su época. Entre sus pinturas al óleo más famosas se encontraba una que describe el viaje del hombre desde el nacimiento hasta la muerte. En lugar de tan solo firmar esta pintura como solía hacer, Gaugin escribió tres cortas preguntas en francés: «¿De dónde venimos? ¿Quiénes somos? ¿A dónde vamos?».

El pintor murió de cincuenta y cinco años como resultado de una vida de excesos. Parece que se fue a su propia tumba sin contestar estas preguntas.[4]

En contraste, esto es lo que la Palabra de Dios dice acerca de vivir y morir:

> **Ninguno de nosotros vive para sí, y ninguno muere para sí. Pues si vivimos, para el Señor vivimos; y si morimos, para el Señor morimos. Así pues, sea que vivamos, o que muramos, del Señor somos (Ro. 14:7-8).**

El Catecismo de la Nueva Ciudad pregunta: «¿Cuál es nuestra única esperanza en la vida y en la muerte?». La respuesta sigue:

Que no nos pertenecemos a nosotros mismos, sino que somos, en cuerpo y alma, en la vida y en la muerte, de Dios y de nuestro Salvador Jesucristo.[5]

Uno de los aspectos que caracterizan a los hombres como tú y yo, hombres con una perspectiva cristiana, es el modo en que vemos el paso del tiempo y el orden de los acontecimientos de la vida. Pensar «cristianamente» es afirmar «mis tiempos, oh Dios, están en tus manos».[6]

ADMINISTRADORES DEL TIEMPO

Así que volviendo al modo en que tú y yo pasamos nuestras 168 horas, también conocidas como «nuestros tiempos», tengo una pregunta que debemos considerar. ¿Listo? ¿Cuáles de estas horas le pertenecen a Dios? La respuesta debería ser clara.

Todas le pertenecen; somos administradores de todas y cada una.

En tu mano están mis tiempos; líbrame de la mano de mis enemigos y de mis perseguidores (Sal. 31:15).

El salmista pudo haber escrito: «Mis horas, todas las 168 de la semana, están en tus manos, oh Señor. Estas horas son un regalo tuyo. Y la manera en que gasto cada una es mi regalo para ti».

Algunos podrían razonar que quizá la respuesta rápida y obvia de que el tiempo le pertenece a Dios serían las diez horas que pasamos en la iglesia y los devocionales personales. Eso es bueno; pero no es la respuesta completa.

Cada una de nuestras actividades y tareas es una administración que viene de nuestro Creador. O como el apóstol Pablo resumió en su primera carta a la iglesia en Corinto: «Si, pues, coméis o bebéis, o hacéis otra cosa, hacedlo todo para la gloria de Dios» (10:31).

Durante muchos años las personas usaron pequeñas pulseras elásticas con las letras «QHJ» impresas en ellas: «¿Qué haría Jesús?». En cuanto a cómo pasamos nuestro tiempo, incluso nuestro tiempo «libre», mi pregunta sería parecida, QHJ: «¿Qué *hizo* Jesús?». ¿Cómo pasó sus 168 horas?

Mientras escapaba de la ciudad de Jerusalén, donde sus enemigos habían amenazado con matarlo, Jesús pasó junto a un hombre ciego. Sus discípulos le hicieron una pregunta sobre por qué el hombre estaba en esa condición. La respuesta de Jesús parece un cambio de tema, pero no lo es.

> Me es necesario hacer las obras del que me envió, entre tanto que el día dura; la noche viene, cuando nadie puede trabajar (Jn. 9:4).

Jesús estaba diciendo «Cuando el sol brilla y hay trabajo por hacer, trabaja».

También estaba diciendo que, pase lo que pase, el ocaso está en camino. El día terminará. Ahí es cuando lo que hacemos en la luz del sol habrá terminado. No habrá más oportunidades de hacer alguna otra cosa.

Había que atender a un ciego, y Jesús lo curó. Pero después de este milagro y de un terrible encuentro con dirigentes religiosos en el templo, la Biblia nos dice lo que Jesús hizo a continuación con su tiempo libre:

> Se fue de nuevo al otro lado del Jordán, al lugar donde primero había estado bautizando Juan; y se quedó allí (Jn. 10:40).

Lo que tú y yo hacemos con nuestro «tiempo libre» puede decir más acerca de nosotros que lo que hacemos con nuestro «tiempo productivo». Este es un gran reto, ¿verdad?

Nuestro tiempo, todo, le pertenece a Dios.

LA VERDAD

Si le pertenecemos a Dios, todas nuestras horas, incluidas aquellas en que no hemos planeado nada, le pertenecen a Él.

REFLEXIONA: *¿Cuáles son algunos desperdiciadores de tiempo en tu vida? ¿Qué pasos prácticos podrías dar para honrar a Dios con tu tiempo?*

«No soy responsable de proveer para mi esposa y mi familia».

Dadas las tremendas presiones que son parte integrante de «apegarnos» a las responsabilidades en el hogar, denominemos a lo que muchos hombres enfrentan hoy día en casa como la tentación de abdicar. Es algo real. Si no para ti, para muchos de tus amigos. Solo mira alrededor.

Según Dictionary.com, en 1975 un sustantivo completamente nuevo entró al léxico inglés. Esa nueva palabra se define como «un padre que descuida sus responsabilidades de padre».[7]

La palabra es *deadbeat* (irresponsable), y la mayoría de las veces se usa para un papá que renuncia a su papel dado por Dios como proveedor para su familia.

> *Parece muy grave descuidar las necesidades de tu familia. Lo es.*

¿Podría esto describirnos a ti y a mí?

Por supuesto, harás una mueca ante esta idea, ya que «deadbeat» se usa a menudo para describir a hombres que se niegan a pagar la pensión alimenticia después de divorciarse de la madre de los hijos. Pero actualmente, según mi diccionario por la Internet, esa es la segunda definición. La primera es simplemente un papá que decide no ser... el papá.

Una vez más, ¿es posible que esto nos describa a ti y a mí?

He aquí lo que el apóstol Pablo declara sobre un hombre y su papel como proveedor:

> **Si alguno no provee para los suyos, y mayormente para los de su casa, ha negado la fe, y es peor que un incrédulo (1 Ti. 5:8).**

Parece muy grave descuidar las necesidades de tu familia. Lo es.

Bueno, esta responsabilidad de proveer no significa que tú y yo hagamos todo el trabajo que se requiere para cuidar de nuestra casa y familia. Y no necesariamente significa que seamos los únicos que aportamos ingresos a las arcas familiares. Las esposas y mamás pueden y deben contribuir al bienestar de la familia en varias maneras.

Sin embargo, tú y yo tenemos exclusivamente la responsabilidad final delante de Dios por asegurarnos de que estén satisfechas las necesidades de nuestra familia y de supervisar ese aspecto. Tu esposa podría tener un sueldo mayor que el tuyo, pero tú eres responsable. Tú y yo tenemos un sentido innato de que esto es bueno y correcto.

En algunas situaciones tal vez no sea posible para un hombre satisfacer esta responsabilidad. Quizá esté discapacitado en algún modo o haya otras circunstancias atenuantes. En tales casos, Dios proveerá por otros medios. Pero un hombre de Dios sentirá el peso de esta responsabilidad y mirará hacia Dios en busca de sabiduría y gracia para cumplirla.

Por tanto, ¿cómo se consigue esto? Buena pregunta.

¿ERES UN INTERRUPTOR DE CICLO?

Puede que hayas sido tan afortunado de tener un papá que proveía para tu familia, un hombre que apreciaba a tu madre y era un buen ejemplo para ti, y cuya disciplina era justa y coherente. Esta es una bendición especial, ya que tienes un buen ejemplo a seguir. También es la mejor manera de aprender. Sabes lo que significa ser buen esposo y padre.

Y quieres ser como él.

Pero tal vez tu papá fue un «irresponsable». Proveía poco o nada a manera de ejemplo. Era cualquier cosa menos proveedor para las necesidades de tu familia. Nunca has dicho que quieres ser como él. (Quizá tu padre estuvo totalmente ausente de tu vida). Esta es una manera difícil de aprender.

> *Su profundo conocimiento de los Proverbios le dio las herramientas necesarias para ser un proveedor más que capaz en los negocios y el hogar.*

Te dices: «No quiero ser como papá». Tu reto mayor es ser un «interruptor de ciclo».

Tuve el privilegio de contar con un papá que constantemente modelaba lo que era ser un proveedor fiel, asegurándose de que las necesidades de su familia fueran satisfechas. Muchas veces, a lo largo de mis años, me he recordado las muchas cosas buenas que Samuel Wolgemuth hizo en este papel.

Mi esposa Nancy tuvo el mismo privilegio. Es más, a fin de recibir sus órdenes de marcha como proveedor de la familia, cada día su padre, Art DeMoss, leía su Biblia, y esto incluía un capítulo de los Proverbios.[8] Hay treinta y uno de ellos, por lo que el libro duraba un mes. Cuando llegaba al final de su lectura y empezaba un nuevo mes, regresaba y los leía otra vez.

Aunque nunca conocí a Art DeMoss, su legado de fidelidad es conocido en todo el mundo. Es más, su profundo conocimiento de los Proverbios le dio las herramientas necesarias para ser un proveedor más que capaz en los negocios y el hogar.

Nuestra responsabilidad de proveer para nuestras familias no puede abandonarse.

UN REPARTIDOR DE PIZZA ME MOSTRÓ CÓMO

Si Jon Schrader no fuera mi yerno, aún me sorprendería la historia que voy a contarte. Pero el hecho de que Jon esté casado con mi hija Missy, y que sea el padre de tres de mis nietos, hace el siguiente relato aún más poderoso para mí.

Jon recibió su licenciatura en tecnología informática (TI) en la Universidad Taylor, mi alma máter y un instituto con gran reputación por su alta calidad de estudios. Después de graduarse de Taylor, Jon se mudó a Charlotte, Carolina del Norte, encontró una iglesia maravillosa, consiguió un excelente trabajo, se enamoró de Missy, se casó con ella, y echó raíces.

Gracias a su generoso empleador que le pagó la matrícula, Jon se unió a la Universidad Queens, encontrando tiempo para estudiar además de trabajar a tiempo completo, y obtuvo su maestría en dos años.

Mientras tanto comenzaron a llegar los niños y, dolorosamente, Jon se dio cuenta de que, al aumentar los gastos de la vida diaria, él y Missy necesitaban más ingresos.

Tan brillante como Jon era, y es, había algo que sabía con seguridad: proveer para su familia no era negociable. Esa era su responsabilidad y no podía esquivarla.

Así que tomó un trabajo nocturno como repartidor de pizza. Las horas eran bastante flexibles como para que pudiera cenar con su familia antes de salir corriendo para la pizzería a recibir sus pedidos y llevar la recompensa a sus hambrientos y ansiosos clientes.

Son estupendos los relatos que Jon nos contaría luego acerca de la generosidad de algunos de sus clientes cuando se encontraban con este joven notablemente brillante parado en sus porches delanteros sosteniendo una pizza caliente y fresca. (Algunos no eran tan fabulosos).

> **Esta es la manera en que los proveedores ayudan a sus hijos a aprender a ser algún día los proveedores de sus propias familias.**

Si le preguntaras a Missy qué significaba para ella que su esposo profesionalmente formado y con un posgrado tomara en serio su trabajo como proveedor de su familia, te lo diría claramente.

Y a medida que los hijos de Jon crecían, se dio cuenta de que proveer para la familia era algo que podía manejarse... y darse a conocer. Parte del secreto de proveer competentemente era la alegría de dar a su descendencia «un poco de acción».

Por tanto, Jon y Missy ayudaron a sus hijos a participar en el funcionamiento del hogar. Ya sabes... has oído de estas... tareas. Esta es la manera en que los proveedores ayudan a sus hijos a aprender a ser algún día los proveedores de sus propias familias.

HACE UN SIGLO

Mis antepasados eran agricultores. Y los hijos de los agricultores eran mano de obra gratuita. Mano de obra agrícola. A los padres realmente no les importaba si ordeñar vacas o lanzar fardos de heno en una carreta era parte del conjunto de habilidades de sus hijos. En realidad, no importaba si su hijo prefería tocar el piano o pintar en un caballete que sacar la suciedad del establo. Había trabajo que hacer en la granja, así que todos colaboraban.

Si pudiera retroceder más o menos a ese siglo, te haría una sugerencia que creo que todavía es cierta: cada miembro de tu familia debería tener la oportunidad de trabajar en casa, de contribuir al bienestar de la familia.

Sí, tienes la responsabilidad de proveer para tu familia. Pero puedes difundir alrededor y entre tus hijos la alegría de «ser dueños». Esto puede requerir algo de creatividad y esfuerzo extra, pero les enseñará lecciones valiosas sobre la importancia del trabajo, y los preparará para ser adultos responsables y trabajadores que también les guste servir a sus familias. Nuestros hogares pueden ser un ensayo general en preparar a nuestros hijos para triunfar en el futuro.

> *Nuestros hogares pueden ser un ensayo general en preparar a nuestros hijos para triunfar en el futuro.*

OTRAS CLASES DE PROVISIÓN

Antes de dejar esta idea de tu papel como proveedor para tu familia, mencionaré rápidamente que la provisión abarca más que solo apoyo económico y cosas relacionadas con comodidades para la familia. La provisión viene en diferentes formas y tamaños.

Una primavera encontré una pequeña parcela y decidí hacer un huerto. Había admirado pequeños huertos privados y parecían interesantes y muy sencillos de llevar a cabo. La tierra estaba al lado de mi oficina, y obtuve permiso del propietario para cultivar casi veinte metros cuadrados de la exuberante tierra de Illinois.

Debiste haberlo visto. Calabazas, frijoles, tomates, pepinos, incluso algo de maíz.

Ese año las primeras semanas de la estación proporcionaron la cantidad justa de lluvia y sol. Mi huerto floreció.

Sin embargo, por desgracia, la lluvia dejó de caer y el calor se volvió casi insoportable. Tuve que llevar agua a mi huerto en pesados baldes. El sudor se filtraba a través de mi buena ropa de oficina mientras intentaba sustentar las plantas. A medida que pasaban los días, mi entusiasmo disminuía. Luego se acabó. Mis plantas que una vez fueron fuertes comenzaron a marchitarse. Entonces se volvieron de color café. Después murieron.

Por tanto, ese fue mi regreso a la tienda de comestibles.

Sin embargo, ¿qué si yo le hubiera dado un discurso a mi moribundo huerto? «Mírense. ¿Qué les pasa, están todas marchitas y descoloridas? Qué vergüenza me dan».

Desde luego, eso es ridículo. ¿Por qué? Porque ese huerto era mi responsabilidad. Era mi deber atenderlo y cuidarlo.

He aquí el modo en que el apóstol Pablo enfocó nuestra responsabilidad de proveer:

> Padres, no provoquéis a ira a vuestros hijos, sino criadlos en disciplina y amonestación del Señor (Ef. 6:4).

La palabra que describe nuestra provisión para nuestras familias es «disciplina». Otras traducciones usan *enseñanzas, instrucción* o *corrección*. Me gusta la palabra «instrucción» de algunas versiones.

Por tanto, esta provisión significa regar, desyerbar, fertilizar... como proporcionar instrucción espiritual, emocional y relacional. Significa estar alerta y atento a las necesidades de nuestras esposas e hijos, y pedir al Señor que nos muestre cómo esas necesidades pueden suplirse mejor. Este es nuestro llamado. Nuestro privilegio. Instruimos a nuestra familia, cuerpo, alma y espíritu... no se trata solo de alimento, albergue y vestido.

LA VERDAD

Nuestro trabajo dado por Dios es servir como proveedores a nuestras familias. Por medio de nuestro ejemplo podemos mostrarles que tienen un Padre celestial en quien se puede confiar para satisfacer sus necesidades.

REFLEXIONA: *Ser el proveedor principal de tu familia puede representar buenas y malas noticias. ¿Cuándo son buenas noticias? ¿Cuándo son malas? ¿Cómo puedes desempeñarte mejor en cuanto a ser el proveedor de tu familia?*

29 *«Mi fe y mi trabajo no se relacionan».*

A veces las canciones que entonábamos de niños en la iglesia confinaban constantemente a hombres bíblicos como caricaturas. Como esta melodía:

Zaqueo era un hombrecito así
Pequeñito en verdad
Entonces él a un sicomoro subió,
Para poder ver a Jesús.

Así que pensamos siempre que Zaqueo es un enano. Un duende. Un pigmeo. Sin embargo, ¿conoces toda su historia? Este hombre es cualquier cosa menos una rima tonta encerrada en una melodía pegajosa.

El Evangelio de Lucas nos dice que, cuando Jesús entró en Jerusalén, Zaqueo trepó a un árbol para ver mejor. Aunque pudo haber sido de baja estatura, a Zaqueo no le faltaba prestigio. Era jefe de recaudadores de impuestos, nos informa Lucas, y muy rico. Al verlo en el árbol, Jesús le dijo que bajara rápidamente porque le gustaría pasar la noche en su casa. ¿Puedes imaginar?

No obstante, ese no es el final de la historia. Después de estar con Jesús, y de que la manera de pensar de Zaqueo regresara a un fundamento sólido, le declaró

> *Aunque pudo haber sido de baja estatura, a Zaqueo no le faltaba prestigio.*

a Cristo: «He aquí, Señor, la mitad de mis bienes doy a los pobres; y si en algo he defraudado a alguno, se lo devuelvo cuadruplicado» (Lc. 19:8).

Zaqueo, este hombre de baja estatura, es el mejor ejemplo del hecho inquietante de que a Jesús se le conociera por juntarse con pecadores reconocidos. Las personas se molestaron con el Salvador cuando anunció sus planes de alojarse con Zaqueo.

Sin embargo, Zaqueo no era simplemente un pecador famoso. Como llegó a saberse, era un famoso pecador *arrepentido*, y demostró serlo. Hizo lo correcto al mostrar de inmediato que su devoción hacia Cristo afectaría todos los aspectos de su vida, incluidos su billetera y trabajo. Comprendió que Jesús no estaba pidiéndole ser simplemente un Señor invisible de una diminuta fracción de su vida, sino que deseaba enseñorear sobre todo lo que Zaqueo era y hacía.

> *A la cultura general no le importa mucho lo que creamos en la privacidad de nuestros corazones, pero cada vez es más resistente a que demos a conocer nuestra fe en público.*

En nuestra cultura cada vez más secularizada, tú y yo sentimos la presión de aislar nuestra fe, de mantenerla en segundo plano. Oculta. A la cultura general no le importa mucho lo que creamos en la privacidad de nuestros corazones, pero cada vez es más resistente a que demos a conocer nuestra fe en público.

Por supuesto, Jesús tenía una interpretación diferente de esto. Es más, encuadró su mensaje verbal más famoso, el Sermón del Monte, cuando nos lanzó este reto de que nuestro amor por Él y nuestra fe se hicieran públicos:

> Vosotros sois la luz del mundo; una ciudad asentada sobre un monte no se puede esconder. Ni se enciende una luz y se pone debajo de un almud, sino sobre el candelero, y alumbra a todos los que están en casa. Así alumbre vuestra luz delante de los hombres, para que vean vuestras buenas obras, y glorifiquen a vuestro Padre que está en los cielos (Mt. 5:14-16).

En su apologética clásica, *El peso de la gloria*, C. S. Lewis aclaró cómo funciona esto:

> *Cuando el mundo moderno nos dice en voz alta: «Puedes ser religioso cuando estés solo», agrega en voz baja: «Y nos encargaremos de que nunca estés solo».*[9]

La verdad es que nunca estamos solos. Como ya mencioné, vivimos *coram Deo*: delante del rostro de Dios. Reconozcámoslo o no, el Dios soberano es nuestra compañía constante.

Dicho esto, integrar nuestra fe y nuestro trabajo no significa que hagamos un espectáculo de nuestras oraciones ni que hostiguemos a nuestros compañeros de trabajo con literatura del evangelio.

Martín Lutero dijo que un zapatero cristiano no es aquel que graba pequeñas cruces en zapatos, sino el que hace zapatos excelentes y trata con honestidad a sus clientes.[10] ¿No te agrada eso?

El apóstol Pablo expresó un punto de vista similar:

> Todo lo que hagáis, hacedlo de corazón, como para el Señor y no para los hombres; sabiendo que del Señor recibiréis la recompensa de la herencia, porque a Cristo el Señor servís (Col. 3:23-24).

TRABAJO... DESDE EL PRINCIPIO

Cuando tú y yo pensamos en Adán viviendo en el huerto del Edén, es fácil imaginarlo relajado las veinticuatro horas del día. Nos imaginamos una hamaca suspendida entre dos árboles y el primer hombre de la historia pasando allí sus días y noches. Pero esa no es la imagen que la Biblia nos ofrece. Considera lo siguiente:

> Dios el Señor tomó al hombre y lo puso en el huerto de Edén, para que lo *cultivara* y lo *cuidara* (Gn. 2:15, RVC).

No sabemos exactamente qué aspecto tenía ese «trabajo», pero está claro que el plan de Dios no era que Adán fuera un tonto desnudo comiendo fruta y haciendo siestas.

No sabemos exactamente qué aspecto tenía ese «trabajo», pero está claro que el plan de Dios no era que Adán fuera un tonto desnudo comiendo fruta y haciendo siestas. No, su trabajo era «cultivar» y «cuidar» ese huerto.

La descripción del trabajo de Adán era cultivar o atender el huerto y vigilarlo, mostrando sus papeles como proveedor y protector. Desde

183

luego, esto fue antes de la caída, por lo que su trabajo no era arduo, sino un medio para glorificar al Creador.

Después que Adán y Eva pecaron, Dios les impuso consecuencias específicas de género. Para la mujer fue en el ámbito de su responsabilidad como madre y cuidadora: habría dolor asociado con la maternidad (Gn. 3:16).

La consecuencia para el hombre fue en el ámbito de su responsabilidad de proveer: habría dolor, espinas, cardos y labor ardua asociada con sus esfuerzos por trabajar la tierra (Gn. 3:17-19).

En otras palabras, el pecado de Adán transformó su vocación de artista floral en campesino. Su trabajo principal no consistiría simplemente en cortar flores para la mesa del comedor, sino en luchar por la comida desde ese suelo obstinado para esa misma mesa.

> *Pero sea como sea... florista o experto en negocios, nuestro trabajo es bendito. Es bueno.*

Pero sea como sea... florista o experto en negocios, nuestro trabajo es bendito. Es bueno. Y es para el placer de nuestro Dios, quien está redimiendo este mundo quebrantado y renovando todas las cosas.

Es más, hay una cualidad redentora en nuestro trabajo. Durante el verano «redimimos» nuestro descuidado césped cortándolo y recortándolo. «Redimimos» nuestros rebeldes setos para que vuelvan a estar en forma. Sacamos las malezas de nuestros jardines.[11]

Arreglamos objetos rotos. Construimos nuevas cosas. Cambiamos el aceite de nuestro auto. Hacemos entregas. Vemos pacientes. Manejamos subalternos. Creamos planes de mercadeo para convertir plataformas rodantes de productos en ingresos para que nuestra familia pueda sobrevivir.

Nuestro trabajo es bueno. Importa. Y *cómo* trabajamos también importa. No podemos dejar nuestra fe en la puerta del almacén o en el ascensor de la oficina. Si pudiéramos poner en «cuarentena» nuestra relación con Dios en lo que hacemos cada día de 9 a 5, esta sería una buena señal de que, quizá, en realidad no tenemos absolutamente ninguna relación con Él. Honestidad, integridad, diligencia, estas son las características que nuestro Hacedor nos pide llevar a nuestras labores. Son el fruto de su obra en nosotros; son su obra a través de nosotros.

El apóstol Pablo resumió de este modo el propósito, el objetivo de todas nuestras actividades:

Ya sea que coman o beban o hagan cualquier otra cosa, háganlo todo para la gloria de Dios (1 Co. 10:31, NVI).

Es más, creo que tú y yo podemos parafrasear este invaluable texto sin distorsionar su significado. Podríamos declarar: «Ya sea que coman, beban, entreguen paquetes, dirijan una corporación, pastoreen una iglesia o traten pacientes en el hospital... háganlo todo para la gloria de Dios».

CONDUCTOR AGRESIVO ARREPENTIDO

He pasado la mayor parte de mi carrera profesional en el negocio de publicar libros. Con los años he tenido el placer de conocer hombres y mujeres maravillosos que han vivido este principio de Zaqueo de «hacer todo para la gloria de Dios». El finado Lloyd Johnson fue para mí uno de los más especiales. Me contó esta historia apenas unos meses después que sucediera.

Lloyd y su hijo Tim eran dueños de una de las principales librerías cristianas en Estados Unidos: *The Better Book Room* en Wichita, Kansas. Temprano una mañana, Lloyd tenía el encargo de llevar rosquillas para su equipo. Así que en su camino al trabajo estacionó su auto en su panadería favorita. Después de asegurar la dosis de azúcar para sus asociados, Lloyd sacó su auto de vuelta a la calle.

> *Cuando llegó a la librería para empezar a trabajar, Lloyd no se podía sacudir la angustia por lo que había hecho.*

Al parecer, a un vehículo que pasaba por allí no le gustó la maniobra potencialmente traicionera de

Lloyd y se puso a tocarle la bocina. No fue solo un toque amistoso, sino uno de esos fuertes y furiosos bocinazos.

Esto alarmó y enfureció tanto a Lloyd que levantó el puño y le gritó al conductor ofensivo. Ambos siguieron conduciendo. Ningún daño, ningún mal. ¿O sí?

Cuando llegó a la librería para empezar a trabajar, Lloyd no se podía sacudir la angustia por lo que había hecho. Me contó que el Señor estaba llamándole la atención. Así que pasó el resto del día tratando de recordar la marca, el modelo, el color del auto y el rostro del conductor e investigó todas las vías posibles para localizarlo.

Increíblemente, Lloyd encontró al individuo. Vivir su vida adulta en ese pueblo pequeño ayudó. Lloyd llamó al hombre, se identificó como la persona que le había bloqueado el tráfico esa mañana y le había gritado iracundo.

«¿Estaría bien si le hago una corta visita?», preguntó Lloyd al sorprendido individuo.

Y eso es lo que hizo. Más o menos una hora después, Lloyd Johnson estaba sentado en la oficina de un comerciante local confesando su furioso arrebato dirigido al hombre y pidiéndole perdón.

Luego Lloyd le habló de Jesús y de cómo el amor y la gracia divina lo salvaron y le dieron un corazón nuevo... un corazón suficientemente nuevo para hacer bien las cosas.

«¿Puedo yo también conocer a este Jesús?», preguntó el comerciante. Y así Lloyd guio en oración a este nuevo amigo al trono de la gracia. En ese momento, los pecados de esta persona fueron perdonados y quedó resuelto el problema de su hogar eterno.

Cuando considero las implicaciones de llevar en el trabajo una vida coherente con mi fe, siempre pienso en esta anécdota. Y en este ejemplo. Gracias Lloyd.

Zaqueo no solo hizo lo correcto; al igual que Lloyd Johnson, su fe afectó su vida, familia y trabajo. Y hasta donde sabemos, Zaqueo no renunció a su trabajo como publicano. Sin embargo, ¿sabías que a la mañana siguiente fue a trabajar con una perspectiva totalmente nueva acerca de sus labores? El mismo trabajo, pero un individuo renovado.

Si alguno está en Cristo, nueva criatura es; las cosas viejas pasaron; he aquí todas son hechas nuevas (2 Co. 5:17).

| **LA VERDAD** | **Nuestra fe y nuestro trabajo no pueden dividirse en categorías; fielmente debemos servir a Dios y a otros en todo lo que hacemos.** |

REFLEXIONA: *¿De qué maneras puedes honrar a Dios en tu ocupación?*

«*No puedo dar más dinero*».

Permíteme ir directamente al grano en esto y luego dar marcha atrás un poco. Esta mentira tiene que ver con la falta de generosidad. Si eres naturalmente una persona tacaña, si en tu ADN tienes cosida la «mezquindad», las páginas siguientes tienen tu nombre.

Y si no crees que eres mezquino (si en realidad te calificas muy decentemente en generosidad), las próximas páginas también son para ti. A veces estamos ciegos a nuestras propias deficiencias.

Sea como sea, quizá quieras abrocharte el cinturón de seguridad.

Si no estás viviendo como un hombre con las manos abiertas, finalmente te hartarás de tu propia acumulación. Pero cuando aprendas la alegría absoluta de dar, encontrarás un nuevo nivel de felicidad que nunca creíste posible.

Sé que esto parece una locura, pero con los años he aprendido a detectar personas ricas. Por supuesto, tienen las baratijas habituales: autos importados estacionados en el garaje, relojes Rolex, casas de verano, un gran barco en el lago, que la gente rica a veces se obsequia. Esas cosas son fáciles de ver. Pero hay otra manera de detectar a alguien rico: a menudo dice «sí» a oportunidades de dar regalos a otros, aunque, desde luego, muchas personas con menos medios también son generosas con sus recursos.

Hubo uno de tales hombres «ricos» que nunca olvidaré. Yo era adolescente y viajaba con mi padre, quien trabajaba en un ministerio de jóvenes y pasaba tiempo en la carretera visitando «amigos del ministerio». Donantes. Estas eran personas que ponían a disposición sus recursos para «la obra del Señor».

Habíamos viajado al oeste de Michigan para conocer a un extraordinario tipo italiano de segunda generación llamado Billy Zeoli. Recuerdo cómo este hombre me trató... yo solo era un callado adolescente en su mundo de hombres importantes.

Para Billy, yo no pude haber sido más emocionante que un fondo de pantalla. Pero me habló como si yo fuera su igual. Nunca olvidaré lo bien que me hizo sentir.

No obstante, por maravilloso que esto fuera, no resultó ser lo que más me gustó de este extraordinario hombre en particular. Recuerdo que me impresionó lo rico que Billy era. Desde luego, no tuve acceso a su balance general personal, pero mi corazonada se confirmó cuando llegamos al aeropuerto de Grand Rapids.

Nuestro vehículo se detuvo frente a la zona de entrega de equipajes y Billy se bajó para ayudar al empleado con el equipaje. Tras meter la mano en el bolsillo, Billy le entregó un billete de cinco dólares, una enorme propina en esa época, especialmente debido a que Billy también estuvo ayudándole a sacar las maletas del maletero. Nunca olvidaré la mirada agradecida en la cara del empleado y la alegría que parecía irradiar de Billy mientras apretaba el dinero dentro de la mano del empleado.

Recuerdo haber pensado: *¡Billy Zeoli debe ser un hombre rico!*

Ahora que ya no soy adolescente he pensado muchas veces cómo este momento me afectó en forma indeleble. En realidad, ese pudo haber sido el último billete de cinco dólares de Billy. El saldo en su cuenta corriente pudo haber sido ínfimo. Pero, debido a que era generoso, al regalar a este manejador de equipaje esta clase de obsequio, supe con seguridad que ahí estaba un hombre rico.

Al hacerme mayor y aceptar la realidad y seguridad de mi propia muerte, a menudo he revivido una amonestación que escuché por primera vez al gurú financiero de renombre mundial Ron Blue: «Haz tu donativo mientras vivas, para que sepas a dónde va».

¿Significa esto que no debo tener reservas económicas a largo plazo? No, no significa eso. Pero cuando mi esposa y mis hijas ven en su esposo y padre a un hombre que no se aferra a sus recursos, espero que se sientan inspiradas a hacer lo mismo. Y este obsequio que les das les producirá alegría. También serán ricas.

Nuevamente, visitemos al apóstol Pablo en este caso. Mientras se alistaba para viajar a la siguiente ciudad hizo una visita final a sus amigos ancianos en Éfeso. Les recordó el regalo de la generosidad y el estilo sacrificial de vida:

> *Cuando mi esposa y mis hijas ven en su esposo y padre a un hombre que no se aferra a sus recursos, espero que se sientan inspiradas a hacer lo mismo.*

> **En todo os he enseñado que, trabajando así, se debe ayudar a los necesitados, y recordar las palabras del Señor Jesús, que dijo: Más bienaventurado es dar que recibir (Hch. 20:35).**

Es probable que tengas anécdotas como esta de tu propia vida de cuando fuiste generoso y debido a eso recibiste esa «bendición».

Al igual que Billy Zeoli, el conocido autor y consejero, el difunto doctor Gary Smalley, también era un dador generoso. En comparación con hombres realmente ricos, a Gary no lo habrían considerado en el escalón más elevado de ricos del club campestre en su pueblo, pero, desde su propia perspectiva, Gary tenía más de lo que necesitaba.

Una de sus actividades favoritas era visitar el Walmart local y recorrer los pasillos buscando a alguien a quién bendecir. Cuando divisaba un comprador empujando un carrito lleno que parecía como si también pudiera haber estado presionando los límites de su capacidad financiera para pagar sus compras, Gary esperaba hasta que esa persona seleccionara una fila de pago.

Entonces, sin que el comprador se diera cuenta, Gary se deslizaba hasta el cajero y le pasaba su tarjeta de crédito. Susurraba al empleado,

> *Sin que el comprador se diera cuenta, Gary se deslizaba hasta el cajero y le pasaba su tarjeta de crédito.*

señalándole el cliente que había seleccionado: «Cuando hayas terminado de registrar la compra de esa persona, dile por favor que alguien no identificado ya pagó toda su cuenta. Dile también que Dios le ama». Entonces Gary encontraba un lugar donde nadie pudiera verlo, para observar desde cierta distancia el instante en que la alegría se desplegaba. Gary Smalley era realmente un hombre rico.

Ahí lo tienes. Aprender a ser generosos produce bendición y alegría, no solo al receptor del regalo, sino aún más al dador. Esto es algo que tú y yo podemos hacer.

LA VERDAD

No podemos darnos el lujo de *no* ser generosos con otras personas. Esto las bendice. Y nos bendice.

REFLEXIONA: *¿Eres generoso? ¿Cómo lo demuestras? Por ejemplo, ¿sueles dar buenas propinas? Si no es así, ¿por qué? Si es así, ¿cuán satisfactoria es esta clase de generosidad? ¿Por qué deberías ser generoso? ¿Qué tan generoso eres con tus expresiones de gratitud hacia tu esposa, tus hijos, tu jefe, tus compañeros, tus amigos?*

CAPÍTULO OCHO

MENTIRAS QUE LOS HOMBRES CREEN ACERCA DE LAS
CIRCUNSTANCIAS

A l haber pasado la mayor parte de mi infancia en la región de Chicago, he sido fanático de todos los equipos profesionales provenientes de la Ciudad de los Vientos. La mayor parte de esto ha sido un estudio en paciencia y resignación, aunque ha habido excepciones... como los Osos a mediados de la década de los ochenta, los Toros en la década de los noventa, los Halcones Negros en el 2010 y el 2015, y por supuesto, los Cachorros en el 2016.

De pequeño, mi vida personal de oración creció a pasos agigantados cada vez que uno de estos equipos mencionados jugaba un partido decisivo contra un rival importante. No era suficientemente maduro para orar para que Dios fuera glorificado o para que nadie saliera gravemente lesionado. No. Le pedía a Dios que se encargara de que ganara mi equipo.

Entonces algo empezó a abrirse paso en mí. ¿Y si hubiera un niño pequeño, igual que yo, que amara a los adversarios del modo en que yo amaba a mi equipo? ¿Y si él estuviera pidiendo a Dios lo mismo que yo pedía? ¿Cómo resolvería Dios eso?

Mi confusión mejoró cuando recordé una parte obvia de la ecuación

> *«Desde luego que Job es un buen hombre —pareció expresar Satanás—. Él sabe muy bien dónde está lo bueno».*

que había omitido. ¡Sin duda solo un niñito pagano podía apoyar a nuestros viles rivales!

Como adulto, aún me importa demasiado el resultado de un partido de fútbol. Pero cuando mi equipo pierde, trato de recordar que en alguna parte en otra ciudad hay un hombre igual que yo muy feliz porque su equipo ganó. He tratado de no vincular muy estrechamente mi alegría personal al resultado de un partido.

UNA CONTIENDA MÁS SERIA

¿Qué pasaría si, en lugar de rivales en el campo de juego, la lucha fuera entre Dios y Satanás? El libro de Job nos habla de un día en que Satanás se presentó delante de Dios y comenzaron a hablar. En lo que inicialmente parece una conversación que tú y yo podemos entablar con un viejo amigo en el estacionamiento de un centro comercial, Dios le preguntó a Satanás qué había estado haciendo. El diablo le contestó que había estado recorriendo la tierra de un lado al otro.

> Jehová dijo a Satanás: ¿No has considerado a mi siervo Job, que no hay otro como él en la tierra, varón perfecto y recto, temeroso de Dios y apartado del mal? (Job 1:8).

Satanás se apresuró a resaltar lo obvio. Job era un hombre piadoso. Dios le había colmado de grandes bendiciones. Parecía que este hombre, y el equipo que animaba, ganaban todos los partidos. Job era sano y poseía grandes riquezas. Tenía una familia grande y amorosa. «Desde luego que Job es un buen hombre —pareció expresar Satanás—. Él sabe muy bien dónde está lo bueno».

Lo que siguió a continuación fue una prueba. De pronto y sin previo aviso, el pobre Job estuvo en la mira de la polémica entre Dios y su archirrival. El Señor le concedió permiso a Satanás para quitar muchas de las bendiciones de Job, quien perdió su ganado, sus hijos y el apoyo de sus amigos que erróneamente supusieron que él debía ser un terrible pecador para estar atravesando tal sufrimiento. Job lloró, pero se mantuvo fiel.

Entonces, con permiso de Dios, Satanás subió la apuesta y atacó la salud de Job. Su esposa lo vilipendió y finalmente Job se quebrantó. ¿Quién puede culparlo? La Biblia relata su queja delante de Dios (ver Job 31:13-40).

Dios, que no es alguien con quién jugar, puso rápidamente a Job en su lugar.

> Entonces respondió Jehová a Job desde un torbellino, y dijo: ¿Quién es ése que oscurece el consejo con palabras sin sabiduría? Ahora ciñe como varón tus lomos; yo te preguntaré, y tú me contestarás. ¿Dónde estabas tú cuando yo fundaba la tierra? Házmelo saber, si tienes inteligencia. ¿Quién ordenó sus medidas, si lo sabes? ¿O quién extendió sobre ella cordel? ¿Sobre qué están fundadas sus bases? ¿O quién puso su piedra angular, cuando alababan todas las estrellas del alba, y se regocijaban todos los hijos de Dios? (38:1-7).

Cada vez que leo este relato, me sonrojo. ¿Te imaginas al Dios soberano del universo atacándote así? Tampoco yo.

El recordatorio de quién es Dios movió a Job a profunda humildad y sincero arrepentimiento. Se dio cuenta de que cuestionar al Poderoso era insensato y juró no volver a hacerlo. Al final de la historia, Dios restaura a Job lo que se le había quitado, y se nos informa: «Bendijo Jehová el postrer estado de Job más que el primero» (42:12).

LAS CARTAS QUE TE TOCAN

El relato de este antiguo creyente nos recuerda que la bondad de Dios para con nosotros no debería medirse o evaluarse por las circunstancias en que nos encontramos en algún momento dado. Y nuestra alegría no tiene que fluir y refluir en base a tales circunstancias, por difíciles que puedan ser.

Los sufrimientos de Job fueron históricos, tan grandes que su nombre mismo se ha convertido en sinónimo de sufrimiento. Si decimos que alguien está «sufriendo como Job», casi todo el mundo sabe exactamente de qué estamos hablando. Sin embargo, por difícil que fuera el camino que Job enfrentó y por piadoso que él era, hubo un hombre que fue *mucho más* piadoso, quien padeció *mucho más*.

Ese sería Jesús.

> *La bondad de Dios con nosotros no debería medirse o evaluarse por las circunstancias en que nos encontramos en algún momento dado.*

Jesús fue perfecto, totalmente sin pecado. Fue el Cordero sin mancha de Dios, a quien señalaban todos aquellos corderos sacrificiales del Antiguo Testamento. Desde su nacimiento hasta su muerte, su resurrección y su ascensión, Jesús nunca pecó. Ni siquiera un poco. Ni siquiera en privado. Y, no obstante, lo que sufrió fue más severo de lo que alguien en la tierra haya padecido alguna vez.

Es común que los predicadores resalten la agonía física de la crucifixión de Jesús. Esa forma bárbara de ejecución usada en la época romana sin duda era horrible. Pero el sufrimiento físico de Jesús estuvo lejos de ser lo peor de lo que soportó por nosotros. No solo padeció flagelación por parte del gobierno romano (como padecieron decenas de miles más, incluso los ladrones crucificados a cada lado de Él), sino que toda la ira del Padre, que justamente debió haber caído sobre los pecadores, recayó sobre Él. Todo el sufrimiento que tú y yo habríamos recibido sin Cristo en el infierno, Él lo llevó por nosotros. Esas son dificultades, circunstancias con las que nada puede compararse.

> *Todo el sufrimiento que tú y yo habríamos recibido sin Cristo en el infierno, Él lo llevó por nosotros.*

La cruz, que pareció ser una derrota monumental para Dios, fue en realidad el momento más grandioso en la historia, la victoria del segundo Adán, nuestro momento de rescate, el triunfo de Dios sobre el diablo. Al igual que Job, los discípulos lloraron cuando Jesús fue crucificado; todas sus esperanzas se hicieron añicos. El diablo pudo haber bailado mientras corchos de champaña saltaban en todo su principado. Jesús había sido ejecutado. Pero al final, Satanás averiguó que todo estaba perdido, y los discípulos descubrieron que todo se había encontrado. Todo esto de acuerdo con el plan eterno de Dios.

La hora más siniestra dio a luz al momento más brillante; el atardecer fue el amanecer.

LOS DÍAS DE NUESTRAS VIDAS

Entonces, ¿qué significa todo esto para ti y para mí en las circunstancias que enfrentamos hoy día? El Dios que creó y ordena toda molécula del universo nos ha prometido esto:

> **Sabemos que a los que aman a Dios, todas las cosas les ayudan a bien, esto es, a los que conforme a su propósito son llamados (Ro. 8:28).**

Esta no es solo una panacea falsa, un ungüento demasiado fácil de poner en nuestras heridas. Es la realidad de realidades. Si estamos en Cristo, si lo amamos, si hemos sido llamados conforme a sus propósitos, entonces podemos saber con certeza que todas las cosas ayudan a nuestro bien.

Desde luego, el «bien» de nuestras circunstancias no es garantía de felicidad temporal o consuelo ininterrumpido, sino de algo incluso mejor. Es rehacernos a la imagen de su Hijo. Las dificultades son reales, no te equivoques. Pero tienen un propósito más elevado. Nos purifican. Encontramos el combustible para nuestra paz y alegría frente a las dificultades cuando entonamos las palabras de este himno inmortal compuesto en 1787, palabras que expresan el corazón de nuestro Padre celestial:

> *Las dificultades son reales, no te equivoques. Pero tienen un propósito más elevado. Nos purifican.*

> *La llama no puede dañarte jamás*
> *si en medio del fuego te ordeno pasar;*
> *el oro de tu alma más puro será,*
> *pues solo la escoria se habrá de quemar.*[1]

Si el gozo eterno es el objetivo (la transformación de nuestros seres a la imagen de Cristo, la refinación de nuestro oro, la perfección de nuestras almas) entonces podemos estar seguros de que todo lo que pasa alrededor de nosotros, cualquiera que sea la senda que recorramos, es la senda hacia un final glorioso.

Por ejemplo, ¿te imaginas al apóstol Pablo cantando alabanzas a Dios mientras estaba encerrado en la cárcel? Eso hizo.

¿Puedes también imaginar al mártir Policarpo, del siglo II, mirando al cielo y alabando a Dios mientras las llamas que le consumirían el cuerpo le lamían los pies descalzos? Así fue. Esto es casi inimaginable.

De igual modo, al final del libro que lleva su nombre, Job exaltó la gloria de Dios en medio de su pérdida.

> *Toda circunstancia puede ser una ocasión y el escenario para el gozo si estamos en Cristo.*

Es verdad que nuestras circunstancias, buenas y malas, pueden y deben determinar nuestro gozo. No solo debemos tener gozo en aquellas circunstancias en que Dios está en su trono, en las que tiene el control absoluto de todo lo que sucede, y en que somos sus hijos amados. Eso significa que toda circunstancia puede ser una ocasión y el escenario para el gozo si estamos en Cristo.

La verdad es que el gozo no es ausencia de sufrimiento o de circunstancias difíciles, sino la convicción segura de que Dios es capaz y de que está a favor de nosotros. Ninguna de esas dos cosas cambiará ni puede cambiar. Todo debido a la gran «tragedia», la muerte del único hombre que no merecía morir. Nuestro Dios es capaz, y está por nosotros. Por tanto, puedes regocijarte, aunque te encuentres en medio del luto. Incluso si ganan los chicos malos en el partido de fútbol.

Hazle caso a un hombre, el apóstol Pablo, quien reiteradamente se encontró en circunstancias dolorosas y humillantes, y pudo haber tenido grandes motivos para desesperarse:

> Por tanto, no desmayamos; antes aunque este nuestro hombre exterior se va desgastando, el interior no obstante se renueva

de día en día. Porque esta leve tribulación momentánea produce en nosotros un cada vez más excelente y eterno peso de
gloria; no mirando nosotros las cosas que se ven, sino las que no
se ven; pues las cosas que se ven son temporales, pero las que
no se ven son eternas (2 Co. 4:16-18).

31 *«Tengo derecho a enojarme cuando las cosas no salen como quiero».*

A veces las circunstancias están más allá de nuestro control y nos
sorprenden con la guardia baja. Pero en ocasiones el problema en que
nos encontramos es de nuestra propia creación, como ocurrió en esta
extraña historia que fue cubierta por casi todos los principales medios
de comunicación del momento.[2]

Una mujer fue noticia en el 2002 al ser detenida en su Walmart local
mientras intentaba comprar mercancías por un valor de $1.675... con un
billete de un millón de dólares (¡no existe tal cosa!). Se informó que ella
exigió el cambio de su millón de dólares. El cajero notificó a la seguridad
y llegó la policía para arrestar a la iracunda mujer, acusándola de falsifi-
cación. También se informó que ella estaba muy avergonzada. Imagínate.

¿SOMOS FRAUDES?

Igual que esta mujer, los hombres podemos ser criaturas sensibles. El
respeto nos importa mucho. Así es como debe ser. Pero el problema es
que a veces podemos ser hipersensibles a lo que percibimos como afren-
tas a nuestra dignidad. Andamos como si fuéramos millonarios y nos
enfadamos cuando no toman en serio nuestro dinero ficticio. A veces
son personas las que no nos tratan como esperamos; se equivocan, nos
maltratan u ofenden. En ocasiones son las circunstancias. Alguien nos
bloquea en el tráfico, el lavaplatos se niega a funcionar, nos golpeamos
la rodilla con el extremo de la mesa y nos molestamos y enfadamos, o
incluso nos enfurecemos.

Nuestra indignación tiende a fluir de un sentido inflado y fraudulento de nuestro propio carácter, y de una evaluación excesivamente dura de las intenciones de las otras personas.

Jesús contó una parábola para ayudar a corregir nuestros arrebatos, nuestras respuestas irreflexivas cuando nos maltratan. La parábola empieza con una pregunta planteada por los discípulos: «Señor, ¿cuántas veces perdonaré a mi hermano que peque contra mí? ¿Hasta siete?» (Mt. 18:21).

La respuesta de Jesús no fue para nada la que esperaban: «No te digo hasta siete, sino aun hasta setenta veces siete» (18:22). Entonces contó de un hombre que debía a su amo más dinero del que alguna vez podría pagar. El amo le perdonó misericordiosamente la deuda. Luego el hombre perdonado se dio vuelta y en forma violenta exigió el pago a otro que le debía solo unos centavos. Cuando el amo se enteró de esto, revocó el perdón de la enorme deuda del siervo, lanzándolo junto con su familia a la cárcel.

Cuando comprendemos que se nos ha perdonado mucho, deberíamos encontrar mucho más fácil perdonar a los demás. Sentir adecuadamente el peso de nuestra necesidad de gracia debería permitirnos mostrar gracia a otros.

Sin embargo, a veces, en lugar de dirigir nuestra ira hacia otras personas, la dirigimos hacia el cielo. Podemos enojarnos con el Dios del universo. Actuamos como si Él no estuviera dispuesto a aceptar nuestro dinero ficticio, como si de alguna manera nos debiera dar dinero de vuelta. Sentir «derecho» a enojarnos por nuestras circunstancias en realidad equivale a sentir «derecho» a enojarnos con Dios, ya que en última instancia Él es quien ordena nuestras circunstancias.

Así que déjame preguntarte esto. ¿Falla Dios alguna vez en darnos lo que nos debe?

Sí, lo hace. Siempre. Porque somos pecadores y merecemos castigo definitivo. Esta misericordia es buena noticia.

¿Y nos premia con dinero falso? No. Nunca.

Dios nunca ha hecho menos por nosotros que lo que se nos debe, pero su gracia hacia nosotros mientras estamos en la tierra es espléndida. Cuando levantamos el puño hacia Dios y le exigimos que nos haga justicia,

Él podría darnos gusto, y lo lamentaríamos por siempre. Podríamos ser lanzados a la cárcel de deudores, porque le debemos mucho.

Nuestro llamado es a reconocer que vivimos cada día bajo la gracia de Dios y luego a agradecerle porque la gloriosa verdad es que Jesús pagó por completo nuestra deuda.

Bien, resumamos los hechos: somos pecadores; Dios tiene todo el derecho de estar enojado con nosotros; si eres creyente, Dios se enojó con Jesús por ti, algo para lo cual Jesús se ofreció voluntariamente. La verdad es que no tenemos derecho a estar enojados con Dios.

Tú y yo dependemos de la gracia de Dios, la cual a la vez nos llama a ser agradecidos, no a enojarnos, y a mostrar gracia a los demás.

LA VERDAD

A quienes se nos ha perdonado mucho debemos perdonar mucho. Esta verdad debe influir en el modo en que respondemos cuando nos hemos equivocado.

REFLEXIONA: *Perdonar a otros los libera de su obligación hacia ti. Incluso iguala el marcador. Tal vez hasta inclina la balanza en dirección a ellos. ¿Por qué es esta una buena idea en todas tus relaciones?*

 32 *«El dolor y el sufrimiento siempre son malos».*

La otra noche me hallaba en la cocina, ayudando a limpiar después de la cena. Al pasar una toalla húmeda de papel sobre el vidrio superior de nuestro horno, no tenía idea de que la superficie aún estaba caliente. Grité y retiré apresuradamente la mano, muy agradecido por esto que llamamos dolor. Si no fuera por el dolor, aún estaría en la cocina con la mano pegada al horno.

Cuando se trata de nuestros cuerpos y el ejercicio tenemos la antigua expresión: «Quien algo quiere, algo le cuesta». Sea que estemos formando músculos levantando pesas o rechazando pastel de fresas dos veces en el mismo día, sabemos que cuesta ponernos en forma. Es doloroso. Y bueno.

Lo mismo se aplica a nuestras almas. Al igual que luces rojas que centellean en nuestro tablero, a menudo el dolor y el sufrimiento son indicadores que nos dicen que es probable que algo deba cambiarse, ajustarse o arreglarse.

> Hermanos míos, tened por sumo gozo cuando os halléis en diversas pruebas, sabiendo que la prueba de vuestra fe produce paciencia. Mas tenga la paciencia su obra completa, para que seáis perfectos y cabales, sin que os falte cosa alguna (Stg. 1:2-4).

Tú y yo carecemos de firmeza. No somos perfectos ni completos. Pero lo seremos un día, y las pruebas son los senderos que nos llevan allí.

Santificación es un término teológico único que describe el proceso por el cual nosotros, que somos redimidos por la sangre de Jesús, crecemos en santidad. Es la intención de Dios usar el dolor, el sufrimiento y las dificultades en nuestras vidas para el mismo fin: purificarnos y rehacernos a la imagen de su Hijo, un hombre muy familiarizado con el dolor.

Tú y yo carecemos de firmeza. No somos perfectos ni completos. Pero lo seremos un día, y las pruebas son los senderos que nos llevan allí.

Cuando nos llegan dificultades podemos tener confianza en que Dios está obrando en nosotros y en que saldremos al otro lado siendo mejores.

Dios nos disciplina, no porque esté enojado con nosotros. No es así, Él disciplina a los que ama a fin de enseñarnos (He. 12:6). Su disciplina dolorosa es un regalo, y una prueba de que se desvive por nosotros y de que actúa en nosotros.

ESTE VENENO ESTÁ CURÁNDOTE

Cuando a mi cuñado Mark DeMoss le diagnosticaron de linfoma en el invierno del 2016, su médico le prescribió veneno. Así es, la quimioterapia que le goteaba en su torrente sanguíneo era veneno, destinado literalmente a matar células (células cancerígenas).

Los hombres somos reparadores y buscadores de soluciones. Por eso, cuando estamos sufriendo, a menudo queremos encontrar una solución indolora que nos libere del problema.

> *Los hombres somos reparadores y buscadores de soluciones. Por eso, cuando estamos sufriendo, a menudo queremos encontrar una solución indolora que nos libere del problema.*

No obstante, Dios puede enviarnos el veneno de dolor, sufrimiento y dificultades para ayudarnos a aprender a confiar en Él, a tener paciencia. El apóstol Pablo oró fervientemente para que Dios le quitara lo que denominó su «aguijón en la carne». No sabemos exactamente qué era el «aguijón», pero sí sabemos que Dios le dijo a Pablo que no le quitaría esa dificultad porque ayudaba al apóstol a recordar su total dependencia en Dios.

DIOS SABE LO QUE ESTÁ HACIENDO CON NOSOTROS

El pastor Mark Vroegop y su esposa Sarah perdieron a una niña llamada Sylvia el día en que la pequeña nació. Esta dolorosa pérdida llevó a Mark a las Escrituras en busca de perspectiva y esperanza. Lo que encontró fue el valor y la necesidad del *lamento* como parte de la experiencia cristiana. Así escribió:

> *Como seguidor de Jesús y en mi papel de pastor descubrí que el lamento da una voz sincera a la lucha de la adversidad, reconociendo las emociones reales y aterradoras del dolor mientras crea una senda hacia la adoración centrada en Dios. Las respuestas triviales y soluciones rápidas son eclipsadas por un*

mensaje para las personas heridas: La adversidad es dura; la adversidad no es mala.[3]

No podemos medir qué tan lejos tenemos que llegar para ser semejantes a Cristo midiendo cuánto sufrimiento estamos atravesando. No podemos deducir que los que parecen patinar por la vida sin ser afectados por profundas dificultades son personas especialmente santas que no necesitan disciplina. Tampoco debemos concluir que quienes padecen en gran manera deben tener más pecado con el cual tratar, y que por tanto necesitan disciplina más dura por parte de Dios.

Esa es la equivocación que cometieron los amigos de Job. Al presenciar todo lo que él pasaba, estaban seguros de que Job ocultaba algún gran pecado, que su piedad solo era una máscara. Pero el libro que lleva su nombre empieza con una descripción de Job como un hombre justo que rechazaba el mal. No era perfecto, pero era un hombre piadoso. Y, según parece, más piadoso que sus amigos que estaban tan seguros de que Job debía ser un gran pecador.

> No debemos confiarnos demasiado en nuestra habilidad de interpretar la providencia de Dios. Él sabe exactamente lo que está haciendo contigo y conmigo.

No debemos confiarnos demasiado en nuestra habilidad de interpretar la providencia de Dios. Él sabe exactamente lo que está haciendo contigo y conmigo. Con dolor o sin dolor, Él no nos debe explicaciones. Nuestra tarea es respirar hondo y descansar en la gran aventura de vivir por fe.

UN DIAMANTE DE CENTELLEANTE BELLEZA

Cuando era estudiante en la Universidad Taylor, los hombres que jugaban en el equipo de fútbol americano eran, en mi opinión, casi divinos. Primero estaba, por supuesto, su habilidad física. Su tenacidad. Y luego estaba el misterio. Los estudiantes normales como yo casi nunca los veíamos. La mayoría de jugadores de fútbol americano vivían separados del resto del cuerpo estudiantil. Solo algunos de ellos vivían en dormitorios; la mayoría vivía fuera del campus en «las cabañas». Literalmente, propiedades construidas de manera económica que albergaban a cuatro hombres cada una.[4]

Uno de los atletas que yo admiraba a la distancia era Michael Sonnenberg, el defensa central en el equipo de fútbol. Michael era un año mayor que yo, pero cuando empezó a salir con una de mis compañeras de clase, Janet Schneider, comenzó a asistir a algunas de las funciones de mi clase. Conocí a Michael y descubrí en él un gigante de carácter dulce. Un hombre tierno que amaba al Señor y que estaba ansioso por servirle.

En el verano del 1968, Michael y yo, junto con otros treinta y nueve estudiantes de Taylor, montamos en bicicleta de costa a costa. Fue durante este viaje que llegué a apreciar profundamente el corazón de este varón especial.

Mike y Janet se casaron poco después de graduarnos y les perdí el rastro... hasta que escuché la noticia de un accidente horrible e impensablemente trágico que casi acaba con la vida de su hijo Joel de veintidós meses de edad.

Era septiembre del 1979, cuando un camión remolque sobrecargado se estrelló contra el auto familiar en una cabina de peaje en New Hampshire. La masacre que siguió literalmente derritió el asiento plástico alrededor del cuerpo del pequeño Joel donde estaba atado indefenso. Un extraño se acercó al asiento trasero y sacó de las llamas al niño ardiendo.

En los años siguientes, Michael y Janet pastorearon tiernamente a sus hijos, incluso a su pequeño, a través de más de cuarenta cirugías.

El accidente había quemado más del 85% del cuerpo de Joel, quitándole las orejas, la mano izquierda, los dedos de la mano derecha, y la mayor parte del tejido que le cubría el cráneo. Sin embargo, a medida que Michael y Janet vertían el amor de Cristo en su joven y lesionado hijo, junto con innumerables oraciones de cristianos, el pequeño comenzó a desarrollarse. Joel creció hasta convertirse en un hombre elocuente de insaciable autoestima y amor propio... ahora como pastor con un amor profundo por Dios.

Casi veinte años después del accidente, Mike se encontró en la corte de justicia con el conductor del remolque cuya negligencia había aplastado el cuerpo de su hijo. En respuesta a las indicaciones del juez, el hombre pronunció un superficial «lo siento» a los Sonnenberg.

«Vine aquí a escucharte decir: "Lo siento". Si pides perdón, te perdono, pero nunca olvidaré —declaró Michael Sonnenberg—. Tomaste un bebé vibrante y muy sano, y me devolviste una humeante y ensordecedora bola de carbón».

Y agregó: «Una bola de carbón que se convirtió en un diamante de centelleante belleza».

Al igual que Job, Michael enfrentó horrible pérdida, tragedia y dolor. Pero estuvo dispuesto a perdonar y levantó el cuerpo cicatrizado de su hijo ante el Dios que los amaba a ambos, viendo belleza reflejada en las formas de expresión del quebrantamiento del pequeño como solo un hombre de Dios podría hacerlo.

UNA PREPOSICIÓN IMPORTANTE

Me paré ante la tumba de mi esposa, llorando mientras la tierra se tragaba lentamente el ataúd. Seguramente tú has enfrentado tus propios tiempos difíciles. Por tanto, ¿cómo debemos tratar estas experiencias horribles?

El apóstol Pablo nos da la respuesta, pero observa, por favor, la preposición en la primera frase de su amonestación:

Dad gracias en todo, porque esta es la voluntad de Dios para con vosotros en Cristo Jesús (1 Ts. 5:18).

Observa que no nos dice que demos gracias «por» todo... más bien «en» todo. Hay algo importante para la experiencia de dolor y sufrimiento en el contexto más grande de la voluntad de Dios. No festejé el diagnóstico de cáncer de Bobbie. No nos alegramos por la noticia. Pero junto con nuestras hijas sabíamos que Dios era sabio y bueno, y confiamos en que sacaría lo mejor de esta tragedia humana.

El viaje que atravesamos como familia nos destrozó, pero nos formó y nos moldeó más cerca de la imagen de Cristo. Muchos amigos, profesionales médicos y otros que conocimos a lo largo del camino se toparon cara a cara con el evangelio. Y así, en medio de estas dolorosas circunstancias, inclinamos nuestros corazones y ofrecemos humildes acciones de gracias.

| LA VERDAD | El dolor y el sufrimiento son herramientas en las manos sabias y amorosas de Dios, haciendo su buena obra y ayudándonos a volvernos más como su Hijo. Y es por eso que debemos agradecer. |

REFLEXIONA: *¿Cómo respondes normalmente ante los inevitables problemas y frustraciones de la vida? ¿Cómo podrías responder en forma diferente si creyeras la verdad sobre los propósitos de Dios para el dolor y el sufrimiento?*

33 «*El mundo se ha ensañado conmigo*».

Según nos dice la mitología griega, Sísifo, rey de Éfira, era un hombre orgulloso que provocó la ira de los dioses por su astucia egoísta y falsedad. Por tanto, según la historia fue declarado culpable de sus delitos y condenado a cadena perpetua. Pero no pasó el resto de sus días en trabajos forzados o en la celda de una cárcel. Su castigo fue simple. Y horrible. Fue obligado a subir rodando una gran roca por una colina. Una vez que la roca llegaba a la cima, debía soltarla, permitiendo que la piedra volviera a bajar. Entonces tenía que seguirle el rastro, volver a llevarla hasta la cima de la colina, y dejarla rodar nuevamente. Por siempre.

¿Te imaginas?

Sísifo no era un buen hombre, pero aun así, dada su cadena perpetua siento algo de pena por él. Por supuesto, esta es mitología griega. No hubo realmente un tipo llamado Sísifo. No importa.

Sin embargo, ¿cuán a menudo tú y yo nos sentimos como este hombre mítico? Planificamos nuestro trabajo, ponemos en acción nuestro plan, llegamos a nuestro pináculo, solo para ver cómo todo se derrumba. Volvemos a arrimar el hombro al plan y lo intentamos de nuevo. Es frustrante. Enloquecedor. Suficiente para tentarnos a pensar que todo el mundo se ha ensañado contra nosotros. Nos esforzamos. Empujamos fuerte. Pero pronto el problema reaparece y repetimos el proceso. No podemos ganar.

Planificamos nuestro trabajo, ponemos en acción nuestro plan, llegamos a nuestro pináculo, solo para ver cómo todo se derrumba.

Trasnochamos preparando una presentación para el día siguiente. En la mañana nos quedamos dormidos; en nuestra prisa nos cortamos al afeitarnos y nos golpeamos la cabeza en la puerta de la ducha; la cafetera decide que ayer hizo su última taza; y nuestro auto no arranca. Ahora estamos absolutamente convencidos de que el mundo está inclinado en la dirección equivocada. Está contra nosotros.

Al igual que con la mayoría de las mentiras, esta lleva una pizca de verdad. Después que Adán y Eva comieran del fruto prohibido, Dios confrontó a Adán con las consecuencias agobiantes y perdurables de la decisión que tomó:

> Por cuanto obedeciste a la voz de tu mujer, y comiste del árbol de que te mandé diciendo: No comerás de él; maldita será la tierra por tu causa; con dolor comerás de ella todos los días de tu vida. Espinos y cardos te producirá, y comerás plantas del campo. Con el sudor de tu rostro comerás el pan hasta que vuelvas a la tierra, porque de ella fuiste tomado; pues polvo eres, y al polvo volverás (Gn. 3:17-19).

Esto se parece a la historia de nuestro viejo amigo Sísifo. Si alguna vez eliminaste de malezas tus jardineras, solo para descubrir que en cuestión de días vuelven a aparecer esos pequeños retoños, entiendes de qué hablo. La mitología griega sabe de malas hierbas.

Es verdad. El mundo es un campo de batalla, un lugar de guerra. Lo cual nos recuerda contra quién está realmente ensañado el mundo. En realidad, se encuentra en una desesperada e implacable batalla contra... el Señor, el Dios del universo.

UNA VISITA INESPERADA

Justo antes que Josué peleara la batalla de Jericó, mientras caminaba cerca de la ciudad se encontró con un personaje imponente, un poderoso hombre de guerra con la espada desenvainada. El tembloroso Josué se le acercó y le preguntó: «¿Eres de los nuestros, o de nuestros enemigos?» (Jos. 5:13).

Josué hizo el tipo de pregunta que busca una de dos cosas. ¿A favor o en contra? Pero la respuesta desafió esos límites. El hombre contestó: «No; mas como Príncipe del ejército de Jehová he venido ahora» (5:14). Algunos teólogos creen que el gran guerrero era una aparición preencarnada del Hijo de Dios. Es como si el guerrero le respondiera a Josué: «Estás haciendo la pregunta incorrecta. No se trata de si estoy de tu lado, sino de si tú estás del mío».

Como hago a menudo con historias bíblicas, me identifiqué con Josué desde la primera vez que leí este relato de él y el ángel... no porque yo sea alguna clase de gran líder militar, sino porque por experiencia personal entiendo algo de las presiones de la vida.

Y siento pena por Josué, frente a una enorme misión, pero cuestionando su propia capacidad, su disposición para la tarea.

La experiencia de tratar con el desánimo me recuerda una situación comercial que enfrenté. Respondí al director ejecutivo, quien había pedido un reporte financiero. Reuní a mi equipo y preparé lo que creí que era una hoja de cálculo resumida de fácil asimilación y la llevé a la oficina de mi jefe.

Él miró las dos páginas. Frunció el ceño. Ese gesto no me era desconocido. Me preparé.

«¿De dónde vienen estos números? —espetó—. Necesito más que esto».

Diligentemente regresé a mi oficina y reuní nuevamente a mi equipo con una nueva tarea. «Necesitamos más», les dije.

Al día siguiente regresé a la oficina de mi jefe, armado con mucha información general. De pie, confiado frente a su escritorio, con cuidado deposité el pesado documento. Con el pulgar levantó la esquina de la pila de centímetro y medio de espesor y la hizo girar.

El ceño se le frunció de nuevo. Oh, genial. «¿Esperas que yo lea todo esto?», preguntó bruscamente.

Qué bien recuerdo que volví a mi oficina arrastrando los pies, completamente desinflado y descorazonado. Me dejé caer en la silla detrás de mi escritorio. ¿Qué se suponía que debía hacer?

> *El pecado cambió todo. El mundo está ensañado contra el hombre y viceversa. Y todos estamos ensañados contra Dios.*

Si eres como yo, hay ocasiones en que también te encuentras profundamente desanimado por circunstancias fuera de tu control. Desde el diario ataque de un deprimente reporte noticioso tras otro hasta la salud personal y las circunstancias que no podemos controlar, el nudo en tu estómago es real.

El apóstol Pablo también debió haber tratado con la debilitadora emoción del desaliento. ¿Qué tal esta lista de cosas que podrían conspirar para desanimarnos? Tan solo escucha estas palabras:

> Estoy seguro de que ni la muerte, ni la vida, ni ángeles, ni principados, ni potestades, ni lo presente, ni lo por venir, ni lo alto, ni lo profundo, ni ninguna otra cosa creada nos podrá separar del amor de Dios, que es en Cristo Jesús Señor nuestro (Ro. 8:38-39).

Metido allí dentro está claramente un jefe caprichoso y un diagnóstico incierto de parte de nuestro médico. Y ¿de qué modo es esta la respuesta perfecta para todo ello?

Desde que el hombre cayó de la gracia en el huerto del Edén, las cosas no han sido como deberían ser (Ro. 8:22). El pecado cambió todo. El mundo está ensañado contra el hombre y viceversa. Y todos estamos ensañados contra Dios. Pero, en su asombrosa compasión, Dios ensañó al mundo contra su amado Hijo para que podamos encontrar consuelo... la paz en nuestros corazones que sobrepasa todo entendimiento (ver Fil. 4:7).

La historia de nuestras vidas no es una roca que rueda hasta el fondo, una roca que debamos devolver a la cima. Nuestras vidas descansan en la Roca de nuestra salvación. Esta piedra no puede ser movida. Debemos levantar nuestras cabezas. Nuestro Señor sabe lo que está haciendo. Todo está bien, y todo estará bien.

Así lo expresó el compositor de himnos antiguos:

El mundo es de mi Dios, su eterna posesión,
eleva a Dios su dulce voz, la entera creación.
El mundo es de mi Dios, conforta así pensar.
Él hizo el sol y el arrebol, la tierra, cielo y mar.[5]

Yo sé los pensamientos que tengo acerca de vosotros, dice Jehová, pensamientos de paz, y no de mal, para daros el fin que esperáis (Jer. 29:11).

LA VERDAD | Vivimos y servimos en un mundo que se ensaña contra Jesús y, si estamos con Él, se ensaña contra nosotros. Pero tenemos confiada esperanza en que un día todo lo que está mal se corregirá y que, mientras tanto, Él sabe lo que está haciendo y nos sustentará en la batalla.

REFLEXIONA: *¿Cuál es el propósito de tu vida? ¿Qué le da significado?*

34 *«No puedo dejar de reaccionar ante ciertas personas o circunstancias».*

Yo estaba completamente fuera de control. Igual Bobbie, mi finada esposa.

Nos hallábamos en la cocina, peleando verbalmente con todas nuestras fuerzas. Incluso mientras escribo estas palabras, me avergüenzo de mi actuación. Desde luego, hoy día no tengo idea de por qué reñíamos, pero con nuestras voces elevadas ambos nos dejamos llevar.

Si pudieras ver un video de esta escena, dirías que yo estaba totalmente descontrolado. Yo también diría eso. Mis emociones me habían dominado. Qué vergonzoso es recordar esa batalla a gritos.

Entonces, en medio del alboroto sonó el teléfono. (Esto ocurrió en la época en que toda casa en Estados Unidos tenía en la cocina un teléfono de pared con un cable largo enrollado). Dejamos que sonara varias veces; luego me acerqué y lo levanté.

«Hola», dije con voz no más intensa que como si le hubiera preguntado al empleado del supermercado dónde podía encontrar la salsa para barbacoa.

La persona al otro lado del teléfono era nuestro ministro de jóvenes. Estaba preguntándome si yo estaría disponible para reunirme con él algún momento en los próximos días. Analizamos nuestros calendarios y, en un pedazo de papel sobre el mostrador de la cocina, apunté la hora y el lugar.

«Gracias por llamar, Mark», dije cálidamente, y colgué.

Miré a mi esposa con incredulidad, y ella me miró también incrédula. Lo que yo acababa de hacer fue un cambio tan drástico del comportamiento descontrolado que acababa de exhibir, que aún lo recuerdo muchos años después. Está claro que yo *elijo* cuándo y con quién tener un berrinche.

Esta mentira sobre el dominio propio es grande.

> A menudo he dicho cosas imprudentes «en el momento». Cosas que más tarde, y a veces solo momentos después, he lamentado profundamente.

¿Te imaginas cuántos hombres están sentados en una cárcel porque en un momento de ira se convencieron de que no podían evitar lo que estaban a punto de hacer? Y debido a que no retrocedieron y pensaron dos veces al respecto, siguieron adelante. Sus emociones, su ira y resentimiento, ganaron la partida. Y ahora están atrapados en una celda. Algunos por varios años. Otros hasta encontrarse a temperatura ambiente y finalmente dejen la cárcel dentro de una caja de pino.

Tú y yo quizá no terminemos detrás de barras por nuestros arrebatos, nuestras reacciones fuera de control. Pero sin duda terminamos poniéndonos y poniendo a otros en cárceles emocionales y relacionales de nuestra propia creación.

A menudo he dicho cosas imprudentes «en el momento». Cosas que más tarde, y a veces solo momentos después, he lamentado profundamente. Y con qué frecuencia he hecho algo insensato que fue espontáneo y no calculado.

PENSEMOS EN JUDAS Y PEDRO

Los doce discípulos de Jesús no fueron reclutados en Monster.com o LinkedIn. Fueron hombres comunes sin currículos impresionantes. Es más, excepto por lo que algunos estaban haciendo para ganarse la vida cuando el Salvador los invitó a unirse a su grupo, sabemos muy poco acerca de estos hombres.

> *Judas era un hombre que hacía cosas «sin pensar», como papá solía decir.*

Judas Iscariote, el hijo de Simón Iscariote, fue el único discípulo que no era de Galilea. Queriot, un lugar al sur de Judea, era su ciudad natal. A pesar de habérsele dado la responsabilidad de manejar las finanzas de los discípulos, según el Evangelio de Juan, es probable que los doce hubieran tratado a Judas como un extraño. Puesto que era de otra ciudad, habría sido un extraño desde el principio.

Judas era un hombre que hacía cosas «sin pensar», como papá solía decir. Era dado a hablar audaz y groseramente lo que pensaba. En el capítulo 12, el discípulo Juan nos habla de una fiesta que Judas interrumpió cuando María ungió generosamente los pies de Jesús con un perfume costoso. «¿Por qué no fue este perfume vendido por trescientos denarios, y dado a los pobres?» (Jn. 12:5).

Sin embargo, Dios no fue engañado. El relato bíblico («Judas no dijo esto porque le importaran los pobres, sino porque era ladrón» [12:6, DHH]) provee una descripción sin ambages del hombre.

La verdadera inclinación de Judas se reveló aún más cuando se escabulló para hacer un trato con el sumo sacerdote que le prometió treinta monedas de plata por traicionar a su amigo Jesús (Mt. 26:15). Al saber lo que Judas sabía, aquí es cuando la historia registra el momento más atroz de su vida en que no se detuvo a pensar.

Al final, como tan a menudo hacemos, Judas lamentó profundamente lo que había hecho. En su caso, se quitó la vida como intento de penitencia.

El apóstol Pedro padecía el mismo trastorno de «no pensar en el momento». Leemos del salto que dio una vez desde su barca de pesca para imitar la habilidad de Jesús de caminar sobre la superficie del agua (Mt. 14:29), y otra vez para ser el primero en sentarse en la playa con el Salvador resucitado (Jn. 21:15-19).

> *Debido a su profunda confesión, Pedro entregó su vida, padeciendo finalmente la crucifixión de un mártir.*

También vemos a Pedro jurando que no conocía a Jesús en una respuesta cobarde a la pregunta de una muchacha mientras un tribunal desautorizado intentaba juzgar a Jesús (Mt. 26:69-75).

Tanto Judas como Pedro creyeron esta mentira. No podían controlarse (ni lo hicieron) en el momento. Debido a su profundo remordimiento, Judas *se quitó* la vida. Pero debido a su profunda confesión, Pedro *entregó* su vida, padeciendo finalmente la crucifixión de un mártir.

UN JUEGO DE DOMINIO PROPIO

Al ser padre de hijas pequeñas, sabía que una de mis tareas más importantes era enseñarles dominio propio. Tal vez debido a que conocía mi propensión a hacer o decir en el momento cosas sin pensar, sospeché que mis hijas debían aprender esta habilidad... incluso a temprana edad.

Creo que esta idea vino de Bobbie, mi finada esposa. Ella era muy buena en hacer divertido el aprendizaje. Una noche anunció en la cena: «Vamos a jugar el juego del "no"».

Esto fue hace mucho tiempo, pero aún puedo ver las miradas escépticas en las caras de mis hijas. También en la mía. *¿El juego del no? ¡Vaya!*, expresaban nuestros rostros. Pero por supuesto, no dijimos nada.

Superando el previsible escepticismo, Bobbie explicó.

«Entre ahora y la cena de mañana en la noche, todos digámonos "no" al menos una vez. Y sostengámoslo. Entonces cada uno daremos nuestros informes».

Sonreímos y asentimos al menos un poco de acuerdo con la idea.

En la cena de la noche siguiente dimos nuestros reportes. Missy nos dijo que había estado hablando por teléfono con una amiga. «Tengo que colgar en cinco minutos para poder terminar mi tarea», anunció.

> *Los retos del dominio propio eran, y son, implacables, no solo para niñas en la cena, sino para ti y para mí. Todos los días.*

Missy continuó con una gran sonrisa: «Y cuando pasaron los cinco minutos le dije a mi amiga que debía terminar la llamada». Entonces hizo una pausa, y continuó: «Mi amiga me suplicó que permaneciera en la línea... pero dije "no"».

Puedo recordar la celebración. Incluso como una dama joven, Missy se había demostrado que podía controlarse, y toda nuestra familia le hizo saber que creíamos que eso era fantástico.

Cada uno de nosotros dio su informe, y los demás expresamos palabras de aliento.

No obstante, este fue solo el resultado del juego de un día. Fue bueno, pero fue solo un día. Los retos del dominio propio eran, y son, implacables, no solo para niñas en la cena, sino para ti y para mí. Todos los días.

Esto no es sorprendente porque, igual que yo, el apóstol Pablo también era pecador y lidiaba con los retos del dominio propio.

El querer el bien está en mí, pero no el hacerlo. Porque no hago el bien que quiero, sino el mal que no quiero, eso hago (Ro. 7:18-19).

¿Te identificas?

¿Qué es aquello que deseas hacer, pero que te encuentras impotente para llevarlo a cabo? ¿Tiempo constante en la Palabra de Dios y en la oración? ¿Atención y amabilidad hacia tu esposa y tus hijos?

¿Qué no quieres hacer, pero te sientes impotente para resistir? ¿Explosiones de ira con aquellos que se supone que más amas? ¿Miradas furtivas a pornografía en tu computadora? ¿La tentación de ser poco honesto en la declaración fiscal?

Tal vez te haces eco de los sentimientos de Pablo:

> Así que, queriendo yo hacer el bien, hallo esta ley: que el mal está en mí. Porque según el hombre interior, me deleito en la ley de Dios; pero veo otra ley en mis miembros, que se rebela contra la ley de mi mente, y que me lleva cautivo a la ley del pecado que está en mis miembros (7:21-23).

> *En cierto sentido, esta mentira sobre nuestra incapacidad de controlarnos es realmente la verdad.*

Entonces, ¿cuál es la respuesta? ¿Hay esperanza? O simplemente estamos destinados a seguir delirando, intentando sin cesar, fallando, intentando de nuevo y...

El apóstol entendía esta frustración: «¡Miserable de mí! ¿quién me librará de este cuerpo de muerte?» (7:24).

Ahí yace nuestra única esperanza. No en un qué, sino en un *Quién*. Pablo exclama con gran alivio: «*Gracias doy a Dios, por Jesucristo Señor nuestro*» (7:25). En el siguiente párrafo continúa:

> La ley del Espíritu de vida en Cristo Jesús me ha librado de la ley del pecado y de la muerte. Porque lo que era imposible para la ley, por cuanto era débil por la carne, Dios, enviando a su Hijo en semejanza de carne de pecado y a causa del pecado, condenó al pecado en la carne; para que la justicia de la ley se cumpliese en nosotros, que no andamos conforme a la carne, sino conforme al Espíritu (8:2-4).

En cierto sentido, esta mentira sobre nuestra incapacidad de controlarnos es realmente la verdad. Luchamos para reinar en nuestras mentes, en nuestros anhelos y deseos, en nuestras lenguas, en nuestras respuestas impacientes e iracundas, y en nuestros comportamientos inapropiados y adictivos.

No obstante, al confesar nuestro pecado reconocemos nuestra necesidad del evangelio, fijamos nuestras miradas en Cristo, renovamos nuestras mentes mediante su Palabra, y nos sometemos a cada momento al liderazgo del Espíritu, quien ejerce el control en nosotros, por nosotros y a través de nosotros.

LA VERDAD

Cuando entreguemos el control al Espíritu Santo que mora en nosotros, Él producirá en nosotros el fruto del dominio propio.

REFLEXIONA: *Repasa el «fruto del Espíritu» enumerado en Gálatas 5:22-23 [NVI]: amor, alegría, paz, paciencia, amabilidad, bondad, fidelidad, humildad y dominio propio. ¿Por qué crees que «dominio propio» está al final de la lista? ¿Cómo afecta el dominio propio a todo lo demás? ¿Cómo te va en este aspecto?*

 ### 35 *«Puedo escaparme de Dios».*

Mi hermano tenía tres años. Algo había sucedido entre él y su hermana gemela, y desde su perspectiva infantil, la única manera de lidiar con eso era no lidiar con eso.

Grace Wolgemuth estaba parada junto al fregadero de la cocina, mirando por la ventana nuestro patio trasero, no muy lejos de una concurrida calle de cuatro carriles: Roosevelt Road.

Entonces vio un pequeño con hombros caídos, alejándose lentamente de la casa. Por el modo de andar deliberado e inseguro del niño, ella se dio cuenta de que algo iba realmente mal. La dirección del chiquillo era inconfundible; estaba yéndose de casa.

Saliendo de prisa por la puerta trasera, mi madre corrió al encuentro del muchachito. Pronto lo alcanzó y pronunció su nombre.

El pequeño Danny dejó de caminar. Grace se inclinó hasta ponerse cara a cara con él. Esto era algo que mis hermanos y yo le vimos hacer con nosotros, con nuestros hijos y nietos. Muchísimas veces.

«¿A dónde vas?», preguntó ella.

A excepción de un rostro abatido, no hubo respuesta a la pregunta.

«¿A dónde vas?», repitió mamá.

De nuevo, no hubo respuesta.

«¿Estás huyendo?».

El niño asintió lentamente.

«Bueno, no has empacado una maleta —declaró ella suavemente—. ¿Cómo puedes huir si no te has llevado ninguna de tus cosas?».

Aún no hubo respuesta del pequeño. Después de un momento en silencio, ella continuó.

«Tengo una idea. Volvamos a la casa y te ayudaré a empacar —dijo, y luego agregó—: Y si quieres que vaya contigo, lo haré».

Sin embargo, Danny no es la única persona que ha intentado huir.

UN PASEO EN UN GRAN PEZ

Es una de las historias más leídas y repetidas del Antiguo Testamento. La de un fugitivo y el enorme y hambriento pez.

El hombre pudo haber padecido depresión. Es probable que tú y yo la habríamos tenido si hubiéramos estado en su lugar. Jonás vivía bajo un monarca impío que reinó durante más de cuatro décadas, no precisamente un tiempo fácil para hablar por Dios. Su trabajo era andar por ahí advirtiendo a la gente que se arrepintiera de sus malos caminos, para que Dios no los juzgara. «Ahí viene ese extremista lanzallamas», debieron haberse burlado las personas. Esto para nada era divertido.

Supongo que el profeta tenía pocos amigos (si es que tenía alguno) y casi nunca lo invitaban a fiestas. ¿Quién quiere juntarse con un sujeto como este?

Pero al menos su tarea era entre su propio pueblo. Pecadores, por supuesto, pero pecadores que tenían una sensación de su propia historia y de la fidelidad de Yahvé.

Sin embargo, la misión de Jonás estaba a punto de cambiar.

Un día recibió un mensaje que esperó que solo fuera un mal sueño. Para su consternación, no lo era.

Vino palabra de Jehová a Jonás hijo de Amitai, diciendo: Levántate y ve a Nínive, aquella gran ciudad, y pregona contra ella; porque ha subido su maldad delante de mí (Jon. 1:1-2).

No es de extrañar que la respuesta inmediata de Jonás a la orden de Dios fuera un inequívoco: «¡De ninguna manera!». Nínive era una «gran» ciudad... grande en tamaño, grande en influencia y grande en maldad. Era la capital de la arrogante, despiadada e idólatra nación asiria. Los asirios estaban empeñados en dominar el mundo y durante mucho tiempo habían sido feroces enemigos de Israel.

> *La desobediencia a la Palabra de Dios tiene una manera de drenar tu energía.*

Ahora, Dios llamaba a su profeta a ir y predicar a estos enemigos temidos y odiados. Más tarde nos enteramos de que, desde el principio, Jonás, conociendo a Dios como lo conocía, temía que fuera misericordioso y compasivo con Nínive (4:2). Jonás no quería que sus enemigos se arrepintieran y se salvaran. En lo que a él respecta, merecían el juicio de Dios; ¡ansiaba que murieran!

Así que, por desequilibrado que esto parezca respecto a un hombre que conocía bien a Dios y sus caminos, Jonás huyó. O intentó huir. Recuerda que en lugar de viajar hacia el oriente algunos kilómetros, subió a un barco que se dirigía a España, a mil seiscientos kilómetros al occidente.

Jonás subió a bordo, encontró su litera en la cubierta inferior y se desplomó totalmente agotado. La desobediencia a la Palabra de Dios tiene una manera de drenar tu energía.

Jonás pudo haber creído de veras que su escapada había funcionado. Sus vecinos, su familia o cualquier otra persona que finalmente pudieran haberlo extrañado, no tenían ni idea a dónde había ido Jonás. Había desaparecido por completo.

Quizá Jonás pensó que había tenido éxito en escapar de sí mismo. El barco, el mar, un nuevo destino. Y, si tenía suerte, una vida nueva, un hombre nuevo.

Sin embargo... ¿y qué de Dios?

LOS COLMILLOS DEL PERRO EN TU PANTALÓN

Algunos miles de años después del vano intento de Jonás de huir del Todopoderoso, Francis Thompson escribió el poema clásico «El Sabueso del cielo». He aquí algunas líneas que, de haberlas leído, pudieron haberle ahorrado a Jonás una experiencia desgarradora en el mar y algunas noches de cegador ardor de los jugos gástricos de un gran pez.

> *Hui de Él, a través de las noches y los días;*
> *hui de Él, a través de los arcos de los años;*
> *hui de Él, a través de caminos laberínticos*
> *de mi propia mente, y en la niebla de lágrimas.*
> ....
> *He aquí que, ¡todas las cosas se te escaparon, porque tú te me escapaste!*
> *¡Extraña cosa, lamentable e inútil!*
> ....
> *¡Soy el que tú buscas!*[6]

Para mí, la imagen más impresionante de Jonás al huir no es que estuviera escapando de Dios o engañándolo en una senda de su propia creación, sino que Dios estaba persiguiendo sin descanso a Jonás y, antes que la carrera terminara, el Señor la ganó. El Sabueso del cielo se salió con la suya.

Durante muchos años, «Aarón» huyó de Dios. Se negó a enfrentar las consecuencias de sus acciones, al mismo tiempo que servía en un ministerio. Sé que esto parece improbable... incluso indignante... Pero es cierto.

Mientras vivía y trabajaba en la costa oeste, Aarón había tenido relaciones sexuales con una chica menor de edad. Durante muchos años la mujer permaneció en silencio, pero luego hizo declaraciones públicas, y se volvió contra su ex líder juvenil.

Aunque Aarón negó inicialmente la acusación, finalmente cedió ante la presión y confesó al juez lo que había hecho. El resultado fue ocho años en una cárcel federal en California.

Durante esos años, Aarón y yo tuvimos correspondencia a menudo. Vi cómo su corazón se ablandó. Su ira y rebelión se calmaron. Finalmente aceptó su situación como un «vientre de pez» redentor. Muchas veces Aarón me contó lo agradecido que estaba por la presencia del Señor con él en prisión. Pronto encontró verdadero gozo cuando organizó un coro de reclusos y dirigió estudios bíblicos con sus compañeros. El «Sabueso» había ganado la carrera.

Tú y yo podemos optar por desviarnos en un sendero que sabemos que es locura total. Podemos intentar huir de Dios. Pero nuestro Padre sabe dónde estamos, a dónde creemos ir y cómo traernos a casa. De una u otra manera.

> Esforzaos y cobrad ánimo; no temáis, ni tengáis miedo de ellos, porque Jehová tu Dios es el que va contigo; no te dejará, ni te desamparará (Dt. 31:6).

| **LA VERDAD** | No podemos huir de la presencia de Dios. Podemos intentarlo, pero no tendremos éxito. Nuestro Padre no nos perderá de vista. Nos perseguirá y nos atraerá a casa. |

REFLEXIONA: *Describe una época en que intentaste huir de la presencia o convicción de Dios en tu vida. ¿Qué consecuencias experimentaste? ¿Cómo te persiguió Dios? ¿Cómo respondiste?*

CAPÍTULO NUEVE

MENTIRAS QUE LOS HOMBRES CREEN ACERCA DEL
MUNDO

E sto podría parecerte tonto. Los divertidos hábitos diarios de un hombre a veces obsesivo. Es más, lo que estoy a punto de hacer podría considerarse una confesión.

Soy un hombre que suele seguir una rutina. Por ejemplo, la secuencia de mis actividades matutinas (rituales) es la misma. Casi todos los días.

Empieza con salir silenciosamente de la cama en medio de la «oscuridad», antes que mi esposa. (Si ella se mueve o estira el brazo para hacerme saber que está un poco despierta, me volteo y coloco mi cara al lado de la suya y susurro una corta oración: «Buenos días, Señor», la beso y le digo «te amo» antes que vuelva a dormirse).

Entro a la cocina, conecto la cafetera ya cargada y lista, y luego voy a mi clóset donde he dejado mi «ropa cómoda» de temprano en la mañana. (Saco estos trapos la noche anterior para no tener que tomar una decisión acerca de qué voy a usar en la mañana).

El café está listo y servido, y me dirijo a mi estudio donde me espera mi sillón reclinable favorito.

Mis lentes, mi Biblia, un bolígrafo y una barra desenvuelta de proteína reposan sobre una mesa al lado de mi silla. (El sonido que hace el envoltorio al abrirlo tan temprano me molesta). Agarro la Biblia y el bolígrafo y retomo mi lectura donde la dejé el día anterior. Subrayando mientras leo, busco pasajes que me conmueven de forma especial. Mensajes de mi Padre.

A continuación, recojo mi teléfono celular.

«Ajá —podrías estar diciendo—. Te atrapé revisando tu correo electrónico, las noticias o el marcador del último partido de la noche anterior».

En realidad, no.

Utilizo mi teléfono para enviar por mensaje de texto a Nancy los versículos que acabo de subrayar, para que cuando despierte encuentre la misma inspiración que hallé en la Palabra de Dios.

Luego me pongo de rodillas y oro. Le agradezco a Dios por sus bendiciones. Llevo a mi familia ante el trono de la gracia. Oro por las necesidades de mis amigos y pido sabiduría para el día por delante.

Ya que esta es una confesión, permíteme reconsiderar lo que acabo de decir acerca de no revisar el correo electrónico, las noticias o los marcadores en mi teléfono.

He aprendido que tan pronto como mi cerebro se interesa por lo que sucede en el mundo, prácticamente he dejado la soledad de mi tiempo a solas con el Señor... para no volver. Adicto a la política desde que era joven, sé que mi cerebro se ocupará de los últimos acontecimientos en Washington, y mi corazón habrá dejado la dulzura de esta tranquila conversación con el Señor.

> **Al menos para mí, el mundo (y todo lo que allí sucede) puede ser una gran distracción.**

Al menos para mí, el mundo (y todo lo que allí sucede) puede ser una gran distracción. A menudo siento la tentación de abrir una aplicación en mi teléfono y ponerme rápidamente al día en las noticias más destacadas o en los marcadores. Pero no lo hago.

Por tanto, cuando paso las oscuras horas de la mañana en la tranquila presencia de Dios, evito hacer cualquier otra cosa que pueda abrirse paso en mi autoimpuesta cuarentena.

Pero tan pronto como he pasado ese tiempo con el Señor, me sumerjo.

Por completo. Mi trabajo, mis aplicaciones de noticias, mi correspondencia electrónica y propuestas en espera de mi revisión. Evito estas cosas hasta que esté listo.

Recuerda, esta es una confesión. No es un alarde ni una directriz. Ya dije que podrías creer que estoy loco y no un poco excéntrico. Correcto en ambos casos, pero me siento mejor ahora que lo he dicho. (Algún día tendrás que hablarme de tu rutina).

EN EL MUNDO, NO DEL MUNDO

Uno de mis pasajes favoritos de la Biblia se encuentra en lo que los teólogos llaman la oración sacerdotal de Jesús. Aquí el Salvador nos dice que no podemos dejar de vivir en el mundo, pero que no debemos vivir como el mundo. Se parece mucho a mi batalla temprano en la mañana con mi teléfono celular.

> No ruego que los quites del mundo, sino que los guardes del mal. No son del mundo, como tampoco yo soy del mundo. Santifícalos en tu verdad; tu palabra es verdad. Como tú me enviaste al mundo, así yo los he enviado al mundo (Jn. 17:15-18).

La relación que tú y yo tenemos con el mundo a menudo se siente complicada, ¿no es así? Vivir en dos esferas puede ser un reto incesante. ¿Cómo combinamos el estudio bíblico y la oración con nuestra profesión? ¿Cómo hemos de vivir en el mundo, pero sin ser del mundo? ¿Qué debemos hacer y por qué debemos hacerlo?

Vivir en dos esferas puede ser un reto incesante.

PREPARACIÓN PARA LA BATALLA

Bill Bates jugó durante quince años con los Cowboys de Dallas. Pasó la mayor parte de su carrera en equipos especiales, tarea que a menudo se considera de segunda clase en la NFL. No para Bill. Su agresividad y valor en el campo durante un saque inicial o un despeje lo convirtieron en favorito de los fanáticos.

Fue venerado por muchos amantes del juego.

Tom Landry declaró: «Si tuviéramos en el campo once jugadores que jugaran tan fuerte como lo hace Bill Bates y que se desempeñaran como él, sería casi imposible que nos derrotaran. Bill Bates y Cliff Harris son los más grandes rematadores que he visto». Además, John Madden manifestó: «Todo partido empieza con un puntapié, pero cuando Bates está en el campo, ¡todo partido empieza con una explosión!».[1]

Tuve el privilegio de conocer a Bill Bates y ayudarle a publicar su libro.[2] Durante la pretemporada de 1994, Bill me llevó a un recorrido privado por las nuevas instalaciones de los Cowboys en el norte de Dallas. Al caminar por ese asombroso complejo moderno, quedé completamente encantado con todo... como un niño en una tienda de dulces.

Recuerda, esa era la pretemporada, por lo que yo esperaba que el lugar estuviera vacío. No fue así. Había atletas por todas partes, levantando pesas y trabajando en las máquinas de ejercicios cardiovasculares.

—¿Con qué frecuencia vienes aquí? —pregunté a Bill.

El caballero nacido en Tennessee sonrió con lo que pudo haber sido un gesto condescendiente. Pero no lo fue. No era un hombre orgulloso, sino un hombre centrado.

—Menos el domingo —expresó—, todos los días. En ocasiones la mayor parte del día.

Como te habría sucedido, quedé estupefacto.

—¿Todos los días? —repetí, y agregué ingenuamente—. ¿De veras? ¿Por qué?

Nunca olvidaré su respuesta. Esperé que Bill me dijera que hacía esto para mantenerse en las mejores condiciones a fin de poder participar en otro Tazón de las Estrellas, o para ayudar a los Cowboys a ganar su división. Sin duda estas eran las razones, pero eso no es lo que dijo.

Después de unos momentos respondió mi pregunta.

—Defensa propia. Si no estoy en buena forma, me matarán allí —confesó, pero aún no había terminado—. Mis adversarios están en las mejores condiciones. Tengo que estar mejor que ellos o moriré.

> *Mis adversarios están en las mejores condiciones. Tengo que estar mejor que ellos o moriré.*

El propósito final del entrenamiento de Bill Bates o de mi tiempo a solas con el Señor es preparación para la batalla. El tiempo pasado en la Palabra y en oración, o las repeticiones con pesas y el incesante trabajo cardiovascular, no son fines en sí mismos. Son actividades con un destino. Hacer clic en mi nueva aplicación favorita antes que mi corazón esté listo sería como si Bill entrara al campo de juego antes de estar fuerte.

Mi objetivo no es una vida monástica más de lo que el objetivo de Bill era robustecer el cuerpo. La oración de Jesús fue una súplica a su Padre para que tú y yo no nos enclaustremos en una abadía en lo alto de una colina ni fortalezcamos nuestros cuerpos esculturales para fotos de revistas.

> *La oración de Jesús inspira a hombres, como tú y yo, no a evitar el mundo, sino a ser suficientemente fuertes para vivir, incluso florecer para Dios, mientras vivimos en el mundo.*

Estas cosas están destinadas a prepararnos, a «alejarnos del maligno».

La oración de Jesús inspira a hombres, como tú y yo, no a evitar el mundo, sino a ser suficientemente fuertes para vivir, incluso florecer para Dios, mientras vivimos en el mundo.

El gran atleta Eric Liddell adoptó esta idea y la vivió poderosamente. A Liddell se le recuerda principalmente por su posición fundamentada de negarse a competir en el Día del Señor en los Juegos Olímpicos de París en 1924. La película *Carros de fuego* hizo una crónica de ese momento, y en 1982 la película obtuvo siete premios Oscar, entre ellos a la mejor película.

Después que su competitiva carrera concluyera, Liddell pasó a servir durante décadas en el campo misionero en China. Si alguna vez hubo un hombre que buscó honrar a Dios en las esferas tanto secular como sagrada, fue Eric Liddell, pasando sin problemas de la gloria olímpica al humilde servicio misionero.

El entrenamiento físico y el éxito de Liddell no eran lo importante. Prepararse en cuerpo, mente y espíritu para el llamado de Dios en su vida era la razón definitiva para su entrenamiento riguroso. Es más, tanto la preparación como el rendimiento eran absolutamente esenciales. Como creyentes en Jesucristo podríamos ir tan lejos como para decir que tanto nuestro tiempo a solas como el tiempo en el gimnasio son sagrados.

Apartados. Actos de adoración.

Tú y yo no necesitamos construir un muro entre la práctica y el rendimiento. La preparación y la vida real. Ambos aspectos son necesarios e importantes.

> *Tú y yo no necesitamos construir un muro entre la práctica y el rendimiento. La preparación y la vida real.*

¿No te agrada esto? El muro que algunos erigirían entre prepararse y luego hacer realmente «cosas importantes» ya no está separado. Tanto los ensayos como la batalla son sagrados.

Dios puso a Adán en el huerto y le dio su descripción de trabajo: «Que lo cultivara y lo cuidara» (Gn. 2:15). Debía glorificar a su Creador mediante la adoración y el trabajo. Su preparación y su trabajo eran sagrados.

UNA REMODELACIÓN SAGRADA

En la primavera de 1999, mi Julie eligió a un hombre llamado Christopher Tassy para que fuera su esposo. Afortunadamente, casi al mismo tiempo él también la escogió. Por tanto, según nuestro plan original, ella y yo decidimos que ese sería un buen momento para terminar de remodelar su casa.

Julie había estado viviendo en el lugar que ella y yo habíamos renovado completamente unos años antes, con la excepción de un cuarto que dejamos inconcluso... en caso de que se enamorara de un chico que pudiera terminar el proyecto conmigo. Por eso decidió que, puesto que iban a casarse en algunos meses, ese sería un buen momento para que Christopher ayudara con esa remodelación final. De esa manera, después de la boda en julio, él no se mudaría a la casa de *ella*; más bien se mudaría a la casa de *ellos*.

Como universitario estadounidense y ex atleta profesional, «Tass» había pasado la mayoría de sus horas de crecimiento en el campo de fútbol americano.

¿Una ferretería? No mucho.

Entonces, para el mes de junio de 1999, Tass y yo pusimos manos a la obra. Tomamos lo que originalmente había sido un garaje adjunto en la pequeña casa de granja y lo convertimos en una encantadora sala de estar, una lavandería y un baño completo con pisos de mármol negro, un lavabo blanco de pedestal y una bañera de hierro fundido con patas. Levantamos el techo y pusimos un tragaluz. El producto terminado quedó increíble.

> *Orábamos para que tanto la construcción de ese espacio como finalmente vivir allí fuera una aventura sagrada.*

Cada mañana durante cuatro semanas, antes de encender las herramientas eléctricas, nos arrodillábamos al lado de un caballete y orábamos. Por supuesto, orábamos pidiendo seguridad de los traicioneros dientes de la sierra, pero también para que el Señor bendijera nuestro tiempo juntos. Orábamos para que tanto la construcción de ese espacio como finalmente vivir allí fuera una aventura sagrada.

Al recordar, me doy cuenta de que Tass y yo estuvimos integrando lo «secular» (madera, cables eléctricos, tuberías y accesorios de baño) con lo «sagrado» (hacer de nuestro día una experiencia de vínculo masculino, duro trabajo, y adoración al Señor juntos).

PREPARARSE PARA LA BATALLA

Desde la caída de Adán, los hombres han mostrado una propensión por poner límites. Al igual que Adán, quien un día tuvo confiadamente una conversación sincera con Dios y al siguiente se convirtió en un debilucho peso pluma con su esposa, trazamos una línea clara entre la parte «religiosa» de nuestras vidas y todo lo demás. Hay asuntos espirituales (oración, lectura bíblica, iglesia, discipulado, adoración) y después, bueno, está el resto de nuestras vidas: educación, trabajo, relaciones, familia, sexo, dinero, pasatiempos, recreación y más.

Como ciudadanos de dos mundos, tú y yo debemos aceptar intencionalmente las realidades de un mundo peligroso (las herramientas eléctricas traicioneras y el poder magnético implacable de Satanás) y la verdad redentora de la obra y el mundo de Dios. Y de modo intencional debemos aceptar el poder de Dios, el gozo de vivir en la luz de Cristo.

No hay necesidad de dividir en categorías. Podemos acoplar completamente la «preparación» y el «desempeño».

Honramos a Dios cuando llevamos todo pensamiento (cada actividad, cada tarea, cada clase de preparación y la obra que sigue) cautivo a la obediencia a Cristo (2 Co. 10:5).

36 *«El mundo es demasiado malo para traer niños».*

Para ser sincero, cuando mi finada esposa Bobbie y yo nos casamos con poco más de veinte años, no habíamos pensado mucho en la perspectiva divina de tener hijos. Hasta donde recuerdo, decidimos esperar algunos años después de casados y tener la oportunidad de instalarnos.

¡ZAS!

Caí inesperadamente en la paternidad. Sé cómo sucedió; solo que no estaba preparado.

Era febrero de 1971, justo once meses después de nuestra boda. Bobbie y yo viajábamos hacia Minneapolis desde nuestro hogar en Chicago para asistir a una convención de negocios.

Luché con fuertes vientos y carreteras resbaladizas. Esto fue mucho antes de las leyes obligatorias sobre el cinturón de seguridad, y Bobbie pasó la mayor parte del viaje acostada en el asiento trasero, y solo ocasionalmente despierta para asegurarse de que yo estaba bien. Busqué metódicamente en el dial de la radio, intentando sin éxito encontrar algo más interesante que el negocio de cerdos.

Escuchaba la respiración irregular de Bobbie. Noté que era algo más que cansancio extra. Mi esposa no estaba sintiéndose bien.

Espero que no sea gripe, me preocupé.

Al día siguiente de nuestra llegada a las Ciudades Gemelas, aún sintiéndose mal, me susurró su propio diagnóstico. Demasiado abrumada para expresar las palabras por sobre un susurro, dijo en voz baja: «Robert, creo que estoy embarazada».

Las palabras me dejaron sin aliento. No podía creerlo.

«¿Qué vamos a hacer?», preguntó varias veces en los días siguientes. La turbulenta realidad de esta responsabilidad comenzó a ser evidente.

Habíamos estado casados menos de un año y éramos tan pobres como ratones de iglesia. ¿Qué íbamos a hacer?

> *Habíamos estado casados menos de un año y éramos tan pobres como ratones de iglesia. ¿Qué íbamos a hacer?*

Después de nuestro regreso a Chicago, Bobbie sacó una cita con su médico. Quería estar segura. La acompañé para apoyarla.

Como único hombre sentado en la sala de espera, recuerdo haber observado a las mujeres sentadas en las sillas alrededor de la sala. Estaban en varias etapas de sus embarazos. La mayoría conversaba abiertamente con sus vecinas sobre los detalles íntimos y gráficos de cambios fisiológicos y sorpresas. Podía sentir que el color se me iba del rostro. Era todo lo que podía hacer por mantenerme firme.

Entonces la vi. Mi esposa de menos de un año salía por la puerta y entraba al pasillo donde me hallaba sentado. Nuestros ojos se encontraron. Los de ella se llenaron de lágrimas. Igual los míos. Asintió muy levemente. Me recordó a un ángel.

EMBARAZADA A PROPÓSITO

La mayoría de nuestros amigos eran parejas casadas tres o cuatro años mayores que nosotros.

Parecía que todos ellos habían decidido que iban a esperar hasta que pudieran «darse el lujo» de tener hijos. Creo que allí es donde nos dirigíamos también.

Sospechamos que estos amigos, una vez que supieran que esperábamos un bebé, se sorprenderían. «¿Estás embarazada? ¿Qué sucedió? ¡Sin duda esta debe ser una gran sorpresa!».

Por eso, antes que alguno de esos comentarios llegara, Bobbie y yo nos sentamos y hablamos al respecto.

Recuerdo que le dije: «¿Sabes? Aunque esto es realmente una sorpresa, digamos a todo el mundo que este embarazo fue planeado. No podemos imaginar cómo van a resultar las cosas, pero es obvio que Dios nos ha bendecido con este bebé, así que entre tú y yo, simplemente descansemos en la realidad de que *fue el plan divino*. Que fue exactamente lo que queríamos».

> *Más sorprendente que el embarazo mismo fue nuestra respuesta confiada. Aún puedo verlos meneando la cabeza con incredulidad.*

Bobbie estuvo de acuerdo. ¿Qué más podríamos decir acerca del plan soberano de Dios? Así que eso es lo que decidimos hacer.

Y efectivamente, los amigos preguntaron. Algunos fueron diplomáticos. Sutiles. «Um, qué momento tan interesante en sus vidas para iniciar una familia». Otros fueron realmente directos: «¿Que estás qué?».

Más sorprendente que el embarazo mismo fue nuestra respuesta confiada. Aún puedo verlos meneando la cabeza con incredulidad.[3]

UN BUEN REGALO DE DIOS

En muchos ámbitos estos días se nos dice que los hijos son una carga, un inconveniente, un desagüe de nuestro tiempo, nuestra cuenta bancaria, nuestra energía y nuestra libertad. Pero la Biblia nos da una perspectiva totalmente distinta:

> He aquí, herencia de Jehová son los hijos; cosa de estima el fruto del vientre. Como saetas en mano del valiente, así son los hijos habidos en la juventud. Bienaventurado el hombre que llenó su aljaba de ellos; no será avergonzado cuando hablare con los enemigos en la puerta (Sal. 127:3-5).

Así es. No solamente los hijos *no* son una carga, sino que son una *bendición*.

UN CAMBIO EN EL MUNDO: UN HIJO A LA VEZ

Semejante a muchas otras mentiras, hay una pizca de verdad en esta. En primer lugar, el mundo *es* un desastre. Realmente malo. La razón de que esté mal es que está lleno de pecadores. Y no somos simplemente las víctimas de los pecadores... somos los pecadores. Y nuestros hijos también lo son. De hecho, si estuviéramos realmente preocupados por lo mal que está el mundo, podríamos sentirnos tentados a no tener hijos en absoluto, no porque serían demasiado buenos para el mundo, sino porque como compañeros pecadores serían malos para el mundo.

Sin embargo, al igual que el creyente, el mundo no está hecho para quedarse en mal estado. No obstante, por el poder del Espíritu Santo, Dios está en el proceso de redimir este mundo y hacer santo a su pueblo. Estamos moviéndonos de gracia en gracia, volviéndonos más y más como el Hijo cuya imagen portamos. Y, cuando criamos a nuestros hijos «en disciplina y amonestación del Señor» (Ef. 6:4), confiamos que lo mismo será cierto para ellos.

Como hombres pecadores somos claramente parte del problema con el mundo. Pero, gracias al poder del evangelio, nosotros y nuestros hijos también podemos ser parte de la solución. En el último libro del Antiguo Testamento, el profeta revela el plan de Dios para su pueblo: «¿Y por qué un solo ser? Pues porque buscaba obtener una *descendencia para Dios*» (Mal. 2:15, RVC). Dios aún está buscando una descendencia piadosa. Todavía busca bendecirnos con ella y usarla para glorificarlo en este mundo arruinado.

Claramente, criar hijos es un trabajo difícil. Son una bendición, pero una bendición que nos quita mucho. Nadie que ha sido padre diría que criar hijos es fácil, sin peligros ni riesgos. Quizá por eso es que podríamos estar tentados a evitar esta bendición, a decirle al Señor: «No gracias», cuando se trata del regalo de los hijos.

Hay un proverbio que habla de esta tentación:

Sin bueyes el granero está vacío; mas por la fuerza del buey hay abundancia de pan (Pr. 14:4).

Podemos estar libres del trabajo desagradable de cambiar pañales, de los costos de alimentar y vestir hijos y de la energía emocional requerida para cuidarlos, pero también perderemos las bendiciones y la fructificación creciente que podrían habernos traído. Y nos encontraremos yendo a la batalla con una aljaba vacía.

Cuidar hijos es una carga que puede asumir el cuerpo de Cristo, incluso quienes tal vez no tengan hijos propios. Cada noche antes de acostarnos, mi esposa Nancy y yo oramos por cada una de nuestras hijas y sus hijos, así como por nuestros hermanos y sus hijos. También oramos por más de una decena de hombres jóvenes que conocemos o de los que sabemos, que están en un momento crítico en sus vidas. Sabemos que cada uno necesita a diario una gracia personalizada para caminar con Dios en este mundo estropeado. Y creemos que Dios quiere usarlos para hacer brillar la luz de Cristo en las tinieblas.

Así que estamos llamados a recibir los hijos que Dios nos confía a nosotros y a los que nos rodean, a fin de recibirlos, agradecer por ellos y amarlos, porque son exactamente lo que Él afirma que son: una bendición.

Cuando Dios quiere darte un regalo, y crees que no lo quieres, piénsalo otra vez. Todos los regalos de Dios son buenos, especialmente los que durarán eternamente. Él siempre es justo. No permitas que el miedo te aleje de la batalla, sino confía en nuestro Jefe supremo. No te conformes con un establo limpio y un campo no surcado si Dios quiere darte una abundante cosecha. Recuerda que, a causa de nuestros hijos, estamos cambiando el mundo, un hijo (un pañal) a la vez.

| **LA VERDAD** | **Los hijos son un regalo del Señor; Él quiere usarlos para extender el evangelio en nuestro mundo arruinado. Cuando aceptamos los hijos como un regalo, nos asociamos con Dios en cambiar este mundo.** |

REFLEXIONA: *Jesús amó a los niños. Los recibió (Mt. 19:13-15; Mr. 10:13-16). ¿Cómo tratas a los niños, sean tuyos o ajenos? Esto puede ser una ventana al interior de tu alma.*

«Me mido por cómo me comparo con otros hombres».

«Los hombres comparan y compiten».

Le dije estas palabras a Nancy cuando nos casamos. Como el flamante marido de esta dama de cincuenta y siete años que nunca se había casado, me hallaba haciendo todo lo posible por ayudarle a entender cómo piensan y actúan los hombres... al menos desde mi perspectiva como un hombre de sesenta y siete años.

LA RIVALIDAD ENTRE HERMANOS POTENCIA EL RENDIMIENTO

La conversación con Nancy acerca de que los hombres comparan y compiten me recuerda a los doce hijos de Jacob descritos en el libro de Génesis del Antiguo Testamento. Decir que esta familia era disfuncional es insuficiente.

Debido a que la práctica de la poligamia era común, los doce hermanos tenían el mismo padre, pero participaban de cuatro madres diferentes. Toma un momento y deja que esto se asimile.

> *Una grave conspiración ha nacido para deshacerse del muchacho.*

Muy poco se ha escrito de esta familia hasta que aparece el hijo número once. Su nombre es José, y es el primer hijo de la esposa favorita de Jacob, Raquel. ¿Dije «esposa favorita»? Sí. Otra vez, deja que esto se asimile.

Y Jacob no se disculpa por mostrar favoritismo crudo al muchacho. Comparación. Competencia. Odio. Una grave conspiración ha nacido para deshacerse del muchacho.

Así que echemos un vistazo al drama que se desarrolla desde la perspectiva de José. Después de todo, él fue el centro de esta confusión. Y gran parte del problema le pertenece. Él también estaba comparando y compitiendo.

TESIS EN LA FACULTAD DE HUMILDAD

En el musical de Broadway *Annie consigue tu arma,* la orgullosa y un tanto desafiante Annie Oakley se aseguró de que todos supieran que cualquier cosa que alguien más hiciera, ella podía hacerlo mejor. Annie podía ser más astuta, conducir mejor, disparar mejor... que todos... que cualquiera.

Aunque ese espectáculo no fue ejecutado hasta más de tres mil años después que José, de diecisiete años, hiciera sus absurdos reclamos a sus hermanos, se trata de una idea que él pudo haber escrito.

Empezó con su padre, Jacob, dándole un trato especial. Amándolo más que a sus hermanos y demostrándolo al darle una túnica llamativa y colorida, un símbolo gráfico de la razón de los hermanos para odiar a José. Alentado por ese reconocimiento especial, José tuvo visiones de grandeza personal e informó de esos sueños a su familia.

> *Recordarle que no se trata de él, que todo lo que él es y que todo lo que tiene es un regalo de la mano de su Padre celestial.*

Algo del desparpajo de José puede atribuirse a ingenuidad. Pero no todo eso puede excusarse correctamente.

Por tanto, si fueras Dios y tuvieras un gran plan para este chico, ¿qué sería lo primero en tu agenda? Tienes razón, deberías encontrar una manera de enseñarle humildad. Ablandarlo un poco. Recordarle que no se trata de él, que todo lo que él es y que todo lo que tiene es un regalo de la mano de su Padre celestial.

Así que, durante los trece años siguientes, sin saberlo realmente, José se matriculó en la universidad, trabajando para obtener su título avanzado en renuncia a su inclinación de comparar y competir. Su maestría en humildad. Su curso incluía: que sus hermanos lo odiaran, lo lanzaran a un pozo para que muriera, lo vendieran a extraños como un esclavo común, que la esposa de su jefe lo calumniara después que tratara de seducirlo, que lo encarcelaran con acusación falsa y que un prisionero bajo libertad condicional le prometiera que se acordaría de él (pero no lo hizo).

Las vicisitudes de esos años para José son materia de leyenda. Pero también representan un mensaje para nosotros como hombres, que somos tentados a comparar y competir. Aquí está:

No hay competencia por tu lugar en la voluntad de Dios.

Este principio se afirma en el Nuevo Testamento:

No nos atrevemos a contarnos ni a compararnos con algunos que se alaban a sí mismos; pero ellos, midiéndose a sí mismos por sí mismos, y comparándose consigo mismos, no son juiciosos (2 Co. 10:12).

El amor y el liderazgo de Dios en tu vida tienen tu nombre inscrito. Él no te compara con otro. Su cariño por ti es singular.

> Una vez que aceptamos esta verdad, nuestra tendencia a medir nuestras vidas por la falsa norma del éxito de los demás se desploma misericordiosamente. Nuestros corazones están llenos de gratitud por quiénes somos delante de nuestro Buen Pastor y por lo que nos ha dado su mano clemente.

Una vez que aceptamos esta verdad, nuestra tendencia a medir nuestras vidas por la falsa norma del éxito de los demás se desploma misericordiosamente. Nuestros corazones están llenos de gratitud por quiénes somos delante de nuestro Buen Pastor y por lo que nos ha dado su mano clemente.

Los discípulos de Jesús también debieron aprender esta lección inspirada en José. Viajar con el Mesías debió de ser una experiencia encantadora. Y parece que se encontraron comparándose y compitiendo entre sí por posición y aclamación. Un día, como niños que juegan béisbol de barrio, atrevidamente le pidieron a Jesús que los eligiera primero. La pregunta que hicieron puso al descubierto sus corazones, ¿no es así?

¿Quién es el mayor en el reino de los cielos? (Mt. 18:1).

Como solía hacer, Jesús respondió no solo *diciéndoles* la verdad (esta vez sobre el peligro de compararse y competir), sino que también les *mostró* la verdad. Esta respuesta fue algo que ellos pudieron ver.

> Llamando Jesús a un niño, lo puso en medio de ellos, y dijo: De cierto os digo, que si no os volvéis y os hacéis como niños, no entraréis en el reino de los cielos. Así que, cualquiera que se humille como este niño, ése es el mayor en el reino de los cielos (Mt. 18:2-4).

Aunque José debió soportar pruebas y dificultades provocadas por sus celosos hermanos, finalmente aprendió el delicado arte de la humildad infantil. Sus hermanos aprendieron lo mismo. Como hicieron los discípulos de Jesús.

Y esta es una lección que tú y yo debemos aprender.

He aquí un ejemplo tonto, pero creo que funciona.

> *Aunque José debió soportar pruebas y dificultades provocadas por sus celosos hermanos, finalmente aprendió el delicado arte de la humildad infantil.*

¡AGRADABLE PASEO!

El hecho de que he sido un «aficionado a los autos» desde pequeño no es algo que me avergüence ni trate de ocultar. Con mi padre antes que yo (quien poseía cuatro tiendas de repuestos automotores) y su padre antes que él, cuyo Chevy negro nunca (quiero decir *nunca*) estaba sucio, llegué a esto en serio.

Cuando viajo por carretera es imposible no ver otros autos allí. Y a veces comparo el mío con esos autos. A simple vista veo quién gana, basado en la calidad (o excelencia) de los vehículos.[4] Esto es especialmente cierto en el sur de California cuando la balanza por lo general se inclina hacia cualquier auto alquilado que yo conduzca. Si has conducido en una de esas autopistas (o si vives allí) sabes a qué me refiero... muchos costosos autos extranjeros importados, y siempre impecables.

A veces el individuo que maneja el auto que estoy mirando, especialmente cuando miro fijamente un gran automóvil, hace contacto visual.

Y si estamos uno junto al otro en un semáforo (o en un embotellamiento en una de las autopistas ya mencionadas) y tengo unos segundos, he aquí lo que intento hacer cada vez.

Bajo la ventanilla y grito: «¡Buen coche!». O: «¡Hermoso automóvil!». O: «Amigo, ¡me gusta tu auto!».

> *De repente se convierte en una celebración del vehículo del otro sujeto en lugar de una oportunidad de lucir el mío.*

El tipo (quien puede ser alguien comparativo y competidor) casi siempre se sorprende y su respuesta suele ser un gesto de asentimiento, una gran sonrisa o un pulgar en alto.

Entonces, ¿qué hace esto por mi tendencia a comparar y competir? Sencillo. De repente se convierte en una celebración del vehículo del otro sujeto en lugar de una oportunidad de lucir el mío. Y si no eres particularmente aficionado a los autos, esta mentalidad es en muchas situaciones un poderoso antídoto contra comparar y competir.

Sé generoso con tu amabilidad y afirmación de las personas en tu vida. Tu pastor después de un sermón, el cajero en el supermercado que pasa rápido tus compras y con destreza, el técnico que trabaja en tu horno y limpia tras sí, tus compañeros de trabajo que son fieles en lo que hacen con buena actitud. Cuando empieces a buscar oportunidades de hacer esto, descubrirás que hay muchísimas.

Y que tus palabras no sean adulación vacía. No: «Eres el mejor plomero en el planeta». Más bien: «Gracias por tu buen trabajo. Aprecio mucho lo rápido que viniste a casa y valoro tu disposición de ayudar».

O: «Gracias por tu fidelidad aquí en la oficina. Día tras día haces bien tu trabajo y con una actitud estupenda».

Este es un hábito que tú y yo podemos aprender. Es sencillo. Y auténtico. Frenará nuestra tentación de comparar y competir. Celebrando a otros en vez de centrarnos en nosotros.

Si vivimos por el Espíritu, andemos también por el Espíritu. No nos hagamos vanagloriosos, irritándonos unos a otros, envidiándonos unos a otros (Gá. 5:25-26).

LA VERDAD | Cuando recibimos las dádivas de Dios con sincero asombro, gratitud y humildad, nos liberamos de la necesidad de comparar y competir.

REFLEXIONA: *¿Exageras siempre tu necesidad de ganar? Dios te ama y te llama a amar a tus enemigos... y al equipo visitante en el campo de juego. ¿Qué tan bueno eres en esto? ¿En qué ámbitos podrías llevar al Señor algunas de tus actitudes competitivas?*

38 *«Con todo lo que pasa en mi vida, realmente no es posible vivir con integridad».*

Excepto por limpiar después de una comida (y soy muy bueno en eso) no soy de mucho valor en la cocina.

En realidad, hago un trabajo aceptable como *ayudante de cocina*. Cortar verduras, lavar y pelar fruta, o revolver una olla en la estufa están dentro del conjunto de mis habilidades.

Por otra parte, mis hijas son genios en la cocina. Servir a un ejército de invitados u hornear decenas de galletas es rutina para ambas. Lo toman todo con calma.

Así que volvamos a lo de *ayudante de cocina*... y a hablar de galletas. Sí, hagámoslo. Cuando me lo pide una panadera legítima como una de mis hijas, puedo ser muy útil mezclando distintos ingredientes en un gran recipiente y, con la ayuda de una gran cuchara de madera, convertir huevos, leche, avena, harina, mantequilla, uvas pasas, levadura y azúcar (blanca y morena) en una mezcla perfecta de masa, lista para la bandeja de galletas... y para el horno.

Toma un momento y considera ese recipiente para mezclar y los ingredientes que hemos puesto allí. Un poco de esto y aquello. Lo que exige la receta. Esta es una metáfora de nuestras vidas. Los ingredientes son tan variados como los que ponemos dentro para hacer galletas de avena con uvas pasas. Y la forma que en que podemos saber si hemos hecho un buen trabajo en la mezcla (y deberíamos ser muy buenos) es que cada cucharada de ella se vea exactamente como las demás cucharadas. Todas deben verse, y ser, iguales. Consistencia perfecta.

> *Nuestra tarea más importante es que vivamos cada uno de estos papeles en simetría perfecta. Somos el mismo hombre en cada situación.*

He aquí a lo que me refiero. Las cosas que se espera que tú y yo hagamos y seamos pueden ser tan diferentes como huevos y mantequilla, leche y avena. Tan diferentes como uvas pasas y levadura. Es lo que tú y yo estamos llamados a ser, las características de nuestras rutinas diarias:

Hombre, esposo (si eres casado), conversador, proveedor, amante, papá (si tienes hijos), negociador (si tienes más de uno), consejero, empleado (o empleador), colega, amigo, mentor, jardinero, mecánico, clérigo, vecino, deportista, lector, juerguista, reparador de cosas rotas...

Y nuestra tarea más importante es que vivamos cada uno de estos papeles en simetría perfecta. Somos el mismo hombre en cada situación. Nuestros compañeros de trabajo no ven un hombre diferente en la oficina o el taller del que nuestros compañeros diáconos ven en la iglesia. A nuestros hijos no se les pide que traten con un hombre que es amable y tierno con su perro y un grosero demasiado susceptible e impaciente con ellos. A nuestras esposas no se les pide que en la alcoba armonicen Giovanni Casanova con el Gladiador cuando este se encuentra bajo presión.

Lo que acabo de describir es un hombre que vive con integridad. Es trabajo duro, pero viable. Este es un hombre que se niega a trazar líneas que diferencian al ser que es aquí del que está allá.

LA TIERRA EN MEDIO

La Guerra de Corea empezó el 25 de junio de 1950. ¿Cuándo terminó? La verdad es que, al momento de escribir esto, todos estos años después, técnicamente aún no ha terminado. En julio de 1953 se acordó el alto al fuego, pero no hubo tratado de paz. Las negociaciones por el alto al fuego crearon una «zona desmilitarizada», o ZDM. Esta franja de tierra es de casi doscientos sesenta kilómetros a través de la península coreana y tiene aproximadamente cuatro kilómetros de ancho. La ironía es que no hay nada «desmilitarizado» respecto a la ZDM. Es uno de los lugares más fuertemente armados en el planeta. Tanto Corea del Norte como del Sur tienen tropas concentradas en sus propios lados de la ZDM, totalmente equipadas para la guerra.

Actuamos como si hubiera una zona neutral entre el reino de Dios y el reino del hombre, donde ambos lados pueden vivir en seguridad, uno con el otro. Sin embargo, igual que con la ZDM, siempre

> **La Biblia llama a esto una lucha constante entre nuestra carne y el Espíritu.**

está gestándose una lucha, ya sea visible o bajo la superficie. Y en más veces de las que nos gustaría, estalla la guerra.

La Biblia llama a esto una lucha constante entre nuestra carne y el Espíritu (Gá. 5:17, NTV). Un lado de la ZDM nos pide que vivamos por nuestras pasiones egoístas, el otro lado nos insta a hacer lo que agrada y honra a Cristo.

Abraham Kuyper vio a través de esta mentira de vivir con «éxito» esta vida de duplicidad. De ser alguien en un lugar y alguien más en otro lugar.

Kuyper era un hombre extraordinario. En su Holanda natal creó y publicó dos periódicos. Fundó la Universidad Libre de Ámsterdam. También logró encontrar tiempo para servir como primer ministro de su país. Fue un verdadero hombre del Renacimiento, dotado con una amplia variedad de talentos. Y recorrió el mundo enseñando a otros acerca de Jesús. Por lo que más se le recuerda es por un breve aforismo pronunciado en la fundación de la Universidad Libre:

> *No hay un centímetro cuadrado en todo el dominio de nuestra existencia humana sobre el cual Cristo, quien es soberano sobre todas las cosas, no clame: ¡Me pertenece!*[5]

¿TUYA? ¿MÍA? SUYA. LA INTEGRACIÓN DE TODO

Ya hemos considerado la verdad de que nuestro trabajo es parte del primer mandato de Dios para el hombre: que debemos ejercer dominio sobre la creación. Pero hay más que eso.

Estamos llamados a ejercer dominio no para nuestra gloria sino para la suya. Esto se aplica a nuestro trabajo, nuestro juego, nuestras familias, nuestro descanso y todo en lo que ponemos nuestras manos. Fuimos creados para reflejar la gloria divina, no para producir la nuestra. Cuando buscamos lo nuestro aparte de Dios, solo encontramos vergüenza.

No hay territorio «seguro» entre agradar a Dios y vivir para nosotros mismos. No hay lugar para la autosuficiencia justificada en medio de actividades y actitudes pecaminosas. Nuestro Padre quiere tomar todos los lados de la vida (cada ingrediente, actividad y asignación) y eliminar la «seguridad» de la ZDM.

Debes poner eso en tu recipiente, agarrar la cuchara de madera, y «combinar todo hasta que esté totalmente mezclado». Con la ayuda de Dios, tú y yo podemos vivir con verdadera integridad.

Cuando los hermanos de José lo pusieron en los anuncios clasificados para venderlo como cualquier artículo, y pronto se encontró en una tierra lejana donde nadie lo conocía ni se conocía el buen nombre de su familia, tuvo la oportunidad de rechazar al hombre de carácter que había sido. Después de todo, su antigua vida de obediencia a Yahvé Dios tal vez no encajaba en esa nueva cultura egipcia.

Sin embargo, cuando la esposa de su jefe intentó seducirlo, «él no quiso» (Gn. 39:8). Y cuando ella persistió, insinuándosele una y otra vez, día tras día, él «no le hacía caso» (v. 10, RVC). Y un día en que la mujer se encontró sola con José en la casa y lo agarró de la ropa e insistió en que le hiciera el amor, «él dejó su ropa en las manos de ella, y huyó y salió» (v. 12).

¿Cómo José hizo eso? Él tenía pasiones, igual que tú y yo. No era inmune al ofrecimiento de una emoción ilícita. Pero había algo que importaba más para él que cualquier éxtasis de corta duración.

«¿Cómo, pues, haría yo este grande mal, y pecaría contra Dios?» (v. 9), declaró José a su seductora.

El temor del Señor le permitió negarse a entregar su esencia fundamental por el placer inmediato. Una y otra vez.

Esto es integridad.

LA VERDAD	**Dios ve cada fragmento, parte e ingrediente de nuestras vidas y declara: «¡Me pertenece!». Nuestra sincera y alegre respuesta debería ser: «¡Te pertenezco!».**

REFLEXIONA: *¿Dirían tus amigos más cercanos que eres un hombre íntegro? Haz una encuesta informal y averigua lo que piensan. ¿Estás dispuesto a identificar y abordar aspectos en que te falta integridad?*

 39 *«Se supone que ser cristiano es estupendo».*

Al ser miembro de Amazon Prime, con regularidad recibo «oportunidades» de comprar cosas que no tengo y, en la mayoría de casos, no necesito. O quiero. Como hoy día.

Esta mañana suscitó mi interés un precio especial de «insectos cubiertos de chocolate». No estoy bromeando. Y tampoco estoy interesado. Bañados o no en chocolate, comer un insecto sería, bueno, comer un insecto. No, gracias.

Si me perdonas por usar esto como una metáfora, por mucho que algunos acaramelen el evangelio, nunca será aceptable para quienes no les resulta apetitoso.

La palabra de la cruz es *locura* a los que se pierden; pero a los que se salvan, esto es, a nosotros, es poder de Dios (1 Co. 1:18).

Otras traducciones bíblicas usan la palabra «ridiculez» en lugar de «locura». Lo que tú y yo creemos acerca de Dios, la Biblia, la cruz de

Jesucristo y la salvación es totalmente ridículo, tonto y hasta repugnante para muchos. Para la mayoría.

Algunos intentan atraer a los no creyentes a aceptar el evangelio endulzando la verdad y entusiasmando los oídos de las personas con un mensaje diluido que para nada es el evangelio. Pero el núcleo del evangelio cristiano es ofensivo para aquellos cuyos ojos nunca han sido abiertos por el Espíritu a fin de que vean su propia pecaminosidad, la belleza de Cristo y la gran necesidad que tienen de un Salvador.

EL TERCER LIBRO EN MI HOGAR DE NIÑO

Así que imagina un programa de televisión de preguntas y respuestas. La categoría es «Normas familiares» y la pregunta es: ¿Cuáles eran los tres libros absolutamente esenciales en el hogar Wolgemuth cuando Robert era niño?

¿Puedes adivinar?

Desde luego que había una Biblia. Más de una. Tienes razón en eso, ¿verdad?

Segundo, había un himnario. Mis padres habrían estado de acuerdo con Martín Lutero, quien dijo: «Al lado de la Palabra de Dios, el noble arte de la música es el más grande tesoro en el mundo. Controla nuestros pensamientos, mentes, corazones y espíritus».[6] Quizá también supusiste ese.

Pero ¿qué tal el tercero? ¿Te rindes? Este libro esencial en el hogar de mi infancia era... *El libro de los mártires* de John Foxe.

En realidad, no fue hasta hace unos años que descubrí que la presencia de este tercer libro en nuestra casa se debió a los orígenes de mis padres en el condado de Lancaster, Pennsylvania. Me hallaba leyendo un libro acerca de las familias amish, muchas de las cuales también viven en esa parte del condado, y me enteré de que estos tres libros son fundamentales en todo hogar. El de Foxe era un gran volumen de tapa dura lleno de historias e ilustraciones de hombres y mujeres que siglos antes habían sacrificado sus vidas por el bien de la fe cristiana. Algunos fueron torturados y ahorcados, otros quemados en la hoguera, otros más arrojados a leones y despedazados, simplemente porque se negaron a retractarse de su amor y devoción a Jesús.

Recuerdo bien cuando era niño y estaba sentado en el piso de la sala de estar, escondido detrás de un gran sillón mullido a cuadros, hojeando cuidadosamente las páginas de ese libro. Mi corazón se aceleraba al pensar en cómo debió haber sido eso para esas personas.

¿Por qué entonces papá y mamá decidieron tener un libro como ese en nuestra casa? Un libro que incluía descripciones gráficas y dibujos de cristianos siendo perseguidos o ejecutados por su fe.

Aunque nunca tuve una oportunidad de preguntar a mis padres al respecto, sospecho que mantenían ese libro en nuestra casa para que sus hijos nunca se sintieran tentados a creer que seguir a Cristo era algo popular. Rodeados de una cultura secular que parecía burlarse en forma sutil o abierta de hombres y mujeres entregados a Jesús, nuestros padres querían que sus hijos estuvieran preparados para lo mismo.

> *Papá y mamá sabían que un compromiso devoto con Jesús nunca sería la senda de menor resistencia.*

En otras palabras, papá y mamá sabían que un compromiso devoto con Jesús nunca sería la senda de menor resistencia. Nunca sería celebrado por el mundo, ni tendría ninguna posibilidad de ser algo considerado «estupendo». Ellos estaban ansiosos de que sus hijos estuvieran listos. Para cualquier cosa.

Como sabes, incluso Jesucristo mismo enfrentó esta clase de oposición.

DOS REINOS

Al parecer fue una conversación privada hace dos mil años, pero hoy día sus consecuencias siguen sintiéndose.

La mañana después del falso juicio a Jesús que duró toda la noche, el Hijo de Dios, totalmente agotado por la prueba, fue llevado a los aposentos personales de Pilato, el gobernador de la región. Los ocupantes romanos habían dado a Pilato jurisdicción sobre Judea. Dada la incómoda relación entre Roma y Judea, y su temor de perder su posición, a Pilato no le habría encantado escuchar que un agitador reclamaba el derecho de gobernar a los judíos.

Pilato fue directo al grano con el prisionero: «¿Eres el rey de los judíos?».

«Mi reino no es de este mundo —contestó Jesús—. Si lo fuera, mis propios guardias pelearían para impedir que los judíos me arrestaran. Pero mi reino no es de este mundo» (Jn. 18:36, NVI).

¿Te imaginas cómo debió haberle zumbado la cabeza a Pilato? *¿Tu reino? No eres más que un humilde profeta. Y fracasado en eso. ¿De qué estás hablando?*

PARA NADA ESTUPENDO

Esta mentira es sobre el reto de amar bien a Dios y a los demás mientras se vive en este planeta con su predominante filosofía mundana contra Dios.

Podemos afirmar que nuestros amigos y vecinos incrédulos entienden y, en su mayor parte, respetan la autoridad civil sobre ellos (el reino terrenal). Pero cuando se trata de entender el reino de Dios, el reino al que prometemos nuestra mayor lealtad, bueno, no tanto. Es más, ellos no tienen opiniones fuertes acerca de las afirmaciones y demandas de Cristo de seguirlo: «¿Creer que la Biblia es el divino mensaje inspirado e inerrante y que Jesús es el único camino hacia Dios? ¿Arrepentirme de mis pecados, renunciar a mi derecho a gobernar mi propia vida y unirme a una iglesia? Creo que no».

Por tanto, el mensaje es ridiculez, un insecto repulsivo. Sin embargo, aunque nuestro mensaje pueda ser difícil de tragar, nuestras vidas (el empaque del mensaje) deben ser atractivas en lugar de ofensivas. Quizá nunca enfrentemos la clase de oposición que soportaron aquellos héroes de los que leí en el libro de Foxe, pero amar bien a esas personas perdidas significa que debemos estar dispuestos a ser odiados por ellas a pesar de cómo nos vean (o nos traten).

ESTO ES AMOR

Jesús, quien es Dios y amor puro, se convirtió en hombre; vino a este mundo arruinado a morir por pecadores y salvarlos de la ira de Dios. Ese eres tú.

Ese soy yo. Ese podría ser el tipo de la calle. Ese es el individuo que nos trae los paquetes a la puerta de la casa o la dama de la oficina de tránsito.

El evangelio puede ser repulsivo y ofensivo (insectos envueltos en chocolate) para quienes no conocen a Dios. Pueden odiarnos por lo que creemos, pero nuestra misión es vivir como quienes pertenecen a Dios (como beneficiarios indignos y agradecidos de su gracia) y amorosamente señalar a los pecadores el Salvador que los ama, orando para que sus corazones sean atraídos hacia Él.

LA VERDAD	**Seguir a Jesús nunca será fácil ni popular. Nuestro mayor objetivo no es ser geniales o relevantes, sino ser seguidores leales de Cristo, súbditos fieles de su reino, sin importar el costo.**

REFLEXIONA: *¿Eres consciente de que puedes ser el único «Jesús» que las personas puedan encontrar? ¿La «Biblia» que los perdidos leerán? Esto no es una obligación; es un privilegio.*

 ### *«Mi muerte será el fin de mi historia».*

Un día tú y yo moriremos. Nuestra muerte puede venir después de una enfermedad prolongada o de forma súbita. Una lucha con el cáncer o un fatal accidente automovilístico. Una experiencia lenta y horrible con Alzheimer o un repentino ataque cardíaco. Cualquiera que sea el viaje, el destino siempre será la muerte.

Así que cuando esto nos suceda a ti y a mí, ¿cómo será? ¿Te has preguntado al respecto?

Yo sí.

¿Y qué dirás momentos antes de respirar por última vez? ¿Será como dijo Sir Winston Churchill: «Estoy aburrido de todo»? O quizá como John Wayne, cuya hija le preguntó momentos antes de exhalar su último aliento si sabía quién era ella, a lo cual él respondió: «Por supuesto, sé quién eres. Eres mi chiquilla. Te amo».[7] O tal vez como Leonardo da Vinci, quien suspiró: «He ofendido a Dios y a la humanidad porque mi trabajo no alcanzó la calidad que debió tener».

En el 2014 escuché las últimas palabras de mi esposa de casi cuarenta y cinco años. Acostada en su cama de hospital en medio de nuestra habitación familiar, me tomó de la camisa, acercó mi cara a la de ella y dijo en voz clara y fuerte: «Te amo mucho». Luego cerró los ojos y falleció. Puede que no hayas visto la muerte tan de cerca.

Yo sí.

No estamos solos en preguntarnos acerca de la muerte. A lo largo de la historia, las personas han hecho grandes esfuerzos por prepararse para su propia muerte. Las pirámides de Egipto las construyeron los faraones como lugar de descanso final para sus cuerpos y un sitio seguro desde el cual ascender a la otra vida. Algunos incluso ordenaron que cuando murieran ejecutaran a sus esclavos, para que pudieran servirle tan espléndidamente en la muerte como lo hicieron en vida. (Nota: Lee siempre la letra pequeña en tu contrato de empleo).

A través de los años, hombres y mujeres han tenido «experiencias cercanas a la muerte». Han expirado, pero han resucitado. Los informes que dan son variados: largos túneles, luces titilantes, extraños instrumentos musicales, imágenes de seres resplandecientes. Pero cada una de estas personas que ha tenido una prueba cercana a la muerte... morirá. No hay regreso. Esta vez de veras. Sin lugar a dudas.

No debería sorprenderte que la Biblia tenga mucho que decir sobre la muerte.

Y DESPUÉS DE ESTO...

Es más, la Palabra de Dios dice dos cosas irrebatibles. La primera, sucederá. Morirás. Moriré.

Pero la segunda es aún más importante que la primera. Se resume en estas cuatro palabras: «Y después de esto».

Está establecido para los hombres que mueran una sola vez, *y después de esto* el juicio (He. 9:27).

Después que nuestros párpados se cierren por última vez, los familiares y amigos «se despedirán». Algunos llorarán. Otros contarán entre sí recuerdos de la amistad que tuvieron con nosotros. Algunos podrían describir su experiencia al lado de nuestro cuerpo gris y frío, y cómo fue nuestro final.

Sin embargo, ese no será el final para nosotros. Al igual que los comerciales en la televisión nocturna o en nuestras computadoras, «eso no es todo. Hay más».

El escritor del libro de Hebreos en la Biblia inserta estas cuatro palabras: «Y después de esto».

¿Qué es exactamente «y después de esto»? ¿Qué nos sucederá?

En una palabra, juicio.

¿PUEDO VER SU LICENCIA Y SU MATRÍCULA?

No hace mucho tiempo, Nancy y yo conducíamos por una zona residencial en Atlanta. Charlábamos alegremente sobre la reunión a donde nos dirigíamos. Yo no estaba poniendo atención a mi velocidad. Desdichadamente para mí, alguien más sí ponía atención.

De pronto, un policía apareció en el camino delante de mí. Literalmente, en la calle justo delante de mí. No parecía feliz. Aunque usaba gafas oscuras, supe que me miraba directamente. Su dedo apuntando en mi dirección marcaba más su disgusto. Se me fue al alma a los pies. Te ha pasado lo mismo, ¿verdad?

Nuestro «y después de esto» será mucho más serio que mi experiencia ese día en Atlanta. Tú y yo no estaremos en la presencia de un policía mortal. Estaremos delante del Dios del universo. Su «radar» será realmente un libro de registro de todo lo que hemos hecho.

> Vi a los muertos, grandes y pequeños, de pie ante Dios; y los
> libros fueron abiertos, y otro libro fue abierto, el cual es el libro
> de la vida; y fueron juzgados los muertos por las cosas que
> estaban escritas en los libros, según sus obras (Ap. 20:12).

Nuestra audiencia delante de ese Juez podría ser algo así: su dedo derecho revisará la lista hasta encontrar tu nombre. Si has confesado tu pecado, si Jesús es tu Señor y Salvador, encontrará un asterisco. Una nota al pie. La referencia tiene a su lado un símbolo conocido. Una cruz. Debido a que has recibido el perdón que Jesús proporcionó por medio de su muerte y resurrección, tu «y después de esto» será acceso al cielo.

He aquí lo que Él prometió en cuanto a nuestro «y después de esto»:

> No se turbe vuestro corazón; creéis en Dios, creed también en
> mí. En la casa de mi Padre muchas moradas hay; si así no fuera,
> yo os lo hubiera dicho; voy, pues, a preparar lugar para vosotros
> (Jn. 14:1-2).

Pues sí... tú y yo moriremos. Esto es seguro. Pero no será el final de tu historia ni la mía. Y porque conocemos a Jesús, la próxima historia será muy buena. Él lo ha prometido.

| **LA VERDAD** | Mediante su muerte y resurrección, Jesús conquistó el pecado y la tumba. Tu «final» y el mío no serán *el* final. Y será maravilloso. |

REFLEXIONA: *¿Qué te sucederá cuando mueras? ¿A dónde irá tu espíritu? ¿Qué has hecho en esta vida a fin de prepararte para esto? ¿Qué debes hacer?*

TERCERA PARTE

ANDAR EN LA VERDAD

CAPÍTULO DIEZ

CONTRARRESTAR LAS MENTIRAS CON
LA VERDAD

Mira si puedes imaginarte esto. Es 1952; soy el menor de los cuatro hijos de Sam y Grace Wolgemuth (entonces).[1] Papá es el pastor de la Iglesia Hermanos en Cristo de Fairview Avenue en Waynesboro, Pennsylvania, un proyecto de recuperación denominacional que convirtió una congregación pequeña y menguante en una vibrante, que hoy día sigue sirviendo a su comunidad.

Nuestra madre, Grace, era una mujer de ternura, elegancia y... gracia.

Nuestra casa (que no era una mansión, ya que no había una casa ni un salario asociados con esta asignación ministerial) estaba en lo alto de Frick Avenue, una calle de tres cuadras con pendiente gradual que empezaba al pie de la colina hasta Main Street, justo a kilómetro y medio al noroeste del centro de la ciudad.

> *Eso fue hace muchos años, pero en mi memoria solo hay un libro, además de la Biblia, que puedo recordar que Grace nos leía.*

En mi memoria, la hora de dormir en nuestra casa rara vez incluía a papá. Creo que debía haber estado leyendo o preparando sermones. Pero siempre contó con nuestra madre, Grace.

Nos reuníamos después de nuestros baños nocturnos, usando nuestros pijamas enteros de franela, en una de las camas de la planta alta y escuchábamos leer a mamá. «Chippie», nuestro pomerano de color negro también estaba allí.

Así que Ruth, Sam, Ken y Robert nos acurrucábamos mientras nuestra madre nos leía. Eso fue hace muchos años, pero en mi memoria solo hay un libro, además de la Biblia, que puedo recordar que Grace nos leía.

AVANZANDO

En el verano del 2017, durante los meses de dedicarme a redactar el manuscrito de este libro, un querido amigo nos envió a Nancy y a mí una hermosa colección de regalo de ocho libros clásicos: portadas finas de cuero, láminas finales impresas, páginas doradas, y marcadores de cintas. El envío también incluía un precioso soporte de madera.

Esa noche, Nancy llevó uno de los libros a la cena y sugirió que lo leyéramos juntos después de terminar nuestra comida. Le contesté que creí que era una gran idea.

El libro que ella había seleccionado era el mismo volumen que mi madre había leído en voz alta a mis hermanos y a mí en pijamas hace más de sesenta y cinco años. Yo no lo había leído desde entonces.

Terminó la cena, una hermosa noche de Michigan que nos dio la oportunidad de disfrutar nuestra comida en la terraza. Con cantos de aves que proporcionaban ensoñación musical, Nancy abrió el libro y comenzó a leer.

Iba yo caminando por el desierto de este mundo, cuando de pronto llegué a un lugar donde había una cueva; entré buscando refugio, cansado, y me quedé dormido. Allí tuve un sueño... Vi un hombre de pie, andrajoso, vuelto de espaldas a su casa. En sus hombros llevaba una carga que parecía bastante pesada. Al fijarme mejor en él, vi que abría un libro y lo leía, y que a medida que iba leyendo, se estremecía e incluso lloraba, hasta que no pudo más y gritó consternado: —¿Qué es lo que debo hacer?[2]

Esta escena había cautivado nuestros jóvenes y perplejos corazones cuando mi madre leía, mientras las palabras a menudo arcaicas del texto nos transportaban a otra tierra. Otra época. Escalofríos recorrían mi pequeño cuerpo.

Esas ricas palabras tuvieron el mismo efecto de éxtasis en mí muchos años después cuando me senté con mi esposa en la terraza detrás de nuestra casa.

El libro era, desde luego, *El progreso del peregrino* de Juan Bunyan. Representa la historia de un hombre llamado Cristiano que emprende un viaje desde su casa hacia la Ciudad celestial, buscando una manera de liberarse de la pesada carga del pecado que lleva.

Como un niño de cuatro años, no podía imaginarme cuál debió haber sido mi imagen de esa carga. Un niño pequeño con una conciencia aguda, estoy seguro de que imaginé algo. Tal vez una mala palabra no confesada dicha a mi hermano o un caramelo robado de una caja que la familia había recibido en Navidad de parte de un amigo.

En cualquier caso, a medida que nuestra madre leía, recuerdo la imagen de este pobre hombre llevando esta carga en su viaje y mi esperanza de que encontrara una manera de librarse de ella. Estoy seguro de que yo quería lo mismo para la mía.

Muchas décadas han pasado. Como hombre adulto, ahora tengo una comprensión más profunda del significado de esta alegoría y del contenido de la carga en la espalda del hombre. En más de setenta años he adquirido algunas cosas para poner allí, además de aquellas iracundas palabras dirigidas a un hermano y de chocolates robados.

Cuando mi madre llegó al final de la historia, la realidad, el poder absoluto del evangelio grabó en mi alma un asombro, un anhelo por experimentar el gozo de vivir sin carga. Más o menos en esa época nuestra familia fue a ver una película basada en la fe, que se exhibía en un auditorio del centro de la ciudad.

> *Cuando mi madre llegó al final de la historia, la realidad, el poder absoluto del evangelio grabó en mi alma un asombro, un anhelo por experimentar el gozo de vivir sin carga.*

Nos sentamos en la parte trasera y, mientras veíamos *Mr. Texas*, la historia de la vida y el testimonio del cantante y compositor de música country Redd Harper, comencé a llorar. Incluso a tan temprana edad (con el relato de Cristiano con su carga llegando a la Ciudad celestial) el Espíritu de Dios estaba moviéndose en mi corazón. Al ver mis lágrimas, mi madre me preguntó si me gustaría invitar a Jesús a entrar en mi vida.

Asentí. Me puse de rodillas delante de ella y repetí sus palabras mientras me guiaba en oración, admisión de pecado, arrepentimiento, reconocimiento del sacrificio del Salvador y la invitación para que Él entrara a mi vida, seguido de un sincero agradecimiento.

Para mí, la cuestión de la eternidad quedó resuelta, de una vez por todas. Esta es una cruda imagen que aún arde en el disco duro de mi alma: mi madre Grace llevando a su hijo menor al trono de la incesante y asombrosa gracia de Dios.

La carga fue compasivamente quitada de mis pequeños hombros.

CASI AL FINAL DE NUESTRO VIAJE JUNTOS[3]

Si el Hijo os libertare, seréis verdaderamente libres (Jn. 8:36).

En los últimos capítulos, tú y yo hemos estado en un viaje, aunque no como el de Cristiano en *El progreso del peregrino*. Hemos examinado cuarenta mentiras atractivas que podríamos estar tentados a creer. Pero no te sorprendería saber que Satanás no se detiene en cuarenta engaños. Tiene miles de ellos. Y, al igual que un pescador experimentado, él abre su caja de pesca y selecciona el señuelo que sabe que es el que tiene más probabilidades de atraer a su presa, el que es menos probable que tú y yo consideremos dañino. A él no le importa qué creamos, mientras no creamos la verdad.

Al leer este libro, ¿has reconocido algún o algunos ámbitos específicos en que escuchaste, creíste y actuaste en base a mentiras?

¿Has aceptado la aleccionadora realidad de que creer estas mentiras nos encarcela, encadenando innecesariamente nuestras vidas?

Si es así, puede haber uno o más aspectos

> *La verdad tiene el poder de vencer toda mentira.*

de esclavitud espiritual en tu vida, aspectos en que no andas en libertad delante de Dios. Puede tratarse de importantes problemas muy arraigados, o asuntos que parecen relativamente insignificantes. Pueden ser áreas en que has sido derrotado y has luchado durante años en busca de libertad. O pueden ser problemas que ahora recién estés reconociendo por primera vez.

La verdad tiene el poder de vencer toda mentira. Eso es lo que el enemigo no quiere que entendamos. Mientras tú y yo creamos sus mentiras, él puede mantenernos en esclavitud espiritual. Pero una vez que sabemos la verdad y empezamos a creer y actuar en base a ella, las puertas de la cárcel se abren y somos libres.

Esto es así... la verdad tiene el poder de liberarnos y proteger nuestras mentes y corazones de pensamientos y sentimientos engañosos. Hay momentos en que me siento asediado por pensamientos que sé que no son de Dios: pensamientos de ira, irracionalidad, temor, control, egoísmo o resentimiento. Esto también te sucede a ti, ¿no es así? Ahí es cuando por seguridad debemos correr a la verdad.

> **Con sus plumas te cubrirá, y debajo de sus alas estarás seguro; escudo y adarga es su verdad (Sal. 91:4).**

La verdad tiene el poder de santificarnos, de purificar nuestras mentes, nuestros corazones y nuestros espíritus. Justo antes de ir a la cruz, Jesús les recordó a sus discípulos el poder limpiador de su Palabra (Jn. 15:3). Dos capítulos más adelante, oró a su Padre: «Santifícalos en tu verdad; tu palabra es verdad» (Jn. 17:17).

ELEGIR LA SENDA DE LA VERDAD

Cuando el enemigo me bombardea con mentiras, a menudo pienso en una de las expresiones favoritas de Nancy, cuando anima a las personas: «Aconseja a tu corazón de acuerdo con la verdad».

Esto significa declararme verdad y luego actuar según la verdad, independientemente de lo que puedan estar diciéndome mi razón humana o mis sentimientos.

«TE LLAMO PARA PEDIR QUE PAGUES»

En mi cuadragésimo cuarto cumpleaños recibí la llamada telefónica que ningún empresario autónomo espera recibir alguna vez, pero que sabe que puede recibir.

La persona en el otro extremo de la línea era (y sigue siendo) uno de mis amigos más cercanos. Era el director ejecutivo de la empresa con la que yo tenía un acuerdo de distribución exclusiva. Debido a que él tenía mi inventario y mis cuentas por cobrar, yo no podía ir a un banco y pedir prestado capital de trabajo, así que como lo establecía el contrato, yo había pedido dinero prestado a su compañía.

Pero la nota era un pagaré a la vista sin condiciones de términos o razón. «Soy un hombre bajo autoridad», comenzó. Me preparé. Estas no serían buenas noticias.

«No tengo más alternativa que decirte lo que debo decirte». Hizo una pausa. El chasquido que él no pudo escuchar era mi cinturón de seguridad.

«Mis superiores no me han dejado opción. Te llamo para pedir que pagues».

Dentro de mí surgieron emociones que nunca antes había sentido. No así. Mi amigo me obligaba a cerrar mi negocio. En ese momento supe que debería informar la noticia a mi socio comercial y que nuestro personal sería enviado inmediatamente a la oficina de desempleo. Debido a que todo mi patrimonio estaba invertido en esa empresa, estaría completamente en quiebra.

Si puedes imaginarlo, literalmente me arrastré debajo de mi escritorio y lloré como un niño pequeño.

En las horas siguientes, Satanás me susurró al oído:

- «Eres un tonto, un idiota despreciable. Invertiste todo lo que tenías y ahora mírate».
- «No tenías derecho a iniciar este negocio».
- «Tu esposa te leerá la cartilla. Este también era su capital».
- «Eres un tonto, un idiota despreciable. Invertiste todo lo que tenías y ahora mírate».

- «Tendrás que salir de esta industria. Quedarte será una gran vergüenza».
- «Eres un terrible empresario y un líder peor».
- «Nunca podrás volver a empezar».
- «Eres un tonto, un idiota despreciable. Invertiste todo lo que tenías y ahora mírate».

Estas fueron las mentiras más provocadoras de Satanás. Fueron una extraña mezcla de realidad y fantasía. Sí, yo había gastado todo... y algo más. No había forma de escapar. Pero ¿qué hay del siniestro y reiterado estribillo de que yo era un tonto, un idiota despreciable?

Esa parte era la mentira. Es cierto que yo era un hombre falible y pecador. A veces un cándido creyente en grandes promesas. Pero era un hijo de Dios. Fue decisión de Él amarme y morir por mí. Fue su justicia la que me cubrió como una sábana caliente en una noche helada, haciéndome justo. Y en su justicia, digno.

Ahora yo tenía una opción. ¿Seguiría creyendo las mentiras, o aceptaría la verdad? Mis emociones querían aferrarme a la ofensiva, yo quería alimentar el rencor; quería rabiar; quería de algún modo herir a quienes me habían herido. Pero en mi corazón sabía que esa decisión llevaría a esclavitud espiritual.

Por tanto, armado con la gracia de Dios y el extraordinario apoyo de mi esposa y mis hijas, rechacé las mentiras que Satanás me había susurrado. Acepté la verdad y mi libertad. Perdoné a mis amigos. Y comencé de nuevo.

EL EVANGELIO

Liberarnos de las mentiras requiere que tomemos en cuenta el evangelio. Desde el huerto, el pecado ha dejado una fea marca en tu corazón y el mío. Nuestra tendencia natural y pecaminosa es responder con ira y amargura a la herida, y desviar la culpa a toda costa. Pero, debido al evangelio, las buenas nuevas de Jesús, nos vemos obligados a responder en forma distinta.

No podía provocar perdón ni expresarme en una respuesta santa a esta herida, pero podía quitar la mirada de mi propio «sufrimiento» y ponerla en Aquel que «cargó con nuestras enfermedades y soportó nuestros

En esencia, le dije al Señor: «Tú ganas».

dolores» (Is. 53:4, NVI). Podía rendir mis emociones a la voluntad del Padre, porque Jesús hizo lo mismo. Podía perdonar a los hombres que habían tomado esta decisión de obligar a que mi negocio cerrara, porque Cristo perdonó mis ofensas contra Él. Podía abandonar mi deseo de ver castigada a la otra persona, porque Cristo fue a la cruz a llevarse mi castigo y extenderme gracia.

Supe que no podía esperar hasta que tuviera ganas de perdonar, debía elegir obedecer a Dios y mis emociones seguirían tarde o temprano. En esencia, le dije al Señor: «Tú ganas». Me entregué y entregué todo el asunto al Señor y acepté, como un acto de mi voluntad, perdonar a quien me había perjudicado. Por duro que fuera, acepté «abandonar el dolor».

En las semanas que siguieron, mis emociones siguieron gradualmente a mi voluntad. La verdad había contrarrestado las mentiras; mi espíritu era libre.

EL PODER TRANSFORMADOR DE LA VERDAD

La libertad de la esclavitud espiritual es resultado de saber, creer y actuar en base a la verdad. ¿Y cómo podemos conocer la verdad? La verdad no es tan solo una idea o una filosofía, es una persona: el Señor Jesucristo. Él dijo de sí mismo: «Yo soy el camino, y *la verdad*, y la vida» (Jn. 14:6). Jesús no mostró a los hombres un sistema religioso; los atrajo hacia sí. A los que afirmaban ser sus seguidores les declaró:

Si vosotros permaneciereis en mi palabra, seréis verdaderamente mis discípulos; y conoceréis la verdad, y la verdad os hará libres (Jn. 8:31-32).

Si el Hijo os libertare, seréis verdaderamente libres (8:36).

Dejar las mentiras y andar en la verdad no es un proceso formulista y de autoayuda. No podemos cambiar simplemente nuestra mentalidad, pronunciar algunas palabras y encontrarnos caminando en libertad. Debido a la naturaleza dominante y destructiva de las mentiras del enemigo, todos estamos profundamente arruinados por el pecado y somos desesperadamente dependientes de Dios y su Palabra para transformar nuestra manera de pensar.

Cristo fue a la cruz para liberarnos de las cadenas que el pecado ha envuelto alrededor del corazón y la vida de cada ser humano. La cruz se erige a lo largo de toda la historia como un monumento a la libertad. Sí, fue doloroso; siempre lo es el costo de la libertad, pero Jesús colgó de esa cruz para que pudiéramos ser reconciliados con nuestro Padre celestial y ser declarados verdaderamente libres.

> *La cruz se erige a lo largo de toda la historia como un monumento a la libertad.*

Estad, pues, firmes en la libertad con que Cristo nos hizo libres, y no estéis otra vez sujetos al yugo de esclavitud (Gá. 5:1).

Puede parecer elemental al principio, pero es un pensamiento revolucionario que, debido a que Cristo nos libera, podemos *vivir* libres. Él hizo el trabajo pesado de levantar de nuestros hombros el yugo del pecado. Debido a la cruz, ¡la libertad es realmente posible!

Tú y yo debemos admitir que caminar de veras en libertad requiere esfuerzo de nuestra parte. Observa estos verbos de acción. Debemos *renovar* nuestras mentes a diario (Ro. 12:2) y *pelear* «la buena batalla de la fe, [*echar*] mano de la vida eterna, a la cual» hemos sido llamados (1 Ti. 6:12).

Incluso nuestros esfuerzos son iniciados por Dios, dependen de su poder, son energizados por su Espíritu y liberados en nosotros por el poder de la cruz. Caminar en libertad no es un simple asunto de reestructurar nuestra voluntad, sino de optar por depender de Cristo y responder a la obra del Espíritu Santo en nuestras vidas.

¿CÓMO DELETREAS *BIBLIA*? T.I.E.M.P.O.

La verdadera libertad solo se encuentra en una relación vital y creciente con el Señor Jesús. Él (la Palabra viva de Dios) se ha revelado en las Escrituras (la Palabra escrita de Dios). Si queremos conocerlo, si queremos conocer la verdad, debemos dedicarnos a la lectura, el estudio y la meditación de su Palabra. No hay sustituto ni atajos.

Debido a que he pasado mi vida adulta como maestro bíblico laico y a que he escrito libros tomados de la Biblia y acerca de ella, te habría dicho que pasé mucho tiempo en la Biblia. Es verdad. Lo hice.

> Si queremos conocerlo, si queremos conocer la verdad, debemos dedicarnos a la lectura, el estudio y la meditación de su Palabra.

En realidad, mi finada esposa Bobbie me mostró una forma diferente... aunque se necesitó su muerte para que yo poseyera realmente esto. Ambos éramos madrugadores y yo me iba directo a mi estudio como a las cuatro de la madrugada.

Yo era *maestro* bíblico. Mis primeras horas las pasaba escribiendo o investigando. Seguro, empezaba mi día de rodillas en oración, pero luego venía el momento de ponerme a trabajar, bosquejando lecciones para la escuela dominical o elaborando frases y buscando el verbo perfecto para mis libros. Puesto que Bobbie era una voraz estudiante de la Biblia, iba directo a su silla y su Biblia durante su tiempo antes del amanecer. El propósito de ese tiempo para ella era puramente el gozo de desentrañar la verdad de la Palabra de Dios y cultivar una relación con el Autor del Libro. Ninguna otra razón.

Cuando Bobbie entró al cielo en el 2014, preparé un programa conmemorativo esperando honrar al Señor. El culto también era un tributo a esta mujer extraordinaria. Al final del funeral mostramos un video de Bobbie caminando por la calle frente a nuestra casa. Grabé ese video en mi iPhone sin su conocimiento.

Bobbie estaba cantando un himno antiguo favorito.

Obedecer y confiar en Jesús,
es la senda marcada
para andar en la luz.[4]

Proyectamos ese video sobre las enormes pantallas montadas al frente del santuario. Al final apareció este versículo en letras blancas sobre un fondo negro.

Si el grano de trigo no cae en la tierra y muere, queda solo; pero si muere, lleva mucho fruto (Jn. 12:24).

En los días que siguieron, creo que el Señor me habló. No con voz audible, sino tan claramente como si lo hubiera hecho. Temprano una mañana yo estaba sentado en la silla roja de Bobbie. Saqué su *Biblia en un año* y busqué la lectura de esa fecha. Mientras leía el texto junto con las notas al margen de Bobbie, el Espíritu Santo me dio un codazo. Repito, no con voz que yo pudiera oír, sino muy claramente:

Robert, es hora de que tomes el reto de Bobbie. La has visto leer fielmente su Biblia durante muchos años. No como preparación para enseñar, escribir o cualquier otra cosa. Sino porque deseaba hacerlo. Ahora es el momento de que esta «semilla» se plante en tu corazón. Y esa semilla debe producir muchas «semillas».

De acuerdo, Señor, acepto, respondí en silencio.

Por eso, ahora, aunque sigo enseñando y escribiendo libros que se basan en la Palabra de Dios, desde la muerte de Bobbie empecé cada día dedicando más o menos una hora a leer la Biblia y orar. La diferencia que esto ha hecho en mi aprendizaje de caminar en la verdad ha sido extraordinaria. Apreciable.

Realmente me arrepiento de tardar tanto en «lograrlo». Pero en vez de insistir en ese lamento, me ha encantado esta nueva experiencia de empezar cada día sumergiéndome en la verdad de la Palabra de Dios.

¿Y por qué es esto bueno? Me alegro que lo preguntes.

El enemigo está constantemente confrontándonos con sus mentiras. Para combatir su engaño, nuestras mentes y nuestros corazones deben estar llenos con el Señor Jesús y saturados con su Palabra.

LA BANDERA BLANCA ESTÁ EN ALTO

Sin embargo, no basta conocer la verdad. Tú y yo también debemos rendirnos a la verdad. Eso significa que debemos estar dispuestos a cambiar nuestra manera de pensar o nuestro estilo de vida en todos los ámbitos que no cuadran con la Palabra de Dios. Tú y yo sabemos que millones de cristianos profesos están engañados; caminan por sendas que simplemente no son buenas. Sus valores, respuestas, relaciones, opciones y prioridades revelan que han sucumbido a la mentira del enemigo y han aceptado la forma de pensar del mundo.

No podemos suponer que un punto de vista particular sea cierto solo porque todos los demás piensen de ese modo, porque es lo que hemos creído siempre, porque un escritor cristiano conocido promueve esa posición o porque un amigo o consejero bienintencionado dice que es lo correcto. Todo lo que creemos y todo lo que hacemos debe ser evaluado a la luz de la Palabra de Dios. Esta es nuestra única autoridad absoluta.

Vivir de acuerdo con la verdad requiere una decisión consciente de rechazar el engaño y aceptar la verdad. Por eso es que el salmista oró: «Aparta de mí el camino de la mentira... Escogí el camino de la verdad» (Sal. 119:29-30).

Cada vez que abrimos la Biblia o escuchamos la Palabra enseñada, debería ser en oración para que Dios abra nuestros ojos, veamos las áreas en que hemos sido engañados y tengamos una actitud de corazón que exprese: «Señor, tu Palabra es verdad; me someteré a lo que digas. Rechazo las mentiras de Satanás. Sea que me guste o no, que lo sienta o no, que crea estar de acuerdo o no, que tenga sentido o no, decido poner mi vida bajo la autoridad de tu Palabra; obedeceré».

Y ME RENDIRÉ

Una vez que conocemos la verdad y andamos según la verdad que conocemos, Dios quiere hacernos instrumentos para atraer a otros a la verdad.

> Para que ya no seamos niños fluctuantes, llevados por doquiera de todo viento de doctrina, por estratagema de hombres que para engañar emplean con astucia las artimañas del error, sino que siguiendo la verdad en amor, crezcamos en todo en aquel que es la cabeza, esto es, Cristo.... Por lo cual, desechando la

mentira, hablad verdad cada uno con su prójimo; porque somos miembros los unos de los otros (Ef. 4:14-15, 25).

La carga que dio origen a este libro fue la misma que llevó a mi esposa Nancy a escribir hace muchos años *Mentiras que las mujeres creen*. Pero mi anhelo era ver hombres, no solo mujeres, libres por medio de la verdad. Esa visión se expresa en los últimos versículos del libro de Santiago.

Si alguno de entre vosotros se ha extraviado de la verdad, y alguno le hace volver, sepa que el que haga volver al pecador del error de su camino, salvará de muerte un alma, y cubrirá multitud de pecados (Stg. 5:19-20).

La idea de hacer «volver al pecador del error» es esencialmente algo extraño en nuestra época. El lema de nuestra cultura posmoderna es «tolerancia», que significa: «Puedes vivir como quieras y no me interpondré en tu camino. Y no intentes decirme lo que debo hacer; no es asunto tuyo cómo yo decida vivir».

A medida que el engaño ha inundado nuestra cultura, muchos creyentes vacilan en defender la verdad, por temor de ser etiquetados como intolerantes o parecer de mente estrecha.

Muchos cristianos muestran una actitud de «vive y deja vivir», no solo hacia el mundo, sino también con relación a otros creyentes que no están caminando en la verdad. No quieren «causar problemas» o ser considerados críticos. Simplemente parece más fácil dejar las cosas como están.

> *Debemos recordar que en Cristo y en su Palabra tenemos la verdad que hace libres a las personas.*

Debemos recordar que en Cristo y en su Palabra tenemos la verdad que hace libres a las personas. ¡Esa es la buena noticia! Y es la noticia fundamental. No hay otra manera de que nosotros o aquellos que conocemos y amamos sean liberados de tinieblas, engaño y muerte.

Tú y yo debemos saber la verdad, creerla, rendirnos a ella y vivirla, aunque esto enfrente la cultura o el pensamiento contemporáneo. Por tanto, debemos estar dispuestos a declarar la verdad con valentía, convicción y compasión.

EL PROGRESO DEL PEREGRINO... REPETICIÓN

Retrocedamos por un momento a esos niños en pijama sentados con su madre Grace en la cama mientras ella leía *El progreso del peregrino*, escuchando la descripción de Juan Bunyan de que Cristiano debía deshacerse de la carga que llevaba. Esa carga de la que yo no soportaba oír. Igual que pasó en 1952, esto aún me quita el aliento.

> Después, en mi sueño, vi a Cristiano ir por un camino resguardado, a uno y otro lado, por dos murallas llamadas salvación. Marchaba con mucha dificultad, debido a la carga que llevaba en sus espaldas; pero marchaba a buen paso y sin detenerse, hasta que finalmente vi que llegaba a una montaña, en cuya cima había una Cruz, y un poco más abajo un sepulcro. Al llegar a la Cruz, instantáneamente, la carga que llevaba, se soltó de sus hombros, y rodando, fue a caer dentro del sepulcro, y ya no la vi más.[5]

Así es exactamente como se ve «ser libre». Cuando leemos sobre la vida del rey David en el Antiguo Testamento y pasamos tiempo en los salmos que compuso, está claro que él sabía una o dos cosas respecto a la esclavitud del pecado y el puro gozo de ser libre.

> Cuanto está lejos el oriente del occidente, hizo alejar de nosotros nuestras rebeliones (Sal. 103:12).

Entonces, esta es la verdad. Verdad que nos hace libres a ti y a mí.

Arrastramos nuestras cargas hasta la cruz de Jesucristo. Podemos hacer esto de mala gana o con entusiasmo. De cualquier modo, llevamos nuestra carga al Salvador. Y, cuando lo hacemos, Él la toma. La perdona. Y se la lleva.

Esta es una buena razón para una celebración seria, ¿no crees?

CAPÍTULO ONCE

LA VERDAD QUE NOS HACE
LIBRES

Por años he tenido el privilegio de enseñar la Palabra de Dios en la iglesia. La mayor parte de esto ha sido en el contexto de clases de la escuela dominical para adultos. El último recuento muestra un registro de cerca de seiscientas cincuenta lecciones.

Lo que me encanta de enseñar es mirar los rostros de los presentes y obtener una respuesta inmediata. *Eso no tiene ningún sentido*, podrían estar diciendo sin expresarlo verbalmente. Por eso, cuando veo ese rostro, retrocedo y doy otro giro a lo que acabo de decir, tratando de enseñarlo más claramente.

Entonces, por supuesto, a todo maestro le gustan las sonrisas que expresan: *¡Bingo! Necesitaba eso*. Mi esposa Nancy los llama «rostros *sí*».

UNA CONVERSACIÓN AGRADABLE,
NO UN MONÓLOGO CIEGO

Escribir un libro es diferente a hablarle a un grupo en vivo. Es como platicar con una clase que está de acuerdo, pero esta vez cada persona tiene una bolsa marrón sobre la cabeza con pequeños agujeros cortados para los ojos.

Cuando escribo no tengo idea si lo que he dicho tiene algún sentido, sea que los lectores estén pendientes de cada palabra, o que intenten luchar contra una noche corta de sueño. Dormitando.

Esto puede hacer que escribir un libro sea una experiencia desconcertante.

Hace muchos años, el finado doctor Tim LaHaye, autor de innumerables libros, me dio una clave sobre cómo comunicarme eficazmente de este modo. «Un libro es realmente una carta larga para una persona», expresó... yo sentado con mi portátil, y tú con tu lector de libros electrónicos o pasando páginas tradicionales de papel.

Así que mi sincera esperanza es que este libro haya sido precisamente eso: una conversación tranquila e ininterrumpida. Tal vez con una taza de café en tu lugar favorito.

La otra parte desafiante de ser escritor es que estoy cincelando en piedra mis pensamientos y, en algunos casos, mi vida. La falsa suposición que podría hacerse es que escribo como alguien que llega y se queda. Sin embargo, en realidad soy un pecador, un hombre que necesita instrucción y ayuda... y un buen amigo. ¿Quizá tú y yo tengamos esto en común?

Así que en este capítulo final me gustaría revisar rápidamente las verdades que hemos estudiado juntos. Hemos recordado las horribles mentiras que nos plagan. Ahora cambiemos el enfoque a la última frase en cada uno de los breves capítulos de mentiras.

Al hacer esto recuerdo la amonestación favorita de mamá a mis hermanos y a mí cuando la necesitábamos, lo que sucedió muchas veces.

Todo lo que es verdadero, todo lo honesto, todo lo justo, todo lo puro, todo lo amable, todo lo que es de buen nombre; si hay virtud alguna, si algo digno de alabanza, en esto pensad (Fil. 4:8).

Por tanto, aunque seguramente sientas la tentación de dar por concluido este libro, ya que has llegado hasta aquí, te animo a darle otra mirada a las verdades de las que hemos hablado, verdades que nos hacen (y nos mantienen) libres.

Bueno, he aquí nuestro recuento mediante este libro...

1 *Dios es santo. Su brillante «otredad» no puede describirse adecuadamente. Una vez que hayamos aceptado esto por completo, nada vuelve a ser igual.* (Sal. 29:2; 99:5)

Podrías estar pensando: «Eso está bien, Robert. Pero ¿qué tal si me dices algo práctico?». Es como si tu auto se descompone en la autopista, llamas a la compañía de seguros y haces que te envíen un predicador en lugar de un mecánico.

Pero esta verdad es fundamental para todo lo demás. Es como la quilla en el fondo de tu velero. El hormigón en tu cimiento. Sin esta verdad, somos nuestro propio Dios... Y eso no es precisamente algo agradable.

2 *Nada es demasiado grande o demasiado insignificante para el cuidado de Dios. Él nos hizo y participa en cada detalle de nuestra vida, grande y pequeño.* (Sal. 37:23-24; 139:2-3)

¿Te puedes imaginar siendo padre de un hijo, estando al lado de tu esposa mientras da a luz, llevando a casa al bebé que se contornea, y luego haciéndole caso omiso? «Sigue tú a partir de aquí, chico».

Yo tampoco puedo.

Dios es amor. Y así como tú y yo estamos ansiosos de participar en la vida de nuestra descendencia, nuestro Padre celestial nos ama. Camina con nosotros. Escucha nuestras oraciones y el anhelo de nuestros corazones; le preocupa lo que nos preocupa.

3 *No podemos ganarnos la aprobación de Dios. Solo podemos recibir su favor inmerecido.* (Ef. 1:4-6; 2:8-9; Tit. 3:5)

Mi herencia espiritual es algo por lo que estoy profundamente agradecido. Nada de lo que hice o pude haber hecho sería suficiente para ganarme el beneficio de la fidelidad espiritual que caracterizó a mis padres y a sus padres, y a mi familia extendida.

Sin embargo, al igual que rebeldes semillas de cardo plantadas en un huerto de verduras, me crié creyendo una mentira. Fue esta: «El amor de Dios por mí tiene una contingencia. Debo ser un buen chico para ganarlo».

El profeta Isaías del Antiguo Testamento entendió bien esto. Y por eso nos dejó una imagen gráfica inolvidable que describe el valor comercial de nuestras buenas obras. Comparó nuestras vidas inmaculadas («nuestras justicias») con trapos «de inmundicia» (Is. 64:6).

Jesús es el único hombre que ha llevado una vida verdaderamente justa. Aunque solo honró y obedeció a su Padre, Dios impuso a su amado Hijo el castigo que merecíamos por nuestros pecados. Por medio de la fe en Cristo podemos recibir su justicia y convertirnos en hijos amados de Dios, aceptos mediante lo que Jesús ha hecho por nosotros.

 4   *Jesucristo es nuestro único camino hacia Dios.*
(Jn. 14:6; Hch. 4:12; 1 Ti. 2:5-6)

Vivir como vivimos en una cultura pluralista, aferrarnos a esta verdad tal vez no te haga ganar puntos con los perdidos. Pero es lo que Jesús declaró, así que estás invitado a darle el mérito.

Y cuando haces esto, amas a los perdidos a quienes les hablas. Acogerán más cálidamente esta verdad si tu corazón está lleno de compasión y no de juicio.

 5   *La iglesia no es opcional para el creyente.*
Es equipo normal. (Sal. 133; Ef. 2:19-22; 4:15-16;
He. 10:24-25)

Mientras más envejezco, mayor es la tentación de no ir a la iglesia.

En realidad, fue más fácil hacer de la adoración la mañana del domingo una obligación permanente cuando mis hijas vivían en casa. Después de todo, yo era el papá y tenía que dar ejemplo. Si el padre de mis hijas no iba a la iglesia, ellas habrían tenido razón para hacer lo mismo.

Ahora no tengo esa misma responsabilidad. Ya no estoy estableciendo la norma para mi posteridad. Nancy y yo estamos en el nido vacío y, bueno, a veces las mañanas domingueras se sienten como un buen tiempo para descansar, leer y hacer lo que se quiera.

Luego, cuando rechazo estos pensamientos absurdos y me dirijo a nuestra iglesia, siempre me alegro de haberlo hecho. Siempre. ¿Dónde más podemos sentarnos tranquilamente, cantar con entusiasmo, orar en comunidad o abrir nuestras Biblias con la inspiración de la prédica de nuestro pastor en presencia de muchas personas que también abren sus Biblias y escuchan?

Y después del culto tenemos la oportunidad de relacionarnos con las personas, animarlas y a menudo orar con ellas. Aunque en realidad no analizo mis pródigos pensamientos matutinos sobre no ir a la iglesia, suelo preguntarme: *¿En qué estoy pensando? Perdóname, Señor, por ser tan haragán.* Somos una familia en Cristo y nos edificamos juntos en un lugar donde mora el Espíritu de Dios. No podemos sobrevivir, prosperar o glorificar a Dios como Él quiere que lo hagamos sin estar relacionados con Él y unos con otros.

6   *Independientemente de la clase de crianza que hayamos tenido, de lo que nos puedan haber hecho, o de las circunstancias difíciles o disfuncionales en que nos encontremos, somos responsables de nuestras acciones.* (1 Co. 13:11; Gá. 6:7-8)

Nuestras circunstancias, nuestra crianza, nuestra naturaleza y nuestra nutrición, ciertamente influyen en nosotros, pero no deben controlarnos.

Somos responsables por nuestras decisiones, nuestro comportamiento y nuestras acciones. Pero por la gracia de Dios, nuestro pasado, nuestras inclinaciones naturales y obstinadas pueden superarse. A pesar de la atracción magnética de nuestra familia de origen o de las inquietantes voces de nuestra historia personal, tú y yo podemos actuar en tal forma que agrade a nuestro Padre celestial. Realmente podemos.

7 «*No es necio aquel que da lo que no puede guardar, para obtener lo que nunca podrá perder».
—Jim Elliot, martirizado a sangre fría en el campo misionero a los veintinueve años de edad.* (Mt. 16:25; Jn. 15:13; Ef. 5:2)

En esta era de reunir y acumular cosas que no necesitamos, esta verdad va en contra de la sabiduría convencional como pocas más.

El 8 de enero de 1956 se supo la noticia de que cinco misioneros estadounidenses fueron asesinados en Ecuador, América del Sur. La noticia recorrió rápidamente el mundo. Aún recuerdo a mi madre sentada a la mesa de la cocina, llorando. ¿Una trágica pérdida de vidas humanas? Quizá. Tal vez no.

No hace mucho sostuve en las manos la misma lanza que asesinó a Jim Elliot. Y estando en la casa de la viuda de Jim Elliot, me sorprendió de una manera nueva y gráfica el poder de esta historia.

Jim Elliot no perdió la vida ese día; obtuvo la eternidad con Cristo. Su muerte no fue el fin, sino el principio de una obra de Dios en esa aldea remota. Muchos llegaron a conocer a Cristo y confiar en Él como su Salvador debido al fiel testimonio de su joven viuda, Elisabeth, y su hija huérfana Valerie, quienes hicieron caso omiso al peligro y regresaron a Sudamérica.

8 *El Maestro es el amo de nuestro destino. Someternos diariamente a Él nos traerá gozo, propósito y verdaderas riquezas.* (Sal. 37:5; 40:8; 1 P. 5:6)

Esta verdad puede asustar a algunos hombres. Al igual que un niño de tres años que discute con su madre, estos hombres íntegros, autodidactas y tenaces se oyen diciéndose una y otra vez: «Permíteme hacerlo».

Otros hombres hallarán consuelo en saber que, en resumen, están seguros.

Elijo la segunda puerta.

9 *Los verdaderos hombres son libres para sentir y expresar emociones profundas. Si procedemos así, eso es prueba real de que somos hombres con un corazón como el de Dios.* (Sal. 42:3; Ec. 3:4; Ro. 12:15)

Nuestras emociones pueden ser la ventana de nuestra alma. Somos libres para expresar estas emociones como un reflejo del corazón de Dios. Nuestros familiares y amigos cercanos deben ver esto. Podemos reír ruidosamente. No tenemos que ocultar nuestras lágrimas. Estas son un regalo para nosotros y para quienes amamos.

10 *Necesitamos amigos varones piadosos (hermanos fieles) que nos amen lo suficiente como para decirnos la verdad, hombres cuyas vidas también estén abiertas de modo que podamos decirles la verdad.* (Pr. 13:20; 18:24; 27:6, 17; 1 Ts. 5:11)

Los hombres no solo necesitan compañeros casuales, sino amigos fieles... hombres que sean más unidos que un hermano. Los amigos varones pueden relacionarse en forma única con las debilidades y los patrones de racionalización de otros hombres, por lo que pueden expresar con amor la verdad. Incluso la verdad difícil.

Un hombre sin esta clase de hombres en su vida es un individuo peligroso.

11 *La gracia de Dios es necesaria tanto para el tipo falso que todo el mundo ve como para el canalla interior que conocemos muy bien.* (Sal. 51:10; Mt. 7:21-23; Ro. 3:23-24; Stg. 4:6)

¿Te imaginas a un niño que se queda sin aliento en la clase de gimnasia? Todos se reúnen alrededor. El maestro de gimnasia se mete entre la multitud con estas órdenes: «Vamos chicos, denle aire». Ridículo, ¿verdad?

Pero qué fuerte metáfora para ti y para mí cuando somos liberados del pecado o nos castigan las presiones de la vida.

Nuestro Padre amoroso quiere tener acceso directo a nosotros cuando estamos tendidos en el suelo. Él lo ve todo. Y nos ama. Exponer ante Dios tu verdadero yo, para que proporcione aire, es realmente buena idea.

12 *Dios se preocupa por sus reglas. Debemos hacer lo mismo, por nuestro propio bien.* (Jn. 14:15, 23; 1 Jn. 5:2-3)

Dios trata sus reglas coherentemente con su perfección. Determina su ley y lo importante que es. Él juzgará a qué y a quién juzgará. Y no somos libres para juzgar por encima de Él. Tú y yo no tenemos derecho para indicar que Dios es demasiado exigente, o que trata como importante lo que no tiene importancia.

Las reglas de Dios son para nuestro bien. Él nos hizo, y sabe qué es lo mejor. El manual de instrucciones de mi auto fue escrito por la compañía que lo fabricó. Ellos saben lo que es mejor. Así pasa con las leyes de Dios.

13 *No podemos mirar a otros hombres más malvados para sentirnos mejores. La única comparación que importa es mirar al Justo, el único Salvador sin pecado que puede restaurarnos.* (Ro. 14:4; Stg. 4:12)

Como el auto de carreras en una competencia, tú y yo debemos mirar a Jesús como Aquel contra quien nos medimos. Mirar a los demás en la carrera no es suficientemente bueno. Aunque podamos creer que estamos una «nariz» delante de ellos, eso no importa. Jesús dijo a sus discípulos: «Síganme». Eso es todo lo que Él exige.

14 *Nada de lo que hemos hecho nos pone fuera del alcance del perdón total de Dios. Nada.* (Hch. 3:19; Ef. 1:7; 1 Jn. 1:7-9)

¿Puedes imaginarte esta clase de libertad? Nada que tú y yo hayamos hecho o hagamos está demasiado lejos de la gracia sanadora de Dios.

¿Has conducido alguna vez en una autopista alemana? No hay límite de velocidad. No hay radares. No hay sirenas ni luces centelleantes. Arrancas el auto y lo dejas volar. ¿Cómo te parece esto? Genial, ¿no es así? (Mientras no estés conduciendo un Ford Pinto de 1972).

15 *Nuestros pecados secretos no pueden esconderse indefinidamente. Un día saldrán a la luz. Vivimos en comunidad. Nuestro matrimonio, nuestros hijos, nuestro vecindario, nuestra iglesia, nuestro lugar de trabajo... lo que hacemos, bueno y no tan bueno, influye en quienes nos rodean.* (Nm. 14:18; Pr. 28:13; Lc. 8:17)

Tarde o temprano, esos hábitos, esas actividades, esas decisiones insensatas o pecadoras que tú y yo creemos que nadie conoce saldrán a la luz, si no en esta vida, en el juicio final.

A menos que vivamos solos en una cabaña remota en los bosques más profundos, todo lo que hacemos influye en otros. Acán aprendió esto del modo difícil. Su pecado costó su propia vida y la de su familia. Hasta sus animales tuvieron que morir.

¿Es cierto esto? Sí. ¿Grave? Seguro que sí. ¿Cuál es la lección? La sabemos, ¿verdad?

16 *Llevar una vida santa, dependiendo del poder del Espíritu Santo, es algo maravilloso... es la senda hacia la felicidad y el gozo puro.* (2 Co. 7:1; 2 Ti. 1:9; 1 P. 1:13-16)

Simplemente, la idea de una vida santa (santidad) podría parecer aburrida, restrictiva, de monasterio. No lo es. Realmente es la maravillosa «primera fila de la montaña rusa».

Esto puede ser difícil de vender en una cultura contemporánea que celebra una conducta sin normas y el placer inmediato. Pero, debido a que Dios ha puesto en nuestras mentes una conciencia y el «regalo» de las noches de insomnio cuando nos salimos del camino, la santidad puede ser algo maravilloso.

17 *La pornografía es mortal. Para un hombre casado es adulterio virtual. La intimidad con Cristo y la expresión sexual en el contexto del matrimonio monógamo ofrecen una satisfacción mucho mayor.* (Sal. 119:37; Mt. 5:28; 1 Jn. 2:16)

Debido a la proliferación de la Internet, ningún hombre puede evitar la tentación de la pornografía. Pero, a causa del poder del Espíritu Santo de Dios, todo hombre que voluntariamente se somete a ese poder puede decir: «No, gracias».

Esta disciplina será un regalo del hombre para sí mismo, su esposa y su familia.

18 *Una relación sincera, franca y transparente con nuestras esposas será tierna... digna de cualquier cosa para conseguirla.* (Col. 3:12-14; Stg. 5:16)

Lo único más doloroso que la revelación total en tu matrimonio es aguantar eso dentro y dejar que corroa tu corazón y tu relación con tu esposa.

Siéntate con ella y descarga lo que hay en tu corazón. Asegúrale que has llevado esto ante el Señor. Te has arrepentido y Él te ha concedido perdón. Y ahora te gustaría hablarle a ella de esto y estás dispuesto a tratar con las consecuencias, cualesquiera que puedan ser.

En ese momento serás libre. Tu instinto te asegurará que esto es cierto.

19 *El orden creado por Dios para hombres y mujeres y para la sexualidad humana es correcto y bueno. Cuando aceptamos su camino, nos arrepentimos de seguir el nuestro y descansamos en Cristo, encontramos perdón y el poder para vivir de acuerdo con su plan.* (Ef. 5:1-9; 1 Co. 6:9-11, 18-20; 1 Ts. 4:3-7; He. 13:4)

Si tú o alguien a quien amas está atrapado en la red de alguna clase de pecado sexual o afección desordenada, hay esperanza. No seremos limpios negando o justificando nuestro pecado, sino confesándolo y volviéndonos de este.

20 *Puesto que amamos a nuestras esposas, su satisfacción sexual debería ser más importante que la nuestra. Y cuando esto es realmente bueno para ellas, será realmente bueno para nosotros.* (Pr. 5:15-19; 1 Co. 7:3-4)

Se trata del principio total de dar y recibir, ¿no es así? Si la respuesta a: «¿Fue eso tan bueno para ti como lo fue para mí?» no es «sí», entonces tienes algo de trabajo por hacer.

Paciencia. Ternura. Paciencia. Ternura.

Y asegúrate de que tu tiempo íntimo no tenga distracción ni apresuramiento. Hazlo tan especial como puedas. Cada vez. Esto te producirá gran satisfacción.

21 *Además de hacer buenas cosas por nuestras esposas, ellas necesitan oírnos que les digamos cosas amables... especialmente esas dos palabras mágicas: «Te amo».* (Pr. 25:11; Ef. 4:29; Col. 3:19)

Es verdad. Y si quieres realmente llenarle el corazón, agrega su nombre al final de la frase... o usa tu apodo favorito. Los míos son querida, cariño y chica preciosa.

Lo sé, para algunos hombres, esto parece cursi. Y tal vez tu esposa crea esto. Pero apuesto a favor de usarlos.

22 *Solo Dios puede darnos la máxima felicidad y satisfacción. En la medida que busquemos a Dios, encontraremos verdadero gozo.* (Sal. 16:11; 40:16; 119:2; Mt. 6:33)

Si no eres un hombre feliz (satisfecho, lleno de propósito, completo en Cristo), el matrimonio no te hará feliz (satisfecho, lleno de propósito, completo en Cristo). Si eres un hombre feliz (satisfecho, lleno de propósito, completo en Cristo) y encuentras una mujer que es feliz (satisfecha, llena de propósito, completa en Cristo), tendrás un buen matrimonio.

Es tan sencillo (o complicado) como esto.

23 *Dios nos ha llamado a proporcionar liderazgo piadoso a nuestra familia. No tenemos lo que se necesita para hacer eso; pero cuando le pedimos, Él nos da todo lo que necesitamos para hacerlo bien.* (Jer. 33:3; 1 Co. 11:3; Stg. 1:5)

No tenemos ninguna otra verdad como esta, porque la mentira que está relacionada no es realmente una mentira. Es verdad. No tenemos lo que se necesita para ser el director de nuestra familia. Pero hay una importante posdata para esta mentira. Dios nos otorga sabiduría y fortaleza para dirigir en casa.[1]

He aquí una analogía. Tú y yo no tenemos que memorizar millones de números telefónicos. Solo necesitamos saber cómo acceder a ellos en nuestros teléfonos celulares. No tenemos la capacidad de dirigir, pero el Espíritu Santo sí la tiene. Pídele esa capacidad. ¡Él está en marcación rápida!

24 *Dios nos llama a convertirnos en hombres que aman, sirven, protegen y proveen para nosotros mismos y para nuestras familias, por su gracia y para su gloria.* (Lc. 2:52; 1 Co. 16:13; 1 Ti. 5:8)

Nunca usaría una expresión que incluya la frase: «¡Madura de una vez!», pero si lo hiciera, aquí es donde la pondría.

Por tanto, si estás abierto a una amonestación fuerte y animadora de un amigo y eres uno de los millones de hombres adultos que aún viven en casa sin ninguna razón legítima, o si jugar videojuegos te está tomando más tiempo del que deberías... contrólate, por favor. Es hora de crecer.

25 *Debemos disciplinar, alentar e instruir a nuestros hijos, pero solo Dios puede dirigir y cambiar sus corazones. Es por eso que oramos.* (Dt. 6:7-8; Pr. 22:6; 29:17; Ef. 6:4)

La batería de tu auto proporciona una buena metáfora de esto. Si desconectas uno de los cables, no funciona. Aunque sea nueva y esté totalmente cargada. Como padre, sé amorosamente estricto.... e incesantemente amable.

La Biblia tiene mucho que decir acerca de los padres que disciplinan a sus hijos. También tiene mucho que decir del amor incondicional. Tus hijos tienen voluntad propia, pero proporcionar disciplina y amor en una manera centrada en Cristo, basada en la Palabra y llena de gracia, creará un ambiente propicio para que elijan a Cristo.

Y luego ora como loco... ora como si sus vidas dependieran de eso. Porque así es.

26 *Si Jesús es todo lo que queremos, Él será todo lo que realmente necesitamos. Si un hombre fuera a cambiar todo lo que posee por Él, ese sería un sabio intercambio.* (Sal. 16:5-9; Ro. 8:31-32; Col. 2:9-10)

Un amigo cercano, abogado eminentemente próspero y alguien en cuya puerta hay un Mercedes nuevo cada año, me dijo en cierta ocasión: «El dinero está sobrevalorado». Él debe saberlo. Hay mucha gente por ahí con mucho dinero en efectivo cuyos corazones están empobrecidos, y muchos individuos que viven con lo justo, cuyas almas son incalculablemente ricas.

Tu verdadera felicidad no tiene nada que ver con tu balance financiero.

27 *Si le pertenecemos a Dios, todas nuestras horas, incluidas aquellas en que no hemos planeado nada, le pertenecen a Él.* (Sal. 90:12; Ef. 5:15-17)

Durante muchos años, las personas usaron pequeñas pulseras elásticas con las letras QHJ impresas en ellas: «¿Qué haría Jesús?». Bueno, como esto se relaciona con el modo en que gastamos realmente nuestro tiempo, nuestro tiempo «libre», mi pregunta sería: «¿Qué hizo Jesús?». ¿Cómo pasó sus 168 horas semanales?

Al leer los Evangelios vemos que Jesús fue intencional con su tiempo. Trabajó, curó, enseñó, viajó... y descansó. Su vida proporciona un modelo para el modo en que debemos gastar nuestro tiempo: cumpliendo la voluntad de nuestro Padre.

28 *Nuestro trabajo dado por Dios es servir como proveedores a nuestras familias. Por medio de nuestro ejemplo podemos mostrarles que tienen un Padre celestial en quien se puede confiar para satisfacer sus necesidades.* (Sal. 107:9; 145:15-16; 1 Ti. 5:8)

Tú y yo tenemos exclusivamente la responsabilidad final ante Dios de asegurar que las necesidades de nuestra familia se suplan y supervisar ese ámbito. Esto incluye no solo sus necesidades materiales, sino también discernir y cuidar de sus necesidades espirituales.

29 *Nuestra fe y nuestro trabajo no pueden dividirse en categorías; fielmente debemos servir a Dios y a otros en todo lo que hacemos.* (Col. 3:23-24; Stg. 2:26)

Nuestro trabajo importa. Y *cómo* trabajo también importa. No podemos dejar nuestra fe en la puerta de la tienda o en el ascensor de la oficina. Si pudiéramos alejarnos de nuestro amor por Dios, tal vez en primera instancia nunca lo hayamos amado de veras. Sinceridad, integridad, diligencia...

estas son las características que nuestro Amo nos llama a llevar a nuestras labores. Son el fruto de su obra en nosotros; son su obra a través de nosotros.

Martín Lutero dijo que un zapatero cristiano no es quien grava pequeñas cruces en zapatos, sino uno que fabrica excelentes zapatos y trata con honestidad a sus clientes. Lutero entendió que es importante todo lo relacionado con nuestro trabajo, si es legítimo. Santo. Un servicio a Dios. Un plomero es tan siervo en la economía de Dios como un pastor.

 30   *No podemos darnos el lujo de no ser generosos con otras personas. Esto las bendice. Y nos bendice.*
(Pr. 11:24-25; Lc. 6:38; Hch. 20:35; 1 Co. 9:6-8)

¿Sabes cómo hacerte rico al instante? Hablo en serio. ¿Estás listo?

Empieza actuando como si lo fueras. No alardees de esto, pero busca constantemente maneras en que puedas bendecir a otros con tu ayuda, tu sonrisa, tus palabras amables, y un consejo generoso. Y si realmente quieres vivir en el regazo del lujo de Dios, pregúntales a las personas: «¿Cómo puedo orar por ti?», y luego, cuando contesten tu pregunta, hazlo. Ora por ellas. Allí mismo... en la acera, el estacionamiento, el autobús.

El afamado escritor H. Jackson Browne lo manifiesta así: «Recuerda que las personas más felices no son las que consiguen más, sino las que dan más».[2]

 31   *A quienes se nos ha perdonado mucho debemos perdonar mucho. Esta verdad debe influir en el modo en que respondemos cuando nos hemos equivocado.* (Lc. 7:47; Ef. 4:31-32; Col. 3:13)

Dios no ha hecho por nosotros menos de lo que nos debe; más bien, «cada día nos colma de beneficios» (Sal. 68:19). Su gracia hacia nosotros es abundante. Jesús pagó por completo la deuda que teníamos por nuestro pecado, y cada día vivimos bajo el aluvión de su gracia.

Esto nos exige ser agradecidos, no enojados, resentidos o vengativos, y extender gracia y perdón a los demás.

32 *El dolor y el sufrimiento son herramientas en las manos sabias y amorosas de Dios, haciendo su buena obra y ayudándonos a volvernos más como su Hijo. Y es por eso que debemos agradecer.* (Ro. 5:3-4; 8:18; 2 Co. 4:7-11; He. 2:10; 1 P. 5:10)

Los hombres somos reparadores, buscadores de soluciones. Por eso, cuando estamos sufriendo a menudo queremos encontrar una solución rápida para eliminar el problema. Pero Dios puede enviar el «veneno» del dolor, el sufrimiento y las dificultades (la quimioterapia) para ayudarnos a aprender a confiar en Él, a tener paciencia.

El apóstol Pablo oró fervientemente para que Dios le quitara lo que llamó su «aguijón en la carne». No sabemos con exactitud qué era el «aguijón», pero sí sabemos que Dios le dijo a Pablo que no le quitaría tal dificultad porque esta le ayudaba al apóstol a recordar su dependencia total de Dios.

33 *Vivimos y servimos en un mundo que se ensaña contra Jesús, y si estamos con Él, se ensaña contra nosotros. Pero tenemos confiada esperanza en que un día todo lo que está mal se corregirá y que, mientras tanto, Él sabe lo que está haciendo y nos sustentará en la batalla.* (2 Cr. 20:6; Pr. 16:3-4; Is. 46:8-11; 1 P. 5:10)

El mundo es un campo de batalla, un lugar de guerra. Lo que nos recuerda contra quién se ensaña el mundo. En realidad, el mundo está en una batalla desesperada e implacable contra... el Señor. El Dios del universo.

A diferencia de Sísifo en la mitología griega, la historia de nuestras vidas no es una roca que rueda hasta el fondo, una roca que debamos empujar otra vez hacia lo alto. Nuestras vidas reposan en la Roca de nuestra salvación. Esta Piedra no puede ser removida. Debemos levantar nuestras cabezas. Debido a Jesús, tú y yo tenemos propósito. Todo está bien y todo estará bien.

34 *Cuando entreguemos el control al Espíritu Santo que mora en nosotros, Él producirá en nosotros el fruto del dominio propio.* (Gá. 5:22-23; 2 Ti. 1:7; Tit. 2:11-12)

Tanto Judas como Pedro creyeron la mentira de que no podían controlarse en el momento. A causa de su profundo remordimiento, Judas se quitó la vida. Pero, a causa de su profunda confesión, Pedro entregó su vida, muriendo finalmente crucificado como mártir.

A veces nos encontramos en situaciones en que no podemos (por nuestra cuenta) ejercer dominio propio en el momento. Pero cuando nos sometemos al liderazgo del Salvador, Él ejerce el control en nosotros, por nosotros, y a través de nosotros.

35 *No podemos huir de la presencia de Dios. Podemos intentarlo, pero no tendremos éxito. Nuestro Padre no nos perderá de vista. Nos perseguirá y nos atraerá a casa.* (Sal. 139:7-12; Pr. 15:3; Is. 57:15)

Tú y yo podemos tomar una juerga sin descanso en una senda que sabemos que es insensatez pura. Pero nuestro Padre sabe dónde estamos, a dónde creemos que vamos y cómo volver a atraernos a casa. De una manera u otra.

36 *Los hijos son un regalo del Señor; Él quiere usarlos para extender el evangelio en nuestro mundo arruinado. Cuando aceptamos los hijos como un regalo, nos asociamos con Dios en cambiar este mundo.* (Gn. 18:19; Sal. 127:3-5; 3 Jn. 4)

Al ser hombres pecadores, claramente somos parte del problema con el mundo. Pero nosotros y nuestros hijos podemos ser parte de la solución.

En Malaquías, el profeta reprende al pueblo de Dios porque no honraron a sus esposas. «¿No hizo él uno, habiendo en él abundancia de espíritu? ¿Y por qué uno? Porque buscaba una descendencia para Dios» (2:15). Dios está buscando una descendencia piadosa. La disposición de aceptar el regalo de los hijos es una oportunidad de ser bendecidos y bendecir a nuestro mundo.

37 *Cuando recibimos las dádivas de Dios con sincero asombro, gratitud y humildad, nos liberamos de la necesidad de comparar y competir.* (Gá. 1:10; 2 Co. 10:12)

No hay competencia por tu lugar en la voluntad de Dios.

El amor y el liderazgo de Dios en tu vida llevan tu nombre. Él no te compara con nadie. Su cariño por ti es singular.

Una vez que aceptamos esta verdad desaparece misericordiosamente nuestra propensión a medir nuestras vidas por la norma falsa del éxito de otros. Nuestros corazones se llenan de gratitud por quiénes somos delante de nuestro Buen Pastor y por lo que se nos ha concedido mediante su mano compasiva.

38 *Dios ve cada fragmento, parte e ingrediente de nuestras vidas y declara: «¡Me pertenece!».* *Nuestra sincera y alegre respuesta debería ser:* *«¡Te pertenezco!».* (Sal. 40:8; Jn. 17:6, 10; Ro. 14:8)

En cada uno de nuestros papeles y nuestras tareas estamos llamados a vivir con disposición perfecta. Con integridad.

Debemos ser los mismos en cada situación. Nuestros compañeros de trabajo no deben ver en la oficina o el taller un hombre diferente del que nuestros compañeros diáconos ven en la iglesia. A nuestros hijos no se les debe pedir que traten con un hombre que es delicado y tierno con su perro y un grosero demasiado susceptible e impaciente con ellos. A nuestras esposas no se les debe pedir que en la alcoba armonicen a Giovanni Casanova con el Gladiador cuando este está bajo presión.

39 *Seguir a Jesús nunca será fácil ni popular. Nuestro mayor objetivo no es ser geniales o relevantes, sino ser seguidores leales de Cristo, súbditos fieles de su reino, sin importar el costo.* (Mt. 10:38-39; Fil. 1:20-21; Col. 3:1-4)

El evangelio que creemos y proclamamos es incomprensible, e incluso repulsivo y ofensivo (insectos envueltos en chocolate) para aquellos cuyos ojos nunca se han abierto a fin de ver la belleza y verdad de este evangelio.

A veces, seguir con entusiasmo a Cristo puede meternos en problemas. Podemos perder amigos o encontrarnos con el embate de crueles bromas. Podemos ser odiados o rechazados por lo que creemos.

Sin embargo, nuestra tarea es seguir viviendo y dando a conocer nuestra fe como recipientes humildes, indignos y agradecidos de su gracia; y señalar amorosamente a los pecadores hacia el Salvador que los ama, orando para que sus corazones sean atraídos hacia Él.

40 *Mediante su muerte y resurrección, Jesús conquistó el pecado y la tumba. Tu «final» y el mío no será el final. Y será maravilloso.* (Ef. 1:3; Fil. 3:20-21; 2 P. 1:4; 1 Jn. 3:2)

Puesto que has recibido el perdón que Jesús proporcionó mediante su muerte y resurrección, tu «y después de esto» será el acceso al cielo.

Por tanto, sí... tú y yo moriremos. Esto es seguro. Pero no será el final de tu historia o la mía. Y debido a que conocemos a Jesús, la próxima historia será muy buena. Él lo ha prometido.

LA PRÁCTICA LLEVA A LA PERFECCIÓN... BUENO, EN CIERTO MODO

El antiguo adagio: «la práctica lleva a la perfección», puede aplicarse a muchas actividades. Por supuesto, la perfección absoluta en realidad no puede lograrse. No en esta parte del cielo.

No obstante, al igual que con todo lo importante para nosotros, el trabajo arduo hacia una meta apreciada nunca será una pérdida de tiempo.

Si revisas periódicamente esta lista de cuarenta verdades, se te recordará la fidelidad de Dios en revelártelas, y te animará a seguir aceptando la verdad y permitiendo que transforme tu vida.

ESA TARJETA EN EL BOLSILLO DEL ASIENTO FRENTE A TI

Hace más de treinta años volé en un L-1011. Ese aeroplano fue uno de los primeros «aviones jumbo», con dos pasillos y tres columnas de asientos, una nave que podía transportar cuatrocientos pasajeros. Recuerdo que me sentí abrumado por la experiencia de subir a bordo de ese gigante y contemplar cómo pudo despegar realmente con todas esas personas a bordo, entre ellas yo.

En el bolsillo del asiento frente a mí había una de esas tarjetas laminadas plegadas que informa sobre las características de seguridad del avión. Al respaldo de la tarjeta había un párrafo con el encabezado: «Acerca de este avión». Detallaba el peso de la aeronave, la cantidad de hojas de aluminio y el número de remaches necesarios para construirla. Leí cada palabra.

La primera frase de ese párrafo decía: «Si estás tomándote el tiempo para leer esto, evidentemente eres alguien curioso. La mayoría de personas nunca se tomaría el tiempo para leerlo».

Lo mismo podría decirse de ti.

Si has leído hasta aquí, claramente tomas en serio estas mentiras y la verdad.

Así que debes saber, por favor, cuán agradecido estoy que hayas recorrido todo el camino hasta la meta. Ha sido un privilegio hacer este recorrido contigo.

UNA LABOR EN MARCHA

Mientras escribía este libro, por si acaso creas erróneamente que vivo en una torre de marfil, hubo ocasiones en que me descubrí creyendo y siendo tentado por las mismas mentiras a las que me refería.

«Se supone que mi esposa debe hacerme feliz».

«Puedo darme el lujo de acortar mi tiempo con el Señor esta mañana».

«¿Quién se dará cuenta si hago clic en esta fotografía obscena en mi portátil?».

«Actúo de este modo porque tengo muchas cosas en la cabeza».

«Mi valía proviene de lo que tengo».

Gracias a Dios, Él ha dirigido mi corazón de vuelta a la Verdad una y otra vez en momentos agitados, molestos o frustrantes. A medida que leo sobre la verdad, medito en ella, la creo y me rindo a ella, el Espíritu de Dios me libera: mi mente y mis emociones se estabilizan y puedo ver mis circunstancias desde la perspectiva de Dios. Cuanto más camino con Dios, ¡más consciente soy del poder de la verdad!

> *Cuanto más camino con Dios, ¡más consciente soy del poder de la verdad!*

Desde luego, hay muchas más mentiras que no hemos abordado. Te animo a que le pidas a Dios que te ayude a discernir cuando estés tentado a creer cosas que no son ciertas. Luego investiga las Escrituras y pide consejo de amigos piadosos para descubrir la verdad que contrarresta y vence cada mentira.

En los próximos días, cada vez que te des cuenta de que estás creyendo mentiras, regresa y revisa las verdades resumidas en el último capítulo. Renueva continuamente tu mente con la Palabra de Dios y aprende a aconsejar tu corazón según la verdad (Sal. 86:11).

Y no olvides que eres una labor en marcha. Una obra maestra inconclusa. La obra de Dios en ti es real y no está concluida. Pero un día lo estará.

**Dios empezó una buena obra entre ustedes y la continuará
hasta completarla el día en que Jesucristo regrese (Fil. 1:6, PDT).**

Esta es la verdad. Y promete libertad asombrosa. Realmente lo hace. Esta experiencia empezó como una conversación entre amigos. Continuémosla. Me encantaría escuchar de ti. ¡Hazme saber cómo la verdad está cambiándote y liberándote!

Dios te bendiga en esta aventura.

Robert

www.robertwolgemuth.com

RECONOCIMIENTOS

E numerar a las personas a quienes agradecer por la inversión en este libro sin antes agradecer al Señor sería insensatez. Así que es aquí donde empiezo. Cuando Jesús declaró: «Yo soy... la verdad» (Jn. 14:6), estaba dándonos a ti y a mí una nueva manera de contrarrestar las mentiras que creemos. La respuesta fue: Él mismo. Él es la verdad. ¿Dónde estaría yo sin su amor y provisión? Su gracia ha sido placentera y más que suficiente.

En segundo lugar, agradezco a mi esposa, Nancy DeMoss Wolgemuth. Su amor, cariño y aliento durante el incesante proceso de redactar un manuscrito han sido permanentes. Por experiencia propia, Nancy conoce el precio que un escritor paga para teclear las palabras en tal forma que tengan sentido y comuniquen claramente. En este frente y todos los demás que podría nombrar, Nancy es un precioso regalo de Dios para mí. Ella ha sido una tierna fuente de bondad y gracia en las madrugadas reservadas para hacer esto. También es una fuente maravillosa de verbos geniales.

En el 2001, Nancy escribió *Mentiras que las mujeres creen: Y la verdad que las hace libres* (el original en inglés). El libro ha vendido más de un millón de ejemplares y se ha convertido en un clásico en todo el mundo. Casi todos los días, Nancy oye de mujeres cuyas vidas han sido profundamente afectadas por esa obra. Entonces, en el 2008, junto con su amiga Dannah Gresh, Nancy publicó en inglés *Mentiras que las jóvenes creen*. Nuevamente, ese libro se abrió paso en la experiencia de vida de centenares de miles de mujeres jóvenes, y continúa haciendo una profunda impresión en ellas.

La oportunidad de escribir un volumen complementario con la etiqueta «Mentiras» (esta para hombres) ha sido un privilegio singular. Gracias, Nancy, por permitirme viajar en este tren. Y gracias por tu compañía, tus sugerencias de contenido brillante y tus impecables correcciones a lo largo del proceso.

Oh, sí, y gracias por escribir el selecto respaldo que aparece en la contracubierta de este libro.

Unos meses después de la publicación del original en inglés de *Mentiras que los hombres creen*, se publicó en inglés *Mentiras que las niñas creen* (de Dannah Gresh) y su compañero *Mentiras que las niñas creen: Guía para mamás* (de Nancy y Dannah). (Esas son muchas mentiras y, gracias a Dios, un montón de verdad para contrarrestarlas).

Moody Publishers ha sido el hogar para todos los libros sobre «Mentiras» en inglés (y Editorial Portavoz para las ediciones en español). La sociedad de estos amigos ha sido un regalo. Gracias a Greg Thornton, Paul Santhouse, Randall Payleitner, Connor Sterchi, Ashley Torres, Carolyn McDaniel, Erik Peterson y Richard Knox... Y a todos los demás en el equipo editorial.

En tercer lugar, mis hijas y nietos son una fuente constante de afirmación y ovaciones. En realidad, Missy y Julie fueron animadoras en el liceo, por lo que son buenas en esto. Estoy agradecido por Jon y Missy Schrader, Cristopher y Julie Tassy, (el señor y la señora) Ben y Abby Schrader Quirin, Luke Schrader, Isaac Schrader, Harper Tassy y Ella Tassy.

Y hablando de la familia, el clan extendido de Nancy ha sido una fuente extraordinaria de bondad al recibirme a mí, su hijo, hermano y tío de arribo tardío.

Año y medio antes que se concluyera el manuscrito de este libro, Del Fehsenfeld, Dan Jarvis, Israel Wayne y el doctor R. C. Sproul Jr. aceptaron ayudar con la integración de la lista de posibles «mentiras» para incluir.

Después de unas semanas de intercambiar correos electrónicos de ida y vuelta, nos vimos personalmente durante varias horas y aprovechamos las posibilidades. Su sabiduría y sus aportes fueron increíblemente valiosos... así como su inspiración audible a lo largo del camino.

Es más, R. C. se quedó con el manuscrito y me prestó su cerebro teológico y nítido, y las palabras para avalar a lo largo del camino. Gracias R. C.

Mis hermanos, y en especial Dan, fueron de gran ayuda con la mentira #11. Gracias a estos hermanos, hermanas y amigos.

Mike y Janet Sonnenberg han sido un modelo de fidelidad, tenacidad y paciencia frente al sufrimiento indescriptible durante muchos años. Su disposición de permitirme contar un poco de su historia en la mentira #32 es muy apreciada.

Rosaria Butterfield y Cristopher Yuan me dieron sabios consejos en relación con la mentira #19. Estoy muy agradecido por estos amigos fieles.

Después de más de tres décadas de amistad y colaboración profesional como su editor y agente, me llené de valor para pedir al doctor Patrick Morley que escribiera el prólogo de este libro. Su poderoso ministerio a individuos de todo el mundo, *El hombre frente al espejo*, ha cambiado las vidas de millones de seres y ha sido un modelo para decenas de miles de iglesias que han usado los libros y materiales de Patrick para llevar a hombres a la fe en Cristo y hacerlos crecer en su caminar cristiano. La buena disposición de Patrick de prestar su nombre y su confiable reputación para este libro es un generoso regalo.

Cuando llegó el momento de diseñar la portada, nuestros queridos amigos Bob y Dannah Gresh intervinieron junto con el siempre increíble Erik Peterson en Moody. El diseño de la cubierta de este libro se debe en gran medida a su creatividad. Gracias.

Los hombres que agregaron sus buenos nombres para apoyar este libro son muy especiales. Y muy amables: Jack Graham, Tim Challies, Bryan Loritts, George Grant, Paul Santhouse y Bob Lepine.

Gracias a la familia *Aviva nuestros corazones* de Nancy y al padre de su ministerio, *Life Action Ministries*.

Ya que mis preciosas hijas y mis lindos nietos viven a muchos kilómetros de distancia, tres familias nos han adoptado como propios, proporcionándonos muchos abrazos de parte de niños, grandes y pequeños, a quienes amamos... Nate y Jessica Paulus y sus tres hijos: Addie, Ellie y Beckett; Aarón y Victoria Paulus y sus cinco hijos: Jonathan, Annalise, Eliya, Ian y Karah; Del y Debra Fehsenfeld y sus cuatro hijos: Shepard, Karia, Chalissa y Sōl. Mi amor y agradecimiento para ellos.

Y a mis agentes: Andrew Wolgemuth, Erik Wolgemuth y Austin Wilson. Estoy feliz de que sepan lo que están haciendo.

Por último, y tan importante como todo lo anterior, gracias a ti por tomarte tiempo para leer este libro. Tu tiempo es tu activo más valioso y has invertido un montón aquí. Considérame agradecido.

NOTAS

INTRODUCCIÓN

1. Nancy DeMoss Wolgemuth, *Mentiras que las mujeres creen: Y la verdad que las hace libres* (Grand Rapids: Portavoz, 2018), p. 38.
2. A excepción de la construcción en seco.

CAPÍTULO UNO: EL PROBLEMA DEL ORGULLO

1. Una versión actualizada y ampliada de *Mentiras que las mujeres creen* fue publicada en el 2018.

CAPÍTULO DOS: MENTIRAS QUE LOS HOMBRES CREEN ACERCA DE DIOS

1. Este dicho con los siglos se ha presentado en muchas variantes.
2. Incluso los que van a parar a nuestro cepillo o a nuestra ducha todos los días.
3. C. S. Lewis, *Cristianismo... y nada más* (Miami: Caribe, 1977), p. 33.
4. Parte del castigo de Dios para Satanás después de la caída, así como para todas las serpientes que seguirían, fue que pasaría el resto de la existencia arrastrándose sobre su vientre (Gn. 3:14). Por tanto, su aspecto inicial antes de arrastrarse por la tierra pudo haber tenido una apariencia distinta.

CAPÍTULO TRES: MENTIRAS QUE LOS HOMBRES CREEN ACERCA DE SÍ MISMOS

1. Darlington Omeh, «Top 10 Richest People of All Time in Human History», wealthresult.com, https://www.wealthresult.com/wealth/richest-people-history.
2. Adaptado de Ann Spangler y Robert Wolgemuth, *Men of the Bible* (Grand Rapids: Zondervan, 2010), pp. 160-62.

CAPÍTULO CUATRO: MENTIRAS QUE LOS HOMBRES CREEN ACERCA DEL PECADO

1. https://www.goodreads.com/quotes/407467-i-once-sent-a-dozen-of-my-friends-a-telegram.

2. Antonio Piñero, «Tercera de Corintios», *Cristianismo e historia*, https://www.tendencias21.net/crist/Carta-apocrifa-de-Pablo-a-los-corintios-3-Cor_a897.html.

3. Este Ananías era diferente al hombre que le impuso las manos a Pablo, restaurándole la vista. Al parecer, los libros de nombres para bebés y niños tenían mucho menos acceso del que tienen hoy día.

4. Bruce Larson, *Living on the Growing Edge* (Grand Rapids: Zondervan, 1969).

5. R. C. Sproul Jr., *Believing God: Twelve Biblical Promises Christians Struggle to Accept* (Lake Mary, FL: Reformation Trust, 2009), p. 13.

6. Partes de esta historia se han extraído y adaptado de Robert Wolgemuth y Ann Spangler, *Men of the Bible* (Grand Rapids: Zondervan, 2002), pp. 114-15.

7. Bill y Pam Farrel, *Los hombres son como waffles, las mujeres como espaguetis* (Eugene, OR: Harvest House, 2007).

8. Nancy Leigh DeMoss, *A Revive Our Hearts Trilogy: Holiness: The Heart God Purifies* (Chicago: Moody, 2008), p. 280.

9. *Ibíd.*, pp. 280-81.

10. Kevin DeYoung, *A Hole in Our Holiness* (Wheaton, IL: Crossway, 2014), p. 74.

CAPÍTULO CINCO: MENTIRAS QUE LOS HOMBRES CREEN ACERCA DE LA SEXUALIDAD

1. Mélanie Berliet, «15 Married Men Who Cheated Reveal What It's Like to Have an Affair», *Thought Catalog*, 8 julio 2015, https://thoughtcatalog.com/melanie-berliet/2015/07/15-married-men-who-cheated-reveal-what-its-liketo-have-an-affair/.

2. Es más que estereotípico decir que el impulso por tener sexo en los hombres es generalmente más fuerte que en las mujeres. Esto es cierto. https://www.webmd.com/sex/features/sex-drive-how-do-men-mujeres-compare#1.

3. Lauryn Chamberlain, «US Mobile Usage In 2017: Stats You Need To Know», GeoMarketing, 16 febrero 2017, http://www.geomarketing.com/us-mobileusage-in-2017-stats-you-need-to-know.

4. Levi Lusko, *Swipe Right: The Life-and-Death Power of Sex and Romance* (Nashville: Tomas Nelson, 2017), p. 96.

5. Nancy R. Pearcey, *Love Thy Body: Answering Hard Questions about Life and Sexuality* (Grand Rapids: Baker, 2018), p. 11. Su fuente: Leonardo Blair, «Nearly Two-Thirds of Christian Men Watch Pornography Monthly: They are Watching at the Same Rate as Secular Men, Says Study», *The Christian Post*, 27 agosto 2014.

6. Si no luchas con la pornografía, es casi seguro que hay un amigo en tu vida que lo hace. Esta amonestación puede que no sea para ti, sino para ese otro individuo.

7. Stephen Harding, «Take an Insane Plunge on the World's Tallest Roller Coaster in Virtual Reality», *USA Today*, 10 noviembre 2016, https://www .usatoday.com/historia/news/nation-now/2016/11/10/take-insane -plungemundos-tallest-roller-coaster-virtual-reality/93587402/.

8. Trato con esto en gran detalle en mi libro, *Como el Buen Pastor: Lidera tu matrimonio con amor y gracia*. El capítulo 7 se titula «Un Pastor satisface a sus ovejas». Te dará más información sobre cómo puedes ayudar a hacer la experiencia sexual de tu esposa tan feliz como la tuya.

9. John Piper, «Husband, Lift Up Your Eyes», Desiring God, 10 julio 2017, https://www.desiringgod.org/articles/husband-lift-up-your-eyes.

10. Christopher Yuan, *Ya no vivo yo: La travesía de un hijo homosexual hacia Dios. La búsqueda de esperanza de una madre quebrantada* (Lake Mary, FL: Casa Creación, 2015), p. 186.

11. Rosaria Champagne Butterfield, *Openness Unhindered* (Pittsburgh, PA: Crown & Covenant Publications, 2015), pp. 26-27.

12. Leon F. Seltzer, «The Triggers of Sexual Desire: Men vs. Women», *Psychology Today*, 11 mayo 2012, https://www.psychologytoday.com/us/blog /evolution-the-self/201205/the-triggers-sexual-desire-men-vs-women.

13. Robert Wolgemuth, *Como el Buen Pastor: Lidera tu matrimonio con amor y gracia* (Grand Rapids: Portavoz, 2017), pp. 47-48.

CAPÍTULO SEIS: MENTIRAS QUE LOS HOMBRES CREEN ACERCA DEL MATRIMONIO Y LA FAMILIA

1. Gary Thomas, *Sacred Marriage* (Grand Rapids: Zondervan, 2000), p. 236. Publicado en español por Editorial Vida con el título *Matrimonio sagrado*.

2. Gary Chapman, *Los 5 lenguajes del amor* (Miami: Unilit, 2011).

3. Esta recomendación de ser obedientes a los padres se repite a lo largo de Proverbios. Ver 2:1; 3:1; 4:1, 11, 20.

4. Karol Markowicz, «Por qué tantos hombres viven con sus padres», *New York Post*, 30 mayo 2016, https://nypost.com/2016/05/30/why-so-many -men-are-living-with-their-parents/. Ese mismo año, *Psychology Today* reportó que en el estado de Nueva Jersey, el 45% de los hombres entre 18 y 34 años viven ahora con sus padres (Hara Estroff Marano, «The "Failure to Launch" Epidemic», *Psychology Today*, 5 diciembre 2016, https://www .psychologytoday.com/us/blog/nation-wimps/201612/the-failu- re-launch-epidemic).

5. Robert Wolgemuth, *Prayers from a Dad's Heart* (Grand Rapids: Zondervan, 2003), pp. 12-13.

CAPÍTULO SIETE: MENTIRAS QUE LOS HOMBRES CREEN ACERCA DEL TRABAJO Y LA RIQUEZA

1. Colaboradores de la New World Encyclopedia, «John D. Rockefeller», *New World Encyclopedia*, modificado por última vez 25 agosto 2016, http://www.newmundoencyclopedia.org/entry/John_D._Rockefeller.

2. San Agustín, *Confesiones*, trad. Ángel Custodio Vega Rodríguez, http:// www.augustinus.it/spagnolo/confessioni/conf_01_libro.htm.

3. http://stress.lovetoknow.com/time-management-chart.

4. «Paul Gauguin Biography», Biography.com, última actualización 27 abril 2017, https://www.biography.com/people/paul-gauguin- 9307741#artist-in-exile.

5. «Catecismo de la Nueva Ciudad», http://newcitycatechism.com /translations/spanish.html.

6. Un agradecimiento especial al doctor Alistair Begg por esta idea proce- dente de una conversación privada.

7. Dictionary.com, s.v. «deadbeat dad», http://www.dictionary.com/browse /deadbeat-dad.

8. Ver mentira #23 para algunas ideas útiles sobre cómo Proverbios nos ofrece sólida dirección en la crianza de los hijos.

9. C. S. Lewis, *The Weight of Glory* (San Francisco: HarperOne, 1976), p. 160. Publicado en español por HarperCollins con el título *El peso de la gloria*.

10. https://www.goodreads.com/quotes/924405-the-christian-shoemaker -doeshis-duty-not-by-putting-little.

11. Gracias a John MacArthur por esta perspectiva en un sermón titulado «The Theology of Work», https://www.gty.org/library/sermons-library /80-362/a-theology-of-work.

CAPÍTULO OCHO: MENTIRAS QUE LOS HOMBRES CREEN ACERCA DE LAS CIRCUNSTANCIAS

1. «Cuán firme cimiento», Himnos Cristianos, https://www.himnos -cristianos.com/himno/cuan-firme-cimiento/. Dominio público.

2. L'Absurd Diari, marzo 11, 2004, http://www.absurddiari.com/s/llegir. php?llegir=llegir&ref=4000.

3. Mark Vroegop, *Dark Clouds, Deep Mercy: Discovering the Grace of Lament* (Wheaton, IL: Crossway, 2019).

4. Ningún estudiante universitario habría estado dispuesto a vivir este tipo de existencia espartana. Otros deportistas no universitarios también vivían en cabañas para ahorrar dinero.

5. Maltbie D. Babcock, «Este mundo es de mi Dios», Álbum Canción y Letra, https://www.albumcancionyletra.com/el-mundo-es-de-mi-dios _de_asd7___233690.aspx.

6. Francis Thompson, «El sabueso del cielo», en El Iletrado Egregio, Centauro cabalgante, http://centaurocabalgante.blogspot.com/2013/05 /el-sabueso-del-cielo-de-francis-thompson.html.

CAPÍTULO NUEVE: MENTIRAS QUE LOS HOMBRES CREEN ACERCA DEL MUNDO

1. Bill Bates, *Shoot for the Star* (publicación propia, CreateSpace, 2011), pp. 4-5; «Bill Bates», Wikipedia, editado por última vez 18 mayo 2018, https://en.wikipedia.org/wiki/Bill_Bates.

2. Bill Bates con Bill Butterworth, *Shoot for the Star* (Brentwood, TN: Wolgemuth & Hyatt, 1996).

3. Robert Wolgemuth, *She calls Me Daddy* (Wheaton, IL: Tyndale, 1996), pp. 27-29. Publicado en español por Editorial Portavoz con el título *Mi hija me llama «papi»*.

4. Irónicamente, en estos días algunos hombres tratan lo sucio como bueno. Mientras más sucio, mejor. Esto es especialmente cierto cuando hablamos de un camión que acaba de llegar de un viaje. Una bola de barro sobre ruedas.

5. https://www.goodreads.com/author/quotes/385896.Abraham_Kuyper.

6. «Luther on Music», http://www.eldrbarry.net/mous/saint/luthmusc .htm.

7. Miss Cellania, «The Final Days of John Wayne», Neatorama, http:// www.neatorama.com/2014/03/05/The-Final-Days-of-John-Wayne/.

CAPÍTULO DIEZ: CONTRARRESTAR LAS MENTIRAS CON LA VERDAD

1. En 1955 se añadieron mellizos a mi familia. Debbie y Dan se perdieron este ritual nocturno particular.
2. Juan Bunyan, *El progreso del peregrino* (Barcelona, España: Editorial Clie, 2017), p. 27.
3. Con la excepción de ilustraciones personales, la esencia del resto de este capítulo se tomó de los capítulos 11 y 12 del libro de mi esposa Nancy, *Mentiras que las mujeres creen* (Grand Rapids: Portavoz, 2018), usado con permiso.
4. John H. Sammis, «Obedecer y confiar», 1887, dominio público.
5. Bunyan, *El progreso del peregrino*, p. 55.

CAPÍTULO ONCE: LA VERDAD QUE NOS HACE LIBRES

1. Si puedo ser un poco presuntuoso, déjame recomendarte mi libro, *Como el Buen Pastor: Lidera tu matrimonio con amor y gracia* (Grand Rapids: Portavoz, 2018). Este libro te ayudará a cultivar y ejercer liderazgo piadoso en el hogar.
2. H. Jackson Browne, *Life's Little Instruction Book* (Nashville, TN: Thomas Nelson, 2000), p. 54. Publicado en español por Thomas Nelson con el título *Pequeño libro de instrucciones para la vida*.

GUÍA DE DIÁLOGO

¡EMPECEMOS!

La verdad es poderosa. Jesús dijo que literalmente puede hacernos «libres». Sin embargo, seamos realistas… la mayoría de nosotros conocemos más verdad espiritual de la que experimentamos.

Mentiras que los hombres creen está lleno de verdad para hombres como tú y yo. La verdad que nos cambiará. La verdad que nos liberará y liberará a nuestras familias. La verdad que plantará nuestros pies en terreno sólido y fortalecerá nuestros músculos espirituales.

No obstante, el solo hecho de leer estas verdades tendrá poco efecto si no hacemos modificaciones en el camino para alinear nuestra vida diaria con lo que estamos aprendiendo. Por esto es que me uno a mi amigo Robert Wolgemuth a fin de que todos juntos podamos recorrer la experiencia.

Si tu auto está desalineado, puedes sentirlo, pero aun así hacer caso omiso del problema. El resultado será neumáticos gastados, poco kilometraje, mayor tensión en la carretera, ¡y un recorrido muy accidentado! Un hombre sabio llevará su auto a un profesional cuando sea necesaria una alineación.

El propósito de esta Guía de diálogo es ayudarte a alinear tu vida diaria (práctica y personalmente) con la verdad. Mi esperanza es que hagas esto junto con algunos amigos.

Robert y yo te animamos a «procesar» juntos estas verdades hasta que se vuelvan parte natural de tu caminar con Cristo, fortaleciéndote para vivir de acuerdo con la luz.

Si lo haces, las recompensas serán fantásticas: más paz, relaciones fortalecidas, mayor confianza y el favor sobrenatural de Dios. Demostrarás a otros que la verdad divina es realmente buena, agradable y perfecta (Ro. 12:2).

Así que, ¡vamos! Sea que estés estudiando esto con un grupo de diez hombres o solamente con otro amigo, sé sincero e intencional. No creas que tienes que aprobar todas las preguntas, pero toma tiempo donde creas que Dios está hablando. ¡Cuando lo hayas logrado, mi esperanza es que tu vida se haya fortalecido al aprender a reconocer y resistir las mentiras que los hombres creen!

Por una vida llena de verdad,

Bill Elliff

CAPÍTULO 1

CRUZA EL PUENTE CUANDO LLEGUES A ÉL

Desde el principio, el «padre de mentira» (Jn. 8:44) ha estado tentándonos a que aceptemos lo que él dice. Tomen tiempo para evaluar juntos por qué estamos cayendo en sus mentiras. Si pueden reconocerlas y resistirlas, ¡sus vidas y las de los que aman serán afectadas en gran manera!

PREGUNTA DE INICIO: Hablen de un momento en que tomaron una decisión basándose en el pensamiento: «Bueno, probablemente esto no esté bien, pero si hay consecuencias ¡cruzaré ese puente cuando llegue a él!». ¿Cuál fue el resultado de esa decisión?

PREGUNTAS PARA CONSIDERAR

Quizá hayas leído recientemente algo sobre un hombre que hizo algo muy ridículo. ¿Qué hizo ese individuo? ¿Por qué crees que hombres inteligentes cometen ridiculeces a pesar de lo que saben que es verdad? ¿Por qué hacen esto?

1. Piensa por un momento en aspectos en que sabes lo que Dios requiere, pero decides desobedecer. ¿Cuáles son los tres aspectos en tu vida en que esto parece ser cierto? (Sé sincero, escríbelos y luego háblalos con el grupo).

    A. _____

    B. _____

    C. _____

2. Todo hombre a veces es tentado a pecar por miedo al ser humano. ¿Cuándo fue la última vez que tomaste una decisión errada, solo para no «causar problemas» a otro? ¿Cuáles fueron las consecuencias de tal decisión?

3. Habla de una ocasión en que tu mente te dijo que dieras un paso (o que no lo dieras), pero tu corazón no estaba alineado y aun así seguiste adelante sin una conciencia clara. ¿Qué sucedió?

4. Por lo general, como adultos hacemos lo que realmente queremos hacer. Nuestros valores (lo que más nos importa) impulsan nuestras acciones. Y a menudo nuestros valores no están alineados con la verdad. Enumera tus tres valores principales (como lo ilustran tus decisiones) y lo que crees que Dios quisiera que estos valores fueran.

Lo que mis decisiones realmente valoran	Lo que Dios quiere que yo valore
1.	1.
2.	2.
3.	3.

5. Los próximos capítulos van a retar tu manera de pensar y tu vida. Tras saber que Dios es perfecto y te ama con amor eterno, ¿estás dispuesto a entregar a Dios tu «Sí» incluso antes que sepas lo que Él podría exigir de ti? Si es así, haz esta oración y firma con tu nombre en la parte inferior. Si estás en un grupo, ¿qué tal si leen esto en voz alta y firman juntos?

Amado Padre celestial y fiel Autor de toda verdad:

Sé que he creído muchas falsedades en mi vida. Por favor, ábreme los ojos para que pueda ver las mentiras que están afectándome y afectando a quienes me rodean. Concédeme la humildad para aceptar tu punto de vista de lo que estoy creyendo y del modo en que vivo. Muéstrame los pasos que debo dar, por medio de tu gracia y del poder del Espíritu, a fin de alinear mi vida con tu verdad.

Trae pensamientos claros a mi mente, mis emociones y mi voluntad. Renueva mi mente, domina mis emociones y doblega mi voluntad para que coincida con la tuya. Llévame, y a todos estos hombres conmigo, muchos pasos más allá junto a la senda de la auténtica hombría bíblica. Ayúdanos no solo a conocer la verdad, sino a vivirla en tal forma que el mundo pueda ver el valor de una vida llena de verdad.

_____

(Firma)

TU PRÓXIMO PASO...

Esta semana mantén tus ojos abiertos ante las mentiras obvias que te rodean. Apunta las que oigas en tu mente o de otros a tu alrededor, y prepárate para hablar de ellas la próxima semana.

CAPÍTULO 2

MENTIRAS QUE LOS HOMBRES CREEN ACERCA DE DIOS

PREGUNTA DE INICIO: A medida que mirabas y escuchabas esta semana, ¿qué mentiras obvias viste u oíste, sea en tu propia cabeza o en el mundo que te rodea? ¡Uno de los objetivos de este estudio es ayudarte a convertirte en un «detector de mentiras»! Habla con el grupo lo que experimentaste esta semana.

En el capítulo 2, Robert identifica cinco mentiras que creemos acerca de Dios.

MENTIRA #1: DIOS NO ES MUY DIFERENTE A MÍ.

1. ¿Por qué crees que Satanás querrá que creamos esto?

2. ¿En qué maneras Dios es diferente a nosotros, y qué cambiaría si en forma real y sincera abrazamos la santidad de Dios?

MENTIRA #2: DIOS NO PARTICIPA EN LOS DETALLES DE MI VIDA, NI LE PREOCUPAN.

1. Si creyéramos que Dios se preocupa por detalles en nuestras vidas, actuaríamos de modo diferente. Toma un minuto para evaluar tu relación con las preguntas siguientes y luego conversa con el grupo.

   * ¿Hablas con Dios a lo largo del día? __ sí __ realmente no
   * ¿Consultas con Él la mayoría de decisiones? __ sí __ realmente no
   * ¿Le agradeces a menudo? __ sí __ realmente no
   * ¿Reconoces lo que Él está haciendo a diario? __ sí __ realmente no
   * ¿Tomas tiempo para escucharlo a diario leyendo su Palabra? __ sí __ realmente no

   ¿Cuál de estas preguntas necesita mayor modificación?

MENTIRA #3: PUEDO GANARME EL FAVOR DE DIOS.

1. Incluso si has llegado a conocer a Cristo por fe, ¿tienes dificultades en creer que Dios te acepta y te perdona incondicionalmente? ¿Cuál crees que es la opinión que Dios tiene de ti la mayor parte del tiempo?

2. ¿Qué dice la cruz de Jesús acerca de ti?

* *Si aún no has llegado a ver tu pecado y aceptar el perdón de Dios confiando en Él como tu Salvador personal, entonces habla con alguien después que termine la reunión del grupo. ¡Pídele que te ayude a dar este paso que es el más importante de tu vida!*

MENTIRA #4: HAY MUCHOS CAMINOS QUE LLEVAN A DIOS.

1. ¿Por qué crees que las personas creen la mentira de que hay muchos caminos hacia Dios? ¿Qué crees que motiva a los hombres a aferrarse a esta creencia?

2. ¿Te encuentras evitando declarar la verdad de que Cristo es el único camino a Dios (Jn. 14:6)? ¿Por qué sí o por qué no? ¿Ayuda nuestro silencio o perjudica a las personas?

MENTIRA #5: ¿IGLESIA? PUEDO TOMARLA O DEJARLA.

1. ¿Qué te tienta a no asistir con regularidad a la iglesia?

2. ¿Cómo el hecho de colaborar en tu iglesia cambiaría la opinión que tienes de ella?

3. Ya que los miembros de la iglesia son imperfectos, la iglesia es imperfecta. Pero Cristo es más grande que nuestras imperfecciones. Jesús dijo que su Iglesia es su cuerpo. ¿Qué significa eso? ¿En qué maneras necesitas al cuerpo de Cristo, la iglesia? ¿En qué maneras la iglesia te necesita?

TU PRÓXIMO PASO...

¿A qué hombre admiras, alguien que piensas que cree más correctamente respecto a Dios? Si es posible, llámalo o ve a verlo esta semana y agradécele por lo que has observado en él. Pregúntale cuál es la verdad más importante que cree acerca de Dios. Prepárate para hablar de esto con el grupo la próxima semana.

CAPÍTULO 3

MENTIRAS QUE LOS HOMBRES CREEN ACERCA DE SÍ MISMOS

La semana pasada se te pidió que contactaras a un hombre piadoso que admires y le preguntaras cuál es su creencia más importante acerca de Dios. Comparte con el grupo lo que descubriste.

Una de las cualidades más importantes de los grandes hombres es una autoconciencia adecuada. No debemos pensar demasiado bien de nosotros mismos ni demasiado mal. Debemos entender quiénes somos en la economía de Dios y dónde encajamos en su plan. Esta semana abordaremos algunas de las grandes mentiras sobre nosotros mismos que a nuestro enemigo le gusta que creamos.

PREGUNTA DE INICIO: ¿Cuál consideras que es la mentira más grande que has creído acerca de ti mismo en los últimos veinte años?

MENTIRA #6: NO SOY RESPONSABLE POR MIS ACCIONES.

1. Un hombre lleno de verdad acepta la responsabilidad por lo que hace y dice. En las áreas más débiles de tu vida, ¿cuáles son las excusas normales que usas para racionalizar tu pecado?

MENTIRA #7: EL PLACER Y LA DIVERSIÓN PUEDEN SATISFACERME.

1. ¿Cuál es tu placer o entretenimiento «principal»? ¿Cuál es el detonante que te dice que esto se ha vuelto algo excesivo?

2. ¿Cuál debería ser nuestra mayor fuente de satisfacción? ¿Qué modificaciones deberías hacer de modo que esto sea cierto en ti?

MENTIRA #8: SOY EL AMO DE MI PROPIO DESTINO.

1. ¿Qué cosas estás haciendo (o NO estás haciendo) ahora que te indican que estás a cargo de tu vida?

2. ¿Qué pasos prácticos deberías dar para cambiar esto?

MENTIRA #9: LOS VERDADEROS HOMBRES NO LLORAN.

1. En una escala del 1 al 10 (10 = muy emocional), ¿dónde estás en la expresión emocional? ¿Dónde te gustaría estar en esta escala? ¿Por qué?

MENTIRA #10: NO NECESITO AMIGOS VARONES.

1. Habla del mejor amigo que hayas tenido y de qué convirtió en especial y única esta relación.

2. Habla de las cualidades que buscas en un buen amigo.

3. ¿Dónde vas a encontrar amigos así?

TU PRÓXIMO PASO...

Para tener amigos debemos SER amigos. ¿Con quién puedes relacionarte en esta etapa de tu vida?

Si tienes un buen amigo, programa un tiempo para tomar café o almorzar con él esta semana. Agradécele por su amistad y cuéntale lo que aprendiste esta semana en tu grupo que te hizo dar cuenta de lo valioso que es para ti.

Si no tienes un buen amigo, llama y haz una cita para almorzar o tomar café con un hombre con quien te gustaría relacionarte. (Podría ser alguien en este grupo). Ora por tu reunión antes de llegar al lugar de encuentro, y pídele a Dios que empiece a desarrollar una relación perdurable y dadora de vida.

CAPÍTULO 4

MENTIRAS QUE LOS HOMBRES CREEN ACERCA DEL PECADO

Creer mentiras respecto al pecado tiene perfecto sentido porque Satanás, el tentador de todo pecado, es un mentiroso. En realidad, es el «padre de mentira», dijo Jesús (Jn. 8:44).

Pero las mentiras que creemos aquí son mortales. Cada una puede hundirnos más y más en el pecado, y alejarnos más y más de Dios.

PREGUNTA DE INICIO: ¿Qué pecado creíste alguna vez que no era tan malo, pero ahora comprendes que tiene graves consecuencias? ¿Qué te hizo cambiar de opinión y te ayudó a destruir ese engaño?

MENTIRA #11: LO QUE OTROS PIENSEN IMPORTA MÁS QUE LO QUE REALMENTE SOY.

1. Qué razones hay detrás de nuestros intentos de dar una mejor impresión de nosotros mismos de la que realmente es cierta?

2. ¿Cómo nos perjudica la hipocresía o «presumir»? ¿Cómo afecta esto nuestras relaciones con otros? ¿Con Dios?

MENTIRA #12: SI TENGO BUENAS INTENCIONES, ESO BASTA.

1. ¿Cuál es la motivación en nuestros corazones cuando creemos y vivimos esta mentira?

2. ¿Distingue Dios entre las motivaciones de nuestro corazón y nuestras acciones? ¿Por qué es importante esto?

MENTIRA #13: MI PECADO NO ES REALMENTE TAN MALO.

1. Todo pecado empieza rechazando el plan de Dios para nuestras vidas. Por eso todo pecado (grande o pequeño) es rebelión contra Dios. ¿Crees que la mayoría de los hombres ven así TODOS sus pecados? ¿Por qué sí o por qué no?

MENTIRA #14: DIOS NO ME PERDONARÁ POR LO QUE HE HECHO.

1. Toma una hoja de papel (o haz esto en tu mente) y escribe los tres peores pecados que hayas cometido en tu vida. Nadie va a ver esta lista, así que sé específico y sincero.

2. Después que los hayas escrito, dibuja una cruz sobre los pecados. ¿Cuántas de estas faltas cubrió Cristo con su sangre en la cruz, y cómo puedes estar seguro de que esto es verdad?

MENTIRA #15: PUEDO OCULTAR MI PECADO SECRETO, YA QUE SOY EL ÚNICO PERJUDICADO.

1. ¿Cuál es el peligro de esconder tu pecado?

2. *(Únicamente para tu reflexión, a menos que decidas contarlo):* ¿Hay algún pecado secreto que estés ocultando? Si lo hay, ¿cuál es? ¿Qué tan pronto crees que será expuesto y cuáles podrían ser los resultados de esa exposición?

MENTIRA #16: LA SANTIDAD ES ABURRIDA.

1. La palabra «santo» significa ser «diferente» o «apartado». ¿Has relacionado alguna vez las palabras «santidad» con «gozo»? ¿Cómo podría la verdadera santidad (ser como Dios) producir gozo increíble?

TU PRÓXIMO PASO...

Esta semana dedica treinta minutos o una hora para sumergirte profundamente en arrepentimiento. Consigue una hoja de papel (o utiliza tu computadora) y escribe en la parte superior las palabras «Hoja de pecado». Pon #1 en la primera línea y hazle a Dios esta pregunta: «Señor, ¿hay algo en mi vida que no te agrade y que esté perjudicándome y perjudicando a otros?». Escucha sus sugerencias en tu corazón y escribe todo lo que Dios traiga a tu mente. No racionalices ni inventes excusas.

Después que hayas tratado con todo lo que venga a tu mente, regresa y pon un círculo a esos aspectos en que tu pecado es conocido por otros o está afectándolos. Quizá debas poner más atención cuando trates de tener «una conciencia sin ofensa ante Dios y ante los hombres» (Hch. 24:16). Quizá debas acudir a alguien y simplemente decir: «Dios me ha mostrado que lo que hice estuvo mal. ¿Me perdonas, por favor?».

Cuando hayas terminado con tu lista, marca cada línea, agradeciendo a Dios por su perdón y pidiéndole que elimine esos asuntos de tu vida. Comprométete a hacer un hábito regular de este autoexamen y esta confesión.

CAPÍTULO 5

MENTIRAS QUE LOS HOMBRES CREEN ACERCA DE LA SEXUALIDAD

De todas las mentiras que los hombres creen, es probable que Satanás tenga aquí sus mejores armas apuntadas hacia nosotros. Como hombres, somos blancos fáciles. Ahonda esta semana en tu corazón y nuestro análisis. Si podemos comprender la verdad sobre la sexualidad, esta afectará muchos otros aspectos de nuestras vidas.

PREGUNTA DE INICIO: ¿Dónde aprendiste acerca del sexo? ¿Cuántos años tenías?

MENTIRA #17: UN POCO DE PORNOGRAFÍA NO HACE DAÑO.

1. ¿Cuáles son las consecuencias potenciales de la pornografía en la vida de un hombre? Enumera todas las maneras en que esta puede perjudicar a un individuo.

2. Si Dios te ha liberado de la pornografía, habla de algunas de las cosas que te han sido de mayor ayuda para estar y permanecer limpio.

MENTIRA #18: LO QUE MI ESPOSA NO SABE NO LA PERJUDICA.

1. ¿Has conocido a alguien implicado en inmoralidad sexual que no haya sido descubierto? ¿Por qué crees que es verdad esto, especialmente para un creyente?

2. ¿Por qué sería más beneficioso para una esposa enterarse de la inmoralidad del esposo por boca de él mismo, con corazón humilde y contrito, ANTES que sea descubierto?

3. (No tienes que responder esto en voz alta, pero ¿existe un paso de revelación y confesión que debas dar con tu esposa? Si es así, ¿por qué no hablas con tu líder o un amigo piadoso confiable después de esta reunión?).

MENTIRA #19: SI EXPERIMENTO ATRACCIÓN POR EL MISMO SEXO, DEBO BUSCAR UNA RELACIÓN HOMOSEXUAL.

1. ¿Es igual *participar* en actividad con el mismo sexo que luchar con la *tentación* de sentirse atraído por esa desviación? ¿Por qué sí o por qué no?

2. ¿Qué ves en el libro de Robert como la respuesta definitiva para vencer esta tentación?

MENTIRA #20: TENGO NECESIDADES SEXUALES QUE MI ESPOSA NO PUEDE SATISFACER.

1. Lean juntos 1 Corintios 13:4-7, que constituye la mejor descripción bíblica del amor de Dios. Lo opuesto al amor de Dios no es odio sino egoísmo. Observa que todas estas descripciones son desinteresadas, en particular que el amor «no busca lo suyo» (v. 5b). Llena el espacio en blanco: El amor no busca _____.

2. ¿Cómo se aplica esto a tu relación sexual con tu esposa? ¿Qué cambiaría en tu intimidad marital si fueras completamente desinteresado y estuvieras fortalecido por el amor de Dios?

TU PRÓXIMO PASO...

Examina esta semana las maneras en que puedes expresar amor a tu esposa en formas totalmente desinteresadas. Sé creativo, pero ten cuidado, ¡a ella podría darle un ataque cardíaco!

CAPÍTULO 6

MENTIRAS QUE LOS HOMBRES CREEN ACERCA DEL MATRIMONIO Y LA FAMILIA

La semana pasada vimos que nuestra relación física no es tanto acerca de nosotros como de amar desinteresadamente a nuestra esposa. Al igual que esto es verdad respecto a nuestra sexualidad, lo es también a nuestra relación matrimonial y familiar. La única gran instrucción de Dios es «amar a tu esposa» como Cristo amó a la iglesia. ¿Cómo hizo Él esto? Tarea difícil, pero posible por gracia.

PREGUNTA DE INICIO: ¿Qué es lo que hiciste en una relación de noviazgo o en tu matrimonio que fue lo OPUESTO al amor bíblico bueno y piadoso? ¿Algo increíblemente egoísta?

MENTIRA #21: EL AMOR NO REQUIERE PALABRAS HABLADAS.

1. ¿Te dijo verbalmente tu papá que te amaba? Si lo hizo o no lo hizo, ¿cómo te afectó eso?

2. ¿Por qué crees que es tan importante expresar verbalmente tu amor a cada miembro de tu familia?

MENTIRA #22: SE SUPONE QUE MI ESPOSA DEBE HACERME FELIZ.

1. Podemos rastrear la mayor parte de nuestra insatisfacción en nuestro matrimonio hasta esta mentira: que el matrimonio existe principalmente para hacerme feliz. ¿Cómo nos afecta cada día esta mentira egocéntrica?

2. ¿De qué maneras prácticas puedes ayudar a toda tu familia a entender que el matrimonio y la familia fueron concebidos como herramientas de Dios a fin de hacernos más piadosos?

MENTIRA #23: NO TENGO LO QUE SE NECESITA PARA DIRIGIR MI HOGAR. PUEDO DEJARLE ESE PAPEL A MI ESPOSA.

1. Según afirma Robert, ningún hombre tiene lo necesario para dirigir a su familia. Pero Dios sí lo tiene y anhela ayudar a cualquier hombre humilde y dependiente que busque ayuda en Él. ¿Cuál es la manera más profunda, eficaz y visible de guiar una familia?

2. Dedica un momento a reflexionar antes de contestar la siguiente pregunta. ¿Dónde está tu mayor debilidad en dirigir a tu familia? ¿Qué paso puedes dar esta semana para comenzar a cambiar ese aspecto?

MENTIRA #24: NO TENGO QUE CRECER.

1. ¿Cómo se manifiesta en nuestras familias este deseo de «no crecer»? ¿Cuáles son algunas cosas que los hombres hacen o dejan de hacer que ilustran pasividad o falla en asumir responsabilidad masculina?

MENTIRA #25: SI DISCIPLINO A MIS HIJOS, SE REBELARÁN.

1. Es muy importante que entendamos esta mentira, porque el desarrollo de nuestros hijos se afecta profundamente por cómo los adiestramos. La verdad es que se rebelarán si NO los disciplinamos en forma correcta. ¿Cómo resulta contradictorio esto?

2. Disciplina con amor, combinada con oración por los hijos son las herramientas más poderosas para criarlos. ¿Cómo podrías hacer una mejor labor de orar por tus hijos? Habla de ideas que han funcionado para ti en desarrollar oración incesante por tu familia.

TU PRÓXIMO PASO...

Esta semana da al menos un paso visible en dirigir tu familia. Resiste las mentiras de Satanás de que no puedes hacer esto o que no funcionará. Él no quiere que dirijas. Habla con tu esposa sobre cómo puedes ser un siervo más eficaz (un líder en tu casa). Ora acerca de esto antes, durante y después de tu conversación con ella.

CAPÍTULO 7

MENTIRAS QUE LOS HOMBRES CREEN ACERCA DEL TRABAJO Y LA RIQUEZA

La semana pasada nos retamos mutuamente a dar un paso en nuestras familias hacia el liderazgo piadoso. ¿Qué paso diste, y cómo te fue?

PREGUNTA DE INICIO: Hoy día vamos a ver el trabajo y la riqueza. ¿Cuál es la compra más tonta que hayas hecho? ¿Por qué la hiciste? ¿Qué sucedió?

MENTIRA #26: GANAR MÁS DINERO ME HARÁ MÁS FELIZ.

1. ¿A quién conoces que sea muy rico e infeliz? ¿No tan rico y feliz? ¿Cómo funciona esto?

2. Si tu casa estuviera incendiándose, ¿cuáles serían las cinco cosas más importantes que tomarías antes de salir por la puerta?

3. ¿Cuál es en tu opinión el mayor antídoto contra esta mentira? ¿Qué podemos hacer para mantener continuamente esto en perspectiva?

MENTIRA #27: CÓMO GASTO MI TIEMPO ES ASUNTO MÍO.

1. ¿Crees que algún día rendiremos cuentas ante el Señor por cómo gastamos nuestro tiempo? Si es así, ¿cuál es la mejor modificación que podrías hacer ahora mismo en el uso de tu tiempo?

MENTIRA #28: NO SOY RESPONSABLE DE PROVEER PARA MI ESPOSA Y MI FAMILIA.

1. ¿De qué maneras debemos proveer para nuestra familia más allá del suministro económico?

2. ¿Cuál de estas áreas es la más fácil y la más difícil para ti?

MENTIRA #29: MI FE Y MI TRABAJO NO SE RELACIONAN.

1. ¿A qué hombre has visto que vive su fe en el trabajo? ¿Hay alguien cuyo lugar de trabajo es tan espiritualmente sagrado y fructífero como su casa o iglesia? Háblanos de esta persona.

2. ¿Cómo crees que este individuo consiguió tal armonización? ¿Cómo podemos alcanzarla nosotros también?

MENTIRA #30: NO PUEDO DAR MÁS DINERO.

1. Independientemente de tus ingresos y posesiones, es probable que tu «riqueza» exceda a la de la gran mayoría de los habitantes de la tierra. ¿Por qué consideras que es fácil creer que no tenemos suficiente dinero para ser más generosos?

2. ¿Qué pasos prácticos podemos dar para cultivar un estilo de vida de generosidad?

TU PRÓXIMO PASO...

¿Cuáles son las diez cosas que deseas que Dios y otros digan acerca de cómo manejas tu vida laboral? ¿Qué modificaciones debes hacer? Dedica treinta minutos esta semana a escribir tu «Manifiesto del lugar de trabajo» personal. Piensa detenidamente en esto. Imprime tu escrito y colócalo en un sitio destacado en tu lugar de trabajo donde puedas verlo a diario, quizá sobre tu escritorio.

CAPÍTULO 8

MENTIRAS QUE LOS HOMBRES CREEN ACERCA DE LAS CIRCUNSTANCIAS

Hoy vamos a ver mentiras sobre nuestras circunstancias. El modo en que vemos a Dios es determinado en gran manera por cómo vemos lo que Él ocasiona o permite en nuestras vidas. Nuestra «teología» acerca de esto nos hace amargados o mejores en cada circunstancia.

PREGUNTA DE INICIO: ¿Cuál es la circunstancia más difícil que has enfrentado?

MENTIRA #31: TENGO DERECHO A ENOJARME CUANDO LAS COSAS NO SALEN COMO QUIERO.

1. El enojo y la confusión iniciales son comprensibles cuando enfrentamos circunstancias difíciles, pero ¿qué dice mi ira continua sobre lo que creo acerca de Dios?

2. Además, ¿qué dice acerca de lo que creo de mí mismo?

MENTIRA #32: EL DOLOR Y EL SUFRIMIENTO SIEMPRE SON MALOS.

1. ¿Cómo ha «obrado para bien» una circunstancia difícil en tu vida? (ver Ro. 8:28-29).

2. ¿De qué manera te cambió esta promesa, o puede cambiarte, para ser más como Cristo? ¿Qué desarrolló en ti esta circunstancia, por la gracia de Dios?

MENTIRA #33: EL MUNDO SE HA ENSAÑADO CONMIGO.

1. El pecado ha dañado este mundo, y sus efectos nos afectan a todos. ¿Cuáles son algunas promesas bíblicas que nos recuerdan que Dios está a favor de nosotros?

MENTIRA #34: NO PUEDO DEJAR DE REACCIONAR ANTE CIERTAS PERSONAS O CIRCUNSTANCIAS.

1. Es importante en nuestras reacciones ante otros darnos cuenta de que cada uno de nosotros estará individualmente delante de Dios con relación a cómo reaccionamos. No podemos controlar a los demás, pero con humildad, confesión, arrepentimiento continuo y dependencia en el Espíritu Santo, podemos tener el fruto del Espíritu llamado «dominio propio». ¿Dónde necesitas más esto?

2. ¿Por qué no toman un momento y oran unos por otros ahora mismo en relación con estos aspectos?

MENTIRA #35: PUEDO ESCAPARME DE DIOS.

1. Dediquen un momento para leer juntos Salmos 139 y luego orar juntos, agradeciendo a Dios por haberlos buscado incesantemente.

TU PRÓXIMO PASO...

La amargura es una acidez en nuestra alma que resulta de nuestro fracaso en aceptar o agradecer a Dios en medio de las personas y circunstancias que ha puesto en nuestras vidas. ¿Te ha sucedido algo que no puedes aceptar o agradecer? De ser así, esto te afectará y afectará a otros hasta que el problema se resuelva. La Biblia dice que una raíz de amargura siempre brotará, siempre causará problemas y siempre contaminará a muchos, a menudo a quienes más amamos (He. 12:15).

Pasa algún tiempo trabajando en este asunto esta semana. Puede ser muy útil encontrar un pastor o consejero piadoso que pueda ayudarte a resolver la situación y encontrar liberación espiritual.

CAPÍTULO 9

MENTIRAS QUE LOS HOMBRES CREEN ACERCA DEL MUNDO

La Biblia dice que estamos en el mundo, pero que no pertenecemos al mundo, el cual está arruinado y en tinieblas y presiona continuamente en nuestras vidas. Hay una batalla incesante para que no seamos conformados a este mundo, sino para ser transformados «por medio de la renovación de [nuestro] entendimiento» (Ro. 12:2). Muchos hombres no están ganando esta batalla.

PREGUNTA DE INICIO: ¿Qué nos dice la mayoría de los anuncios por televisión y redes sociales acerca del mundo en que vivimos?

MENTIRA #36: EL MUNDO ES DEMASIADO MALO PARA TRAER NIÑOS.

1. ¿Sobre qué base la mayoría de las parejas toma sus decisiones con relación a tener hijos? ¿Es esta la base correcta para su manera de pensar? Si no es así, ¿cuál sería la mejor fuente?

2. Lean juntos Génesis 1:28. Esta orden la repite Dios varias veces en las Escrituras. ¿Crees que Dios ha revocado alguna vez este mandato? ¿Por qué sí o por qué no?

MENTIRA #37: ME MIDO POR CÓMO ME COMPARO CON OTROS HOMBRES.

1. Este espíritu de comparación es generalizado y sutil. ¿Cómo se manifiesta en tu vida? ¿Dónde crees que estás comparándote con los demás? ¿Cómo te afecta esto?

2. Robert nos recuerda que el antídoto para esta comparación es regocijarnos auténticamente con los demás y elogiarlos… como con los otros autos en la autopista de California. ¿Qué crees de esta ilustración? Busca oportunidades para hacer eso durante esta semana.

MENTIRA #38: CON TODO LO QUE PASA EN MI VIDA, REALMENTE NO ES POSIBLE VIVIR CON INTEGRIDAD.

1. ¿Qué hombre has visto que parezca tener gran integridad? ¿Cómo crees que está logrando esto?

2. ¿Cómo crees que esta integridad ha beneficiado a esta persona, y cómo tu integridad te beneficiará?

MENTIRA #39: SE SUPONE QUE SER CRISTIANO ES ESTUPENDO.

1. ¿Cuál es la causa fundamental de que muchos cristianos nunca hablen de su fe?

2. ¿Qué podría ayudarnos a vencer este miedo?

MENTIRA #40: MI MUERTE SERÁ EL FIN DE MI HISTORIA.

1. ¿Cuál es el mejor paso que podemos dar ahora en preparación para la eternidad?

2. ¿Has dado ese paso? Si tienes inquietudes acerca de tu eternidad, habla por favor con tu líder o pastor. ¡Nada podría ser más importante!

TU PRÓXIMO PASO...

Dedica tiempo esta semana a pensar en el legado que estás dejando en este mundo y en tu preparación para el próximo. Escribe cuatro o cinco cosas que quisieras que se dijeran sobre ti después de tu muerte.

Finalmente, escribe lo que te gustaría escuchar de Dios después que mueras.

CAPÍTULO 10

CONTRARRESTAR LAS MENTIRAS CON LA VERDAD

Durante nueve semanas hemos observado atentamente las mentiras del enemigo. En esta conversación final veremos el poder liberador de la verdad cuando se conoce, cree y actúa en base a ella.

PREGUNTA DE INICIO: Habla de alguna vez en que viste algo fuera de lugar en el espejo por la mañana, pero no hiciste nada al respecto, ¿y cuál fue el resultado (p. ej., cabello despeinado, camisa mal abotonada, pantalones desabrochados, etc.)?

PREGUNTAS PARA CONSIDERAR

1. ¿Opinas que la mayoría de los hombres comprende que creer una mentira llevará siempre a esclavitud? ¿Por qué sí o por qué no?

2. Según tu experiencia, ¿con qué frecuencia te enfrentas a una mentira diseñada para derrotarte? ¿Cuáles son algunas de las mentiras más persistentes con que tratas personalmente?

3. ¿Hay algunas áreas en que has creído, e incluso vivido, una mentira imposible de erradicar? ¿Hay algunas mentiras que son inalterables en nuestras vidas?

4. Existe un antídoto para estas mentiras: una aplicación continua de la verdad. Enumera tantas formas como sea posible en que un hombre pueda obtener una infusión mayor y más profunda de la verdad que nos hace libres.

5. ¿Es posible CONOCER una verdad, pero no CREERLA? ¿Cuáles son los resultados?

6. ¿Es posible CREER una verdad, pero no OBEDECERLA? ¿Cuáles son los resultados?

7. ¿Es posible CONOCER, CREER Y TRATAR de vivir mediante una verdad, pero hacer todo esto de manera legalista? ¿Cuáles son los resultados?

8. ¿Cuál es el antídoto para una religión de puras reglas? ¿Cómo podemos conocer y experimentar el evangelio de la gracia cada día y dejar que Cristo nos brinde su dirección llena de gracia y verdad?

NOTA PARA EL LÍDER: Observa las instrucciones para el capítulo 11. Si NO van a reunirse la próxima semana, tendrás que dar a tu grupo las instrucciones finales de realizarlas por su cuenta.

TU PRÓXIMO PASO...

Pasa algún tiempo esta semana orando por las respuestas a las siguientes preguntas y escribiéndolas:

1. ¿Hay alguna mentira que has creído a la cual debes renunciar?

2. ¿Hay alguna verdad que has creído a la que no te has rendido en obediencia humilde? De ser así, ¡trata con eso hoy mismo!

CAPÍTULO 11

LA VERDAD QUE NOS HACE LIBRES

Si tu grupo se reúne esta semana...

Esta semana resultará un poco diferente, pero también será un resumen maravilloso de todo lo que has aprendido. Pide a los hombres que lean en voz alta una de las cuarenta verdades. Anímalos a dar algunos segundos después de leerse la verdad, de manera que esta pueda asimilarse en sus corazones.

Haz que pongan círculos a las verdades que les resulten más impactantes. Permite que todo el grupo repase la totalidad de las verdades.

Al final de la lectura pregunta a los hombres qué ha sido lo más impactante de todo este estudio. O puedes preguntarles a qué temas pusieron círculos y por qué.

Al concluir, anímalos a leer periódicamente este último capítulo para refrescar sus mentes acerca de las verdades de Dios y las mentiras del enemigo. Pasen tiempo orando unos por otros.

Si tu grupo NO se reúne esta semana...

En algún momento de esta semana dedica tiempo al final de la sesión del capítulo 10 y haz el siguiente ejercicio.

Has visto cuarenta mentiras que los hombres creen con alguna intensidad.

Ahora, en el capítulo 11, Robert nos guía a través de las VERDADES que contrastan cada uno de estos ámbitos.

Siéntate a revisar el capítulo 11 con tu bolígrafo esta semana. Lee despacio y en oración las grandes verdades, las cuarenta verdades, que te liberarán. A medida que leas cada una de ellas, dedica un momento para orar por esta verdad en tu vida o en la vida de alguien que conoces. Dibuja un círculo alrededor de aquellas verdades que más debes recordar, o a las que debes regresar con más frecuencia que otras.

En los meses futuros, agarra de vez en cuando el libro y vuelve a leer el capítulo 11, permitiendo que Dios te recuerde las grandes verdades que todo hombre debe conocer, ¡las verdades que vencen las mentiras que los hombres creen!